...

Manuela Keil

Vom Nebel ins Licht

• • •

© 2023 Manuela Keil
Herstellung und Verlag:
BoD – Books on Demand,
Norderstedt
ISBN: 9783734715525

Veränderungen lassen Flügel wachsen

Meine wichtigste Lebenserfahrung, die mir erst während der Reflektion meines Lebens bewusst geworden ist:

*„Sich ständig nur anzupassen,
bedeutet die Fähigkeit zu verlieren,
selbst denken und sich verändern zu können.
Ein Mensch der nur den Weg der Anpassung
geht, verliert am Ende sich selbst."*

Manuela Keilholz (2018)

• • •

Inhaltsverzeichnis

Ich widme dieses Buch...

...meiner lieben Tochter Sandra. Du sollst wissen, dass du für mich immer der wichtigste Mensch in meinem Leben warst und bist. Dieses Buch wird dir eine Hilfe sein, wenn du einmal Fragen zu deinem und meinem Aufwachsen hast und ich sie dir selbst irgendwann nicht mehr geben kann.

...meinem Psychotherapeuten, Herrn Scherdin -Wendlandt, der mir lange Zeit als einzige Person in meiner tiefsten Phase der Depression zur Seite stand. Ich empfinde tiefe Dankbarkeit gegenüber Herrn Scherdin-Wendlandt, der mich mit viel Geduld und Empathie durch eine schwere Zeit der Erkenntnis hindurchgetragen hat. Ohne seine Hilfe hätte ich nie erfahren, warum ich so war, wie ich war und wäre heute sicher nicht die Frau, die ich heute bin und auch sein darf.

... meinem heutigen Ehemann Gerd Keil.
Mit dir liebster Gerd bin ich nach 7 Jahren gemeinsamen Aufarbeitens unserer konträren Lebenswege glücklich verheiratet und durch den Segen Gottes miteinander verbunden. Du warst und bist mir ein langjähriger Freund, Wegbegleiter und Lebenspartner. Du hast mir ein neues Lächeln geschenkt und bist mein Fels in der Brandung.

Vorwort von Herrn Scherdin-Wendlandt

Als ich Frau Keilholz kennenlernte, war sie eine schüchterne, in sich gekehrte Frau. Jahrelange ärztliche Behandlungen lagen hinter ihr, erfolglose zumeist, denn zu Beginn Ihrer Psychotherapie war sie mutlos und in sich gekehrt. Lange hat es gedauert, bis sie Vertrauen fasste und begann, zu erzählen – vieles darunter zum ersten Mal. Die traurigen Kindheitserinnerungen und prägende Missbrauchserfahrungen hatte Frau Keilholz lange in sich verschlossen und war krank darüber geworden.

Mit jedem Treffen in den vergangenen zwei Jahren Therapie wurde sie aufgeschlossener, berichtete immer offener von Empfindungen und Erlebnissen. Als sie begann, ihre Gedanken nach jeder Sitzung aufzuschreiben, konnte ich sie nur ermuntern. Jede Unterstützung möchte ich dieser mutigen Frau zusprechen. Für den Weg in ihre gedankliche und emotionale Freiheit musste sie einen hohen Preis zahlen. Sie wagte, Fragen zu stellen, an der alle ihrer bisherigen Beziehungen zerbrachen und aufgrund derer Familie und Freunde sie nun verleugnen. Als Politologe und Soziologe war mir – neben meiner Perspektive aus der Sicht des praktizierenden Psychologen – bald klar, dass im Schicksal von Frau Keilholz möglicherweise das

Thema Stasi eine große Rolle gespielt haben könnte. Als ich den Verdacht äußerte, stimmte er Frau Keilholz sehr nachdenklich. Ihre Akte, die sie schließlich mit meiner Unterstützung anforderte, bestätigte ihre Zweifel.

... Durch den mühevollen Weg der Erkenntnis, den Frau Keilholz gegangen ist, schaffte sie es, das Unbewusste ins Bewusstsein zu heben und damit den Boden für Veränderungen zu bereiten, die sie nun zu der machen, die sie heute ist: eine selbstbewusste Frau, die überzeugt für ihren Weg eintritt. Ihre körperlichen Beschwerden besserten sich zusehends im Laufe der Therapie.

Als Frau Keilholz mir die ersten geschriebenen Seiten ihrer Aufzeichnungen mitbrachte, war ich überrascht von der Stärke ihrer Ausdrucksform und wir entwickelten gemeinsam die Idee einer späteren Veröffentlichung in Buchform. Ich finde es fantastisch, wie sie ihre lange verschütteten, kreativen Energien befreit hat, wieder Gedichte schreibt und als Lesepatin in Schulen geht. Auch weiterhin werde ich Frau Keilholz begleiten. Dass sie in Gerd Keil einen Partner und Menschen gefunden hat, der sie auf ihrem Weg stärkt und ermuntert, freut mich sehr.

Für die anstehenden Lesereisen wünsche ich ihnen viel Erfolg und bewundere beider Mut, sich mit ihren Lebensthemen als Betrogene und Opfer eines diktatorischen Systems in die Öffentlichkeit zu wagen. Ich begrüße es sehr, dass sie dabei viele fruchtbare Begegnungen mit Menschen hatten, die sich historisch mit den Auswirkungen der DDR-Diktatur beschäftigt oder ebenfalls darunter gelitten haben. Diese hat nach meiner Überzeugung – belegbar durch zwanzig Jahre psychologische Praxis in Berlin – weit tiefer in die private Lebenswelt eingewirkt als bisher angenommen. So glaube ich, dass noch mindestens die Dauer von zwei Generationen nötig sein wird, um die entstandenen seelischen Schäden aufzuarbeiten.

Ganz besonders wünsche ich Frau Keilholz daher, dass sie zuletzt doch noch das Wochenheim finden wird, mit dem sie so viele schreckliche Momente ihrer frühesten Kindheit verbindet und sich auf diese Weise der Kreis des Erkennens im Licht der Gegenwart endgültig schließen kann.

Noch nie hatte ich eine Patientin, die derart diszipliniert an der Aufarbeitung ihrer persönlichen Geschichte arbeitete. Frau Keilholz hat es verdient, jede erdenkliche Unterstützung zu bekommen.

Warum gibt es dieses Buch in einer neuen und letzten Version?

Es ist mir wichtig, mein Publikum an meinen sich verändernden Sichtweisen teilhaben zu lassen.

Zu vieles in meinem Leben ist geschehen, was ich als normal hingenommen hatte. Zu viele Gedanken und Emotionen habe ich mit mir ganz allein ausgetragen und schon sehr früh gelernt, mich an den Erwartungen der Erwachsenen auszurichten. Erst mit 50plus begann ich mein Leben in der DDR, aber auch mein Leben in meiner Herkunftsfamilie zu hinterfragen.

Warum war ich so blind, dies war lange Zeit die zentrale Frage, um die sich meine Gedanken und Überlegungen drehten.

Antworten, die ich inzwischen gefunden hatte, waren begründet in meinem Aufwachsen, meiner staatlichen Erziehung in einer Wochenkrippe und dem in der Familie herrschenden strengen Umgangston der Eltern, die beide im Staatsdienst tätig waren.

Wie sehr die Erfahrungen aus meiner Kindheit auf meiner Seele über fünf Jahrzehnte lasteten, konnte ich erst mit der Reflektion meines Lebens erkennen. Ich war blind gegenüber meiner gelebten Kindheit bis ich in der Therapie nach und nach erkannte, wie schwer und belastet meine Seele wirklich war.

Meine Recherchen in den Stasiakten meiner Eltern eröffneten mir einen ersten Einblick in ihre Leben, aber leider auch von anderen Dingen, die ich so niemals vermutet hätte.

Heute, nach sieben Jahren Selbstreflektion habe ich in einem neuen Umfeld endlich zu meiner Selbst und meinen inneren Frieden gefunden. In einer neuen Welt mit Menschen, die keinerlei Erwartungen an mich stellen, die mich frei und unbefangen erzählen ließen und die mich einfach mal so in die Arme nahmen und mir auf sonderbare Weise Trost schenkten.

Als ich von der Liebe Gottes und ihrer Kraft selbst erfahren durfte, wollte ich immer mehr wissen und so fand ich endlich einen Weg, mich mit meiner Vergangenheit auszusöhnen. Ich habe mein eigenes ICH gefunden und fühle mich befreit. Ich lernte Dinge loszulassen, die mir das Leben im Hier und Jetzt schwer machten und kann dadurch mein neues Leben frei und unbelastet leben.

Alles wonach ich mich immer sehnte, fand ich in Jesus Christus und in einem ganz besonderen Menschen, der mir den Weg zum christlichen Glauben bereitet hatte. Bei ihm fand ich alles, was ich so sehr ersehnte. Liebe und Geborgenheit, Trost und freundliche Gespräche. Vor allem wahre Freunde, die ich in meinem früheren Leben nie gehabt hatte.

Alles Beschwerende in meinem Leben konnte ich als Last am Kreuz ablegen. Selbst meiner Mutter, die mir so viel Verletzungen zugefügt hatte und nicht bereit war, mit mir auf Augenhöhe über die Ursachen meiner vielen Erkrankungen und seelischen Verletzungen zu reden, habe ich vergeben können.

Ihr habe ich in einem Brief – nach ihrem Tod von dem ich nie etwas erfahren sollte – all meine Verletzungen in frühester Kindheit vergeben. Ein Brief, in dem ich sie mit ihrem Vornamen anredete. Ein Brief der mit dem Satz endete: „...Ich vergebe dir, um meiner Selbstwillen und aus der Unkenntnis heraus, was dich so hart und lieblos werden ließ." Schließlich war sie doch meine Mutter. Eine Frau die vermutlich nicht lieben konnte.

„Vater vergib Ihnen, denn sie wissen nicht, was sie tun" (Lukasevangelium 23:34)

Lange hat mich diese Aussage von Jesus beschäftigt und ich überlegte lange, wie das gemeint war. Irgendwann fand ich heraus, dass diese Botschaft mir helfen könne. Könnte es nicht sein, dass diese Botschaft für das eigene Verständnis meiner Kindheit und meiner Eltern hilfreich sein kann?

Inzwischen möchte ich nicht mehr mit Groll zurückschauen, sondern mit Liebe und Verständnis für meine damals noch jungen Eltern, die vermutlich auch nicht wussten, was sie taten, als sie mich und meinen Bruder Mario in eine Wochenkrippe gaben.

Heute bin ich dankbar, dass mich meine Mutter dennoch geboren hat und das meine Eltern mich mit Essen, Trinken und Kleidung versorgten, dass sie mir mit ihren Möglichkeiten meinen Weg in die Selbstständigkeit bereitet haben. Alles was danach geschah, lag nicht mehr in ihrer Hand. Ich ging einen Weg der Erkenntnis und fand einen Weg, den ich für mich erwählt hatte. „Jeder ist für sich selbst verantwortlich!" ein Satz der nicht nur für meine Eltern und ihre Wege gültig ist, sondern dann doch auch für mich und meine Wege, oder?

Darum soll diese letzte Version meine ständigen Blickwechsel verdeutlichen und die Erkenntnis zum Ausdruck bringen, dass mein Lebensweg, zwar lange fremdbestimmt, aber dennoch mein Weg war. Natürlich war er durch Prägungen in der Kindheit und Jugend beeinflusst, aber dafür den Eltern, die Verantwortung zuzuschreiben, ist für mich heute nicht mehr so stimmig.

Darum glaube ich, dass es nun an der Zeit ist, meinen bisherigen Versionen der Autobiografie, etwas an Schwere zu nehmen, um sichtbar zu machen, dass mich das Schreiben, die Lesereisen und das Erzählen über meine persönlichen DDR-Erfahrungen frei gemacht haben und ich heute von mir sagen kann: Ich weiß, warum ich so war, wie ich war und wer ich heute bin und sein darf. „I C H bin, die ich bin"

Weiterhin ist es mir wichtig, von Schuldzuweisungen abzusehen und nur noch meinen Weg zu beschreiben, ohne selbst verletzend gegenüber meinen Eltern und meiner Familie zu werden. Womöglich haben meine Worte, die ich aus eigener tiefer Verletzung geschrieben habe, andere verletzt. Dies war keine Absicht, sondern eher der Ausdruck unverarbeiteter Kindheit.

Auch möchte ich mein bisheriges Leben in meiner eigenen Familie, in die du liebe Sandra hineingeboren wurdest, nicht in Frage stellen. Viele Jahre hatten wir eine schöne gemeinsame Zeit zu dritt und du fülltest jeden Augenblick in mir mit Freude. Heute erlebe ich dich mit Freuden in deiner kleinen Familie und erfreue mich, wie du dein Leben, wie ihr euer Familienleben so wunderbar ausfüllt. Ihr schafft euch gegenseitig Freiräume, pflegt eure Freundschaften und erlebt dennoch viel Gemeinsames, das euch verbindet und zusammen hält.

Nun bin ich nicht mehr die Mama, die aus der Rolle eines verletzten Kindes schreibt. Alles was ich erfahren und erlebt habe, hat mich doch schließlich zu dem Menschen werden lassen, der ich heute bin.

Ich habe zum christlichen Glauben gefunden und begriffen, dass ich allein durch die Liebe Gottes und seiner Barmherzigkeit meinen inneren Frieden gefunden und mich mit allem, was mein Leben schwer gemacht hat, aussöhnen konnte.

Ich habe die Kraft des Vergebens erfahren und möchte mit diesem Buch loslassen, was mein bisheriges Leben so schwer gemacht hat. Das kann ich, weil ich heute die Gewissheit habe, dass Jesus Christus auch für mich am Kreuz gestorben ist und ich bei ihm all meine Verletzungen, die mir zugefügt wurden, abgeben kann.

Ich bin ein von Gott geliebtes Kind und bin gewiss, dass ich nie wieder alleingelassen und einsam sein werde.

Kinderalltag in der DDR

Normal war es, dass die Erziehung der Kinder auch als staatliche Aufgabe vollzogen wurde, weil die Eltern zumeist mit dem Aufbau der neuen Gesellschaftsordnung arbeitsmäßig überlastet waren. Für einen großen Teil der Kinder war es **normal** über mehrere Jahre in einer Wochenkrippe bzw. Wochenheim untergebracht zu werden. **Normal** war es, sich strengen Regeln unterzuordnen, sich keinen Widerspruch leistend, den Worten der Erwachsenen zu fügen und stets in der Schule und im späteren Arbeitsleben alles zu geben, um Bestleistungen zu erbringen und den staatlichen Volkswirtschaftsplan mindestens zu erfüllen. Es war **normal,** dass sogar Freizeit durch dieses diktatorische System bestimmt wurde. Von der Wiege bis zur Bahre war es strafbar, aus den vorgegebenen Bahnen der Parteipolitik auszubrechen. All dies wurde von Millionen Menschen über viele Jahre als Normativ einer neuen friedlichen Gesellschaft gesehen.

Erst vor wenigen Wochen las ich ein neues wissenschaftlich fundiertes Buch über das DDR-Krippensystem und seine Folgen von Florian von Rosenberg, mit dem Titel: „Die beschädigte Kindheit", welches mich an meine Wochenkrippen-, sowie der späteren Wochen-heimzeit erinnern ließ und dadurch ungelebte Emotionen aufbrachen.

Eine absolute Buchempfehlung — wenn auch schwere Lektüre für Betroffene - von mir, für junge Eltern heute, die auf der Suche nach ei-ner geeigneten Fremdbetreuung für ihre Kleinsten suchen. Es gibt heute viele Möglich-keiten, die unseren Eltern in der DDR nicht zur Verfügung standen. Heute schauen die meisten Eltern liebevoll auf den Ort und die Programme der Kindereinrichtungen, um ihre Kleinen wohl-behütet für eine gewisse Zeit des Tages abzu-geben.

Der Erziehungswissenschaftlicher von Rosen-berg stieß in seinen Recherchen auf bislang nicht aufgearbeitete Quellen, die den bislang als familienfreundlich wahrgenommenen Krip-penalltag der DDR, in einem düsteren Licht zeigten, als es die Partei- und Staatsführung glauben machen wollten.

Dabei geht es u. a. auch um die Wochenkrip-pen, die in den 60er Jahren als Errungenschaft gefeiert und auch beworben wurden. Die Müt-ter sollten so in Arbeit gebracht werden, da jede Arbeitskraft benötigt wurde, für den Auf-bau einer friedliebenden neuen Gesellschaft. Weniger ging es darum, den Frauen ihre

Selbstverwirklichung zu ermöglichen, was für die eine oder andere Familie sicher auch zugetroffen hat. Welchen Preis jedoch die Kleinsten der Kleinen dafür zu zahlen hatten, kann man in seinem Buch nachlesen.

So wuchs ich in einer sehr regimetreuen Familie auf, deren Eltern fest an die Ideale des neuen sozialistischen Staates, an die DDR glaubten und den Werbeslogan über die Wochenkrippen folgten. Auch ich besuchte eine Wochenkrippe im Alter von 1 ½ J bis 3 und ab 3 Jahre dann das Kinderwochenheim bis zu meinem Schuleintritt mit 7 Jahren.

Somit darf ich als ehemaliges langjähriges Wochenkind mit Traumafolgestörungen mir erlauben, diesem Buch meine Empfehlung auszusprechen.

Als ich auf die Welt kam

Wenn ein Kind auf die Welt kommt, sollten sich bekanntlich Frau und Mann zuvor im Idealfall sehr gern und Sex miteinander gehabt haben. Wenn sie das ungeschützt tun, passiert es. Ein Kind wird gezeugt. Es kann ein Wunschkind, also gewollt sein oder wie bei mir eben nicht gewollt. Umgangssprachlich heißt es dann: „Ein Unfall ist passiert."

Mein Vater war knapp 9 Jahre alt, als der Zweite Weltkrieg beendet war. Er wurde als Zwilling von insgesamt 8 Kindern geboren und ist im Oderbruch aufgewachsen. Als er seine Bergarbeiterlehre wegen Berguntauglichkeit abbrechen musste, ging er für drei Jahre zur Kasernierten Volkspolizei (KVP), die während seines Wehrdienstes zur Nationalen Volksarmee (NVA) wurde und beendete seinen Dienst als Feldwebel. Er wollte unbedingt zur Offiziersschule und wurde aber nicht zugelassen. So ging er gleich im Anschluss an seinen Ehrendienst zur Schutzpolizei und traf dort arbeitsmäßig auf meine Mutter. Etwa 1961, wechselte mein Vater in einen Volkseigenen Betrieb und war dort nur noch im Tagesdienst als Produktionshelfer tätig.

Bevor ich auf diese Welt kam, ist im Leben meiner Mutter schon viel geschehen. Sie war knapp 10 Jahre alt, als der Zweite Weltkrieg endete und so verbrachte sie ihre Kindheit in den Luftschutzbunkern von Berlin. Als etwa 14jähriges Mädchen musste sie erleben, wie ihr Vater wegen einer viel jüngeren Frau, die Familie im Stich gelassen hat.

Er hatte sie, ihren 9 Jahre jüngeren Bruder und ihre Mutter für immer verlassen. Das prägte sie so sehr, dass sie ihrem Vater nie verzeihen konnte, dass er sie und die ganze Familie in einer schweren Zeit allein zurückgelassen hat. Da der kleine Bruder erst 5 Jahre alt war und ihre Mutter nun Geld für Nahrung und Kleidung verdienen musste, kümmerte sich meine Mutter, selbst noch ein Kind, um den kleinen Bruder und den Haushalt. Der ältere Bruder war im Alter von 19 Jahren bereits zuhause ausgezogen und lebte in Berlin-Marienfelde. So sah sie ihre Mutter oft vor Verzweiflung weinen, wenn diese sich unbeobachtet fühlte. Deshalb glaubte meine Mutter, nun für ihre Mutter verantwortlich zu sein und lebte noch sehr lange in der mütterlichen Wohnung. Bis Dezember 1958, da war sie bereits 22 Jahre, kurz vor der Geburt ihres zweiten Sohnes, wohnte sie mit ihrem ersten Mann noch bei ihrer Mutter. Erst als Paul geboren wurde, zog sie in eine 2-Zimmer-Wohnung in der Schönhauser Allee. Warum ihr junges Glück bereits nach 3 Ehejahren im September 1959 endete, weiß ich nicht genau.

Es soll Alkoholprobleme gegeben haben und sie wurde auch einmal von ihrem Mann heftig ins Gesicht geschlagen. Deshalb ließ sie sich von ihrem ersten Mann scheiden. Sie hatte zu diesem Zeitpunkt bereits zwei kleine Kinder, die erst drei Jahre, sowie neun Monate alt waren. Die Zeit zwischen der Scheidung und meiner Zeugung war verdammt kurz, die ebenfalls im September 1959 stattgefunden haben muss. Vielleicht wollte sie nach ihrer Scheidung mit meinem Vater eine neue Beziehung eingehen, um ihre zwei kleinen Kinder nicht allein aufziehen zu müssen, aber ganz sicher nicht, um noch ein Kind am Hals zu haben.

So geschah es also an einem warmen Donnerstag, dem 2. Juni 1960, als ich im Krankenhaus der Volkspolizei geboren wurde. Ich hatte ein so verdammtes Glück im Unglück, dass ich nach meinen zwei Halbbrüdern Peter und Paul nun endlich das von meiner Mutter so sehr gewünschte Mädchen wurde. Warum es so ein verdammtes Unglück war? Ganz einfach. Ich war kein Wunschkind, denn sie versuchte ihre Schwangerschaft mit Tabletten zu beenden. Diese bekam sie von ihrem Exmann mit der Bemerkung: „Du kannst wieder zu mir zurückkommen, wenn du den Balg in deinem Bauch loswirst." Offensichtlich wollte sie zurück zum Vater ihrer Söhne.

Meine Mutter wollte kein Kind mehr und somit wollte sie auch mich nicht. Sie selbst erzählte es mir, ohne darauf zu achten, dass sie mir damit einen schmerzenden Stich ins Herz versetzte. Als ich 22 Jahre alt war und meine erste Schwangerschaft im vierten Monat durch eine Fehlgeburt abrupt endete, suchte ich nach meinem Fehler und glaubte, ihn in der Einnahme von Schmerzmedikamenten gefunden zu haben. Sie erzählte mir davon, dass sie, als sie mit mir schwanger war, auch Tabletten genommen hätte, die ihre Schwangerschaft zu ihrem Bedauern nicht beendeten. Sie bemerkte meine plötzliche Finsternis im Gesicht und entschuldigte sich. Ich sagte etwas erbost: „Na dann wolltest du mich also doch nicht." Sie erwiderte mit in ihrer üblichen Kälte: „Nein, das siehst du jetzt falsch, so war das nicht. Als du da und nun ein Mädchen warst, habe ich dich doch gewollt. Ich habe ich mich riesig gefreut, endlich ein Mädchen geboren zu haben. Ich bin doch auch mit dir zu Hause geblieben und habe dich eine Zeitlang zu Hause betreut."

Jedenfalls schluckte sie die Tabletten, aber ich saß fest und somit konnte sie auch nicht mehr zurück zu ihrem Exmann. Mein Leben war wohl ein Gottes Geschenk. So sind meine Eltern zusammengeblieben und haben bereits im Februar 1960 noch vor meiner Geburt geheiratet. Quasi wurde ich schon hier zum Bindeglied zwischen meinem Vater und meiner Mutter.

• • •

Mein Vater wurde von einem auf den anderen Tag mit seinen 24 Jahren Familienvater von drei kleinen Kindern. Wenn er auch nicht der biologische Vater meiner Halbbrüder war, hatte er sich stets als ihr Vater gesehen. Der biologische Vater jedoch wurde von Anfang an ausgebotet und seinen Kindern vorenthalten. So litten meine Halbbrüder lange Zeit, wenn nicht sogar bis heute unter dem Verlust ihres leiblichen Vaters.

Meine Mutter, damals auch erst 24 Jahre, blieb erst mal zu Hause und nahm sich eine berufliche Auszeit, um mit der neuen Situation, einer gescheiterten Ehefrau und kurz darauf erneut schwanger und Mutter einer Tochter eines anderen Mannes geworden zu sein, klar zu kommen.

Anders als meine Mutter, freute sich mein Vater über meine Ankunft und vor allem war er froh, dass es meiner Mutter nicht gelang, mich in der frühen Schwangerschaft abzutreiben. Überglücklich erschien er gleich nach meiner Geburt im Krankenhaus und durfte durch die Scheiben der Geburtsklinik einen ersten Blick auf mich werfen. Er erzählte mir immer wieder gern davon, dass die eine Krankenschwester immer an meinem linken Ohr herumdrehte, weil es sich immer wieder einrollte. Zu meiner Mutter sagte er dann, dass ich solch zerknitterte Haut hätte und wie ein kleines Äffchen aussähe.

Nachdem mein Vater uns aus dem Krankenhaus abgeholt hatte, fuhren wir nach Hause in die Schönhauser Allee. Hier wohnten wir im vierten Stock bis zum Februar 1965.

Wenn mein Vater von der Arbeit kam, übernahm er sehr gern alle Pflegearbeiten an seiner geliebten Tochter. Auch gewindelt hatte er mich immer, was damals noch nicht so gewöhnlich für Männer war. Nur wenn er arbeiten ging, musste meine Mutter ran. Sie windelte Kinder äußerst ungern. Dies bestätigte sich auch später bei ihrer Enkelin, die sie auch niemals gewickelt hat. Ich war entsetzt wie eine Mutter von vier Kindern, nicht das tolle Muttergefühl beim Wickeln ihrer Kinder verspürte und es ebenso halbherzig, als mit Liebe tat. Ich frage mich, was hat meine Mutter so hart und so kalt werden lassen, dass sie ihren Kindern nicht mit der Liebe einer Mutter begegnen konnte?

Bei meinem Vater war das anders. Ich spürte seine Liebe schon als kleines Kind besonders, wenn er mir liebevoll zuredete, ich solle doch etwas schneller essen oder auch wenn er mir meine langen Haare kämmte. Das machte er immer sehr geduldig und es ziepte nie. Immer sprach er sehr sanft und leise mit mir und trotz des großen Zeitdrucks am Morgen behielt er immer die Ruhe.

Doch nie habe ich erfahren können, wie meine Halbbrüder über die Ankunft ihres kleinen Schwesterchens dachten und ob sie mich überhaupt mochten. Ich kann mich noch an eine kleine Geschichte erinnern, die aber schon die einzige war, die mir über uns Geschwister von meinem Vater erzählt wurde.

Es war an einem Nachmittag. Peter sollte Mittagsschlaf halten. Ich lag im Kinderwagen und dieser stand auf dem Balkon. Meine Eltern saßen in der Stube und plötzlich sah mein Vater durch das Fenster auf der gegenüberliegenden Straßenseite eine Frau ganz aufgeregt winken. Sie wirkte so panisch, dass er aufstand, um nachzuschauen warum. Als er bemerkte, dass sie immer auf unseren Balkon zeigte, ging er ins Zimmer nach nebenan und sah wie Peter mit einem Fuß im Kinderwagen und dem anderen Fuß auf der Brüstung des Balkons stand und mich aus dem Kinderwagen geholt im Arm hielt. Es wurde damals so gedeutet, dass er mir die Welt zeigen wollte. Heute in der Reflektion unserer geschwisterlich nicht gerade normalen Bindungen, frage ich mich manchmal, ob das wirklich der Grund war. Es könnte doch sein, dass dies der Hilferuf eines 5jährigen Jungen war, der sich um seinen Vater betrogen fühlte, weil ich da war. Dass meine Eltern dies nie so sehen konnten, war ihres Glaubens an eine intakte Familie geschuldet. Ich habe heute starke Zweifel daran, weil es auch im späteren Leben mit meinen Halbbrüdern nie ein inniges Verhältnis gegeben hat. Immer gab es nur Zank und Streit, aber ich erinnere mich an kein Ereignis, was mir irgendeine Existenz von Geschwisterliebe meiner Halbbrüder zu mir als ihre Schwester hat deutlich machen können.

Gutes Patchwork gab es leider nicht in unserer Familie und so glaubte ich, mir meinen Platz in meiner Familie erkämpfen zu müssen.

Wo ist mein Platz in der Familie?

Als ich geboren wurde, waren wir drei Kinder. Unsere Geburtsjahre waren 1956, 1958 und ich 1960. Mein lieber leiblicher Bruder Mario kam erst vier Jahre später auf die Welt.

Nun war der Altersunterschied zwischen uns nicht sehr groß und der notwendige Zeitbedarf für unsere Betreuung wuchs für meine Eltern ins Unermessliche. Schließlich mussten unsere Eltern schon sehr früh auf Arbeit sein und uns Kinder vorher noch versorgen und in die Tageseinrichtungen bringen. Immer wieder gab es Probleme und Stress am Morgen, weil wir noch sehr müde waren und wir aber schon zwischen 6 und 7 Uhr in die Tageseinrichtungen gebracht und abends wieder abgeholt werden mussten. Für mich brauchten sie am Morgen die meiste Zeit, denn ich war nicht nur sehr müde, sondern auch sehr langsam beim Essen und Trinken. Möglicherweise war dies schon der Versuch, die Nähe auf den Arm meines Vaters länger erspüren zu können.

Auch die Umstellung als meine Mutter wieder arbeiten ging, fiel mir sehr schwer und ich wollte mich wohl nicht so recht an diesen neuen Rhythmus gewöhnen. So sahen sie wohl keine andere Möglichkeit, als die gesamte Betreuung der Kinder in staatliche Hände und mich sogar in eine Wochenkrippe zu geben.

Nur gab es *wirklich keine Alternative* als die ganztägige Unterbringung von uns Kindern in Tageseinrichtungen bzw. mich sogar in einer Wochenkrippe zu wählen?

Mein Ehepartner Gerd Keil sagt immer, dass es diese schon gab, wenn man nur gewollt hätte. Wollten meine Eltern ihre Tätigkeiten im gut bezahlten Staatsdienst nicht aufgeben oder hatten sie keine Vorstellung, wie sehr diese lange Zeit der immer wiederkehrenden Tren-

nungen von den Eltern auf der kleinen Kinder-
seele lastete? Es hätte sich doch eine andere
Tätigkeit finden können, in der sie beide die
Betreuung ihrer noch sehr kleinen Kinder nur
tagsüber in Kinderkrippen bzw. Kindergärten
hätten abgeben müssen.
Arbeitsplätze gab es in den 60er Jahren genug,
denn es herrschte ein großer Arbeitskräfte-
mangel in der DDR. So hätten sie sich selbst
mehr um uns kümmern können. Sie hätten etwas mehr Zeit und Geduld mit uns Kindern haben können. Die elterliche Nähe und Liebe hatten wir in dieser Zeit bitter nötig.
In der DDR war es aber wichtiger, dass jeder
Bürger, also auch die Frauen und Mütter, einer
geregelten Arbeit in Vollbeschäftigung nach-
gingen, als die Erziehung ihrer Kinder den Eltern zu überlassen. So wurden gerade hier die
Tatsachen auf den Kopf gestellt, um mit der flä-
chendeckenden Betreuung der Kinder durch
staatliche Einrichtungen als eine große Errungenschaft des Sozialismus und für die Gleich-
berechtigung der Frauen im ständigen Wett-
kampf mit der westlichen Welt punkten zu können. Tatsächlich jedoch waren viele Frauen
durch die staatlich geforderte Vollbeschäftigung, aus der sie nur schwer in eine Teilzeittä-
tigkeit wechseln durften, stark überfordert, um

noch nach dem langen Arbeitstag ihrer Rolle als Mutter und Hausfrau gerecht zu werden. Die Familien, die sich für eine verkürzte Arbeitszeit entschieden, waren oft nicht gut angesehen und wenn eine Frau gar nicht arbeiten ging, galt diese Familie als asozial. Ich denke, dass es vor allem darum ging, zum einen jede Arbeitskraft für die ewige Planerfüllung zur Verfügung zu haben, aber vor allem auch darum, einen möglichst großen Teil aller Kinder staatlich erziehen und über die Kinder ganze Familien kontrollieren zu können.

Denn bei allen Überlegungen sollten wir heute nicht vergessen, dass die DDR ein Überwachungsstaat war, der sich die Menschen mit allen Mitteln so erziehen wollte, wie sie für dieses diktatorische System und dessen Machterhalt von Nutzen waren. Darum waren an allen wichtigen Punkten in der sozialistischen Gesellschaft linientreue Parteigenossen tätig.

So standen auch meine Eltern vor der Entscheidung, ihren schwer zu organisierenden Schichtdienst mit der Betreuung von uns noch sehr kleinen Kindern abzustimmen. Das war immer wieder eine große Zerreißprobe und so kam es, dass auch sie von den neu entstandenen Wochenkrippen bzw. Wochenheimen erfuhren, wo die Kinder die ganze Woche von

montags bis samstags, inklusive den Über-
nachtungen betreut werden konnten. Diese
Einrichtungen wuchsen geradezu wie Pilze aus
dem Boden und wurden als Akt der Befreiung
der Frauen gefeiert. Doch wie es den Kindern
tatsächlich erging, wussten die jungen Familien
in der DDR nicht. Lockmittel dafür schien u. a.
auch der niedrige Kostensatz für Verpflegung
und Betreuung zu sein.

Dass diese Einrichtungen natürlich auch für
eine gute Erziehung zu sozialistischen Persönlichkeiten standen, war meinen Eltern, die
beide Genossen der SED waren, sehr recht.
Mein ältester Halbbruder Peter machte meinen
Eltern immer riesige Probleme. Er war verhal-
tensauffällig und machte immer viel Stress in
der Schule. Seine Aggressivität gegen seine
Mitschüler und Lehrer nahm immer mehr zu. Er
war aufsässig und ungehorsam. Er rebellierte
gegen alle Regeln. Immer wieder musste mein
Vater in die Schule, um sich den Ärger der Lehrer anzuhören. Sie fürchteten immer um den
Verlust des Arbeitsplatzes meiner Mutter, die
als Angehörige der Volkspolizei ordentlich
funktionierende Kinder zu haben hatte. Wenn
nicht, gab es von der Schule immer eine Mittei-
lung an den Betrieb der Eltern.

Mit mir gingen sie kein Risiko ein. Ich war pflegeleicht, bescheiden und auch sehr ruhig. Da ich wohl die geringsten Probleme bei den Erziehern machte und so am besten das Familienimage nach außen vertreten konnte, entschieden sich meine Eltern für eine Unterbringung in einer Wochenkrippe im Alter von ca. 18 Monaten.

Meine Mutter erzählte mir, dass sie als Eltern, es nur gut mit mir meinten, weil ich dem täglichen Morgenstress nicht anders standgehalten hätte. Wieso nicht anders standgehalten? Ich musste immer schon sehr früh aufstehen, damit ich montags gegen 6:30 Uhr in der Wochenkrippe abgegeben werden konnte, und erst Samstagnachmittag endlich wieder zurück in meine Familie durfte.

Ich habe diese Zeit im Wochenheim mit vielen Entbehrungen **alles andere** als überstanden.

Meine Mutter sagte: „Mit dem Wochenheimbesuch hattest du deinen regelmäßigen Tagesablauf und warst ganztägig in einer Gemeinschaft von Kindern." Ich kam mit etwa 1 ½ Jahren in eine Wochenkrippe und sollte hier gut behütet bis zu meinem Schuleintritt mit 7 Jahren aufwachsen? Von nun an hatte ich zwar einen durchorganisierten und geregelten Tagesablauf, war aber dafür immer nur für zwei kurze

Nächte in meiner Familie. Ich habe nur sehr wenige Erinnerungen daran, aber oft wusste ich nicht, wohin ich gehörte. Was war mein Zuhause? Ich wünschte mir in dieser Zeit, dass doch die Tage Zuhause mal so lang wären, wie die Tage im Wochenheim. Warum konnte das alles nicht anders rum sein?

Ob meine Eltern wirklich glaubten, dass es mir dort gut gehen würde? Ich weiß es nicht. Dabei gehören meine Eltern doch der Kriegskindergeneration an und haben selbst Hunger und das Gefühl alleingelassen zu sein, kennengelernt. Kinder wuchsen auch damals nebenher auf, mussten häufig hart anpacken und durften auch nie wirklich Kind sein. Wärme und Geborgenheit haben auch sie nicht erlebt. Wieso gaben sie das alles an uns Kinder weiter?

Wie unwohl ich mich fühlte, wenn ich die Treppen zum Wochenheim nach oben lief, spürte ich das erste Mal sehr bewusst, als ich 2012 nach etwa 45 Jahren diese Einrichtung, welche heute zum Glück der Kinder nur noch eine Tageseinrichtung ist, aufsuchte. Sehr zielgerichtet ging ich an die Treppe, die in den dritten Stock hinauf zu meinem Gruppenraum führte und hockte mich hin. So hoffte ich, den Blick der kleinen Manuela bei ihrem immer wiederkehrenden Treppenaufstieg einzufangen. Ohne jedoch zu ahnen, was dann mit mir geschah, überkam mich plötzlich ein Weinkrampf und ich kam nicht mehr hoch. Eine gefühlte Ewigkeit musste ich hocken bleiben und erst eine Erzieherin, die vorbeikam und mich fragte, ob sie mir helfen kann, ließ mich aus meiner Erstarrung loskommen.

Seitdem kamen auch einige Erinnerungen an diese Zeit wieder. Besonders stark brannten sich die Bilder des Treppenaufstiegs und das Abholen nach langem Warten auf der Bank ein, dass sich mir bei einem erneuten Besuch mit einem Filmteam vom 3SAT für eine Filmsequenz „Kindheit in Deutschland" erneut zeigte. Traumatische Erlebnisse der langjährigen immer wiederkehrenden wöchentlichen Trennungen von den Eltern und der Familie ließen weder ein gesundes Urvertrauen noch eine vernünftige Eltern-Kind-Beziehung entstehen, die sich in meinem späteren Umgang mit den sexuellen Missbräuchen mit verschiedenen Personen aus dem nahen Umfeld, aber auch von Fremdpersonen zeigte.

Dass ich mich erst 2012 an dieses Thema heranwagte und darüber zögerlich mit meinem Therapeuten zu reden begann, zeigte mir, wie sehr ich mich ängstigte vor dem, was dann

auch tatsächlich mit der ganzen Familie geschah.

Die Wochenkrippe bzw. das Wochenheim
So wusste ich, dass ich nach dem beschwerli-
chen Aufstieg auf der vor dem Geländer im
Vorraum stehenden Bank umgezogen wurde
und wieder für eine **ganze lange Woche** warten
musste, bis ich wieder zu meiner Familie durfte.
Nach dem Umziehen öffnete sich die Tür und
eine Erzieherin nahm mich wie jeden Montag-
morgen, meist schon kurz nach 6 Uhr, in Emp-
fang. Ein kurzes „Tschüss" und schon verschwand mein Vater bzw. meine Mutter für eine
ganze Woche. Etwa zwei bis drei Tage fühlte es
sich falsch an. Als ich begann die Nächte bis
zum Samstag zu zählen, spürte ich eine Sehnsucht nach meiner Familie. So saß ich manchen
Samstag auf der Bank vorm Geländer im Vorraum und wartete oft auch als letztes Kind auf
meine Abholung. Immer wieder schaute ich die
Treppe durchs Geländer hinunter, ob nun mein
Vater oder meine Mutter endlich kam. Die Enttäuschung wurde immer größer, je weniger wir
auf der Bank wurden. Manchmal ängstigte es
mich, dass ich vergessen wurde und dann kam
da nicht selten nur ein Arbeitskollege meiner

Mutter, der mich dann zur Arbeitsstelle mitnahm. Dennoch schien ich diesen Mann später noch sehr zu mögen, obwohl er nur selten bei meinen Eltern zu Besuch war. Ich vermute, dass ich ihn so sehr mochte, weil er mich oft aus dieser langen Wartezeit am Samstag heraus holte und mich zu meiner Mutter brachte.

Immer wieder fragte ich meine Mutter, warum ich denn die ganze Woche dableiben muss und bekam zur Antwort: „Zu Hause ist doch keiner, wir sind doch auch die ganze Zeit auf Arbeit." Und nur dieser Satz, der ja eine Lüge war, ließ mich das Los in einem Wochenheim untergebracht zu sein, leichter ertragen. Manchmal hat mich Frau Funke, sie war die Heimleiterin, auch noch mit nach Hause genommen. Das war wohl eine interne Absprache zwischen meinen Eltern und ihr. Sie habe ich namentlich bis heute in Erinnerung und sie fehlte mir oft in meinen ersten Schultagen, besonders dann, wenn ich Konflikte mit den anderen Mitschülern hatte, die mich immer wieder wegen meiner starken Zurückhaltung ärgerten und oft auch hänselten. Ich sprach fast nie mit anderen Kindern und war immer für mich allein.

2013 im Zuge meiner Therapie, erzählte ich meiner Mutter von diesen negativen Gefühlen während meiner langen Wochenheimzeit, die daraufhin nur sagte: „Es hat dir in diesem Wochenheim immer gut gefallen." Punkt, aus und basta! Thema erledigt.

Ja, so war sie eben und so war ihre Art, mit den Problemen ihrer Kinder umzugehen. Es kann nicht sein, was nicht sein darf. Sie wollte so etwas nicht hören und oft antwortete sie nur sehr kurz, kalt und in einem Befehlston, den ich bereits aus der Wochenkrippe (bis 3 Jahre) und später aus dem Wochenheim (bis 7 Jahren) kannte.

So lernte ich schon sehr früh, wie ich das Wohlwollen meiner Eltern auf mich ziehen konnte und welche Fragen ich stellen bzw. nicht stellen durfte. Durch die Erziehung im Heim und das strenge Elternhaus, in dem auch Prügel, vor allem gegen meine Halbbrüder, nicht selten waren, lernte ich sehr schnell zu funktionieren. Ich wollte um jeden Preis endlich auch meinen Platz in dieser Familie bekommen.

Den Eltern keinen Ärger bereiten und für die Außenwelt eine perfekte Familie darstellen, damit die Nachbarn einen guten Eindruck von der kinderreichen Familie haben, war in dieser Zeit mein Ziel. Ich wollte nicht schuld sein, wenn sich meine Eltern wegen mir oder meinem Verhalten ärgern müssen. Denn es war wichtig, dass die Nachbarn nur Gutes dachten und nichts Nachteiliges über uns Kinder zu berichten hatten. Bis zu meinem Schuleintritt kannte ich meine Familie nicht und so beäugte ich sie lange Zeit auch sehr misstrauisch. Ich musste erst mal ergründen, wie das Leben in einer Familie funktioniert und wie es sich anfühlt.

Genau wie der Staat alles vorschrieb, schrieben uns unsere Eltern auch alles vor. Sie hatten sich sehr linienkonform verhalten und sind ihrer Arbeit stets vorbildlich nachgekommen und gaben ihre ganze Kraft nur dem Staat. Sie vergaßen dabei, dass ihre Kinder dadurch dieselben Mangelerscheinungen an elterlicher Zuneigung und Liebe erduldeten, wie sie selbst in ihrer Kindheit.

Wir Kinder waren immer nur eine Last für sie. Warum aber waren wir Kinder die Last und nicht ihre Arbeit? Das verstehe ich bis heute, da ich selbst Mutter einer Tochter bin, überhaupt nicht. Ich wollte doch nur eine Antwort darauf, warum wir in den Augen unserer Mutter immer als Last gesehen wurden. Warum stellte sie nie ihre Arbeit in Frage und suchte vielleicht auch nach anderen Möglichkeiten, ihren Familienunterhalt zu verdienen? Andere Mütter, die nur im Tagesdienst arbeiteten, haben es doch auch geschafft. Ihre Kinder durften wenigstens am Abend und in der Nacht zu Hause sein. Sie bekamen täglich den ersehnten Gute-Nacht-Kuss und ein „Schlaf gut" gewünscht. Ich kann mich auch nicht erinnern, jemals in diesem Wochenheim das Sandmännchen gesehen zu haben. Dies wurde mir all die Jahre vorenthalten und so hinterließ der massive Mangel an Liebe, Wärme und Nähe der Eltern damals schon seine Spuren. Wenn ich mich auch nie beklagte und dieses Leben für das Normalste der Welt hielt, gruben sich tiefe Wunden in mein kleines Kinderherz. Warum nicht einer der beiden Mal irgendwann auf die Idee kam, dass es ihrem kleinen Mädchen, das immer so auffällig ruhig und lieb, aber immer traurig war, etwas sehr Wichtiges, nämlich die Wärme und Geborgenheit fehlte, kann ich nicht verstehen. Sie opferten mit der Entscheidung, mich in diese Wochenkrippe zu stecken, das Entstehen einer gesunden Eltern-Kind-Beziehung.

Denn nur an den Wochenenden, wo ich zu meiner Familie durfte, konnte ich doch keine Familienbindung aufbauen. In dieser langen Zeit bis zum Schuleintritt lernte ich schließlich, dass ich nur zu funktionieren und mich stets den Wünschen der Erwachsenen anzupassen hatte. Keine eigenen Bedürfnisse zu haben und den Worten der Bezugspersonen ohne Widerspruch Folge zu leisten, lernte ich in den wichtigsten Jahren meiner Kindheit. So kam ich im Alter von fast 7 Jahren eingeschüchtert und zurückhaltend in meiner Familie an, die ich nun endlich erstmal kennenlernen durfte. Doch schon sehr bald merkte ich, wie fremd sie mir alle waren.

Nie habe ich meine Eltern als Vertraute sehen und mit ihnen meine Probleme besprechen können. Zu lange hatte ich lernen müssen, all meine Probleme mit mir selbst auszumachen. Ich hatte keine Vertrauten, mit denen ich diese hätte teilen können.

Meine Eltern waren viel zu sehr mit ihrer Arbeit und den gesellschaftlichen Aufgaben, zu denen sie als Staatsbedienstete besonders verpflichtet waren, beschäftigt. Ihre Aufmerksamkeit war hauptsächlich auf das Verhalten meiner Halbbrüdern gerichtet. Diese holten sie sich vermutlich über Ungehorsam und mangelnde schulische Leistungen die Zuwendungen der Eltern.

Vielleicht habe ich mich auch deshalb gleich an meinen ersten Freund festgeklammert, weil ich glaubte, in ihm die große Liebe gefunden zu haben. Bei ihm verspürte ich bereits im Alter von zwölf Jahren zum ersten Mal, was Wärme und Nähe zu einem Menschen bedeuten kann.

So glaubte ich, dass dies die wahre Liebe sei und wollte dieses wunderbare Gefühl nie mehr verlieren.

Warum sollte ich zuvor etwas vermissen, was ich nie kennengelernt habe?

Ich verstehe so vieles nicht und werde mit vielen offenen Fragen weiterleben. Ich habe nur wenige Erinnerungen, an diese so sehr erwarteten Wochenenden, wo ich hoffte, nun endlich auch meine Halbbrüder kennenzulernen. Stattdessen fuhren meine Eltern mit mir zur Oma, die Mutter meines Vaters, die in Sachsendorf im Oderbruch wohnte. Da wir diese Fahrt mit dem Bus machen mussten, war mindestens ein halber Tag des für mich so wichtigen Wochenendes allein für die Hin- und Rückfahrt draufgegangen. Selbst die Oma war mir sehr fremd und ich fühlte mich auch mit meinen Eltern bei ihr unwohl. Für diesen Besuch wurde ich obendrein noch wie ein Vorzeigepüppchen herausgeputzt. So fuhren wir immer wieder die Verwandtschaft besuchen und ich fühlte mich immer nur präsentiert. Warum sonst hatte mir meine Mutter nach so vielen Jahren vorgeworfen, dass es doch immer nur um mich gegangen sei.

In einer Auseinandersetzung, die ich 2013 mit ihr führte, schleuderte sie mir mit ganzer Wut entgegen: „Du und dein Vater. Ich kann es nicht mehr hören. Immer ist es nur um dich gegangen. Die Jungen (und hier meinte sie ausschließlich nur meine Halbbrüder) zogen immer den Kürzeren." Als sie das sagte, steckte so viel Wut darin, dass es mich erschütterte und erneut tief verletzte. Ich war sprachlos und sehr erschrocken mit wieviel Hass, sie mir dies entgegenschleuderte. Und so taten sich immer neue Fragen auf, die unbeantwortet geblieben sind.

So fühlte ich mich in meiner Vermutung bestätigt, dass meine Mutter seit meiner Geburt immer sehr eifersüchtig auf die Liebe meines Vaters zu mir war. Wenn wir zu meiner Oma fuhren, ging meine Mutter mit mir einkaufen und kleidete mich wie ein Modepüppchen an. Im Geld ausgeben war sie immer schon sehr gut und hier benutzte sie mich und die Liebe meines Vaters zu mir, für ihre Kaufsucht. So forderte sie mich immer auf, ich solle mich immer vor meinem Vater mit dem süßen Kleidchen drehen, damit er mit ihr wegen dem Einkauf nicht mehr schimpfen konnte. Denn so war mein Vater darauf fokussiert, dass ich dieses Kleidchen schön fand und damit war für ihn alles in Ordnung.

Die wenigen Erinnerungen aus der frühen Kindheit an meine Eltern waren, dass ich samstags im Vorraum der Wochenkrippe bzw. des Wochenkinderheims saß und voller Erwartung war, dass endlich mein Vater oder meine Mutter die Treppen hochkam, um mich abzuholen. An die Weihnachtstage als der Weihnachtsmann ins Kinderheim kam und die Kinder mit vielen Geschenken bescherte, erinnere ich mich sehr wohl. Ich rutschte immer weiter unter den Tisch, als der Weihnachtsmann so viel über mich wusste, wie z. B., dass ich sehr langsam beim Essen war und immer alle warten mussten, bis ich endlich aufgegessen hatte. Bis heute kann ich nicht in Ruhe essen und genießen, weil ich durch den ständigen Druck, schneller essen zu müssen, verlernte, in Ruhe meine Mahlzeiten zu genießen.

So kannte der Weihnachtsmann immer all meine „Untaten", denn hinter seiner Maske war mein Vater versteckt, der sehr eng mit dem Kinderheim zusammenarbeitete. Und weil er so viel über mich wusste und es erzählte, schämte ich mich immer so sehr, dass der Weihnachtsmann für mich eher zur Angst einflößenden Respektsperson wurde. Er erzählte mir, dass er doch immer den Kontakt zum Wochenheim hielt, um sicher zu gehen, dass es mir dort auch wirklich gut ging. Umso betroffener war er, als ich ihm von meinen ganzen Emotionen aus dieser Zeit erstmals 2013 berichtete.

In diesem Wochenheim war nicht alles schlecht. Wir sangen, tanzten und spielten Kreisspiele, die mir richtig Freude machten.

Das Singen war eine der vorgeschriebenen Beschäftigungen, die ich gern tat. Erstens war durch die Erzieherin eine gemeinschaftliche Beziehung zur Gruppe hergestellt, so dass ich mich in diesen Momenten auch zugehörig fühlen konnte. Ohne diese organisierte Gruppenbeschäftigung war es mir nicht möglich, mit anderen Kindern gemeinsam zu spielen oder zu kommunizieren. Immer stand ich abseits und schaute ihnen beim Spielen zu. Zweitens fand ich großen Gefallen an den Rhythmen der Lieder von der Arbeit, den wachsamen Soldaten und den Kreisspielen. So trällerte ich diese Lieder auch später noch voller Freude mit meinem jüngeren Bruder. Die Texte der Lieder, „Wenn Mutti früh zur Arbeit geht", „der Schaffner hebt den Stab", das Lied von der Patenbrigade und viele weitere Lieder über die Arbeit und über den Soldaten, der den Frieden schützt, machten sehr deutlich, dass die Erziehung der Kinder ausschließlich darauf gerichtet war, diese zu sozialistischen Persönlichkeiten zu machen.

Über die Liedtexte wurde so schon sehr früh zur Arbeit erzogen und ein Feindbild aufgebaut, dass die Notwendigkeit von Grenzsoldaten rechtfertigte. So sang ich mit meinem jüngeren Bruder viele dieser sozialistischen Kampf- und Arbeiterlieder, die ich schon als kleines Kind auf den Schultern meines Vaters während den alljährlichen Maidemonstrationen lernte. Dies machte meinen Vater immer sehr stolz und ich freute mich darüber.

Aber es war nicht alles schön, denn es gab auch viele Gruppenbeschäftigungen, die die kulturellen und handwerklichen Fertigkeiten der Kinder entfalten sollten. Die anfänglichen unterschiedlichen Individualitäten der einzelnen Kinder wurden bewusst aufgebrochen und durch gezielte Beschäftigung zu einheitlichen Individuen erzogen, um sie für ein vorbildliches Leben in der sozialistischen DDR vorzubereiten. Immer war alles perfekt organisiert und vorgeschrieben. Sogar der Toilettengang wurde in der Gemeinschaft ohne Trennwände erledigt. Es waren sehr feste Zeiten, zu denen wir alle nebeneinander auf unseren Töpfchen saßen und erst aufstehen durften, wenn wir es gesagt bekamen. Da die Hygiene großgeschrieben wurde, war natürlich auch das regelmäßige Händewaschen minutiös geplant und die Erzieherinnen, die strenge Auflagen für ihre Erziehungsarbeit befolgen mussten, hatten nur wenig Möglichkeiten, den Tagesablauf nach eigenen Vorstellungen zu gestalten. Im Gegenteil. Sie standen damals auch unter starker Kontrolle des Volksbildungsministeriums und wie alles in der DDR geplant wurde, geschah auch die sozialistische Erziehung ganz planmäßig. Da war einfach kein Platz für eine individuelle Gestaltung in den Gruppen.

Als ich im Alter von 53 Jahren das DDR-Museum in der Spandauer Straße in Berlin besuchte und dort alte Kampflieder hörte wie „Spaniens Himmel breitet seine Sterne..." erschrak ich vor mir selbst. Der Text und die Melodie waren noch so gegenwärtig, dass ich voll Inbrunst hätte mitsingen können. Natürlich sang ich nicht mit. Denn inzwischen habe ich mich lange genug mit der eigenen Geschichte beschäftigt, dass es mir mein gesunder Menschenverstand einfach verbot.

Die Malstunden in diesem Wochenheim, aber auch später in der Schule, mochte ich überhaupt nicht. Ich konnte nicht gut malen und schon gar nicht nach vorgegebenen Themen. Damit wusste ich einfach nichts anzufangen. Ich malte so schlecht, dass die anderen Kinder mich oft auslachten. Oder war es gar umgekehrt? Weil die Kinder lachten, wenn sie meine Bilder anschauten, glaubte ich eine schlechte Malerin zu sein?

So sehr ich mich anstrengte, malte ich nie so gut, dass auch mal mein Bild im Vorraum ausgehängt werden konnte. Dies geschah nur mit den besten Bildern.

Mein Vater liebte es, mit mir durch das Kaufhaus zu ziehen und mich einzukleiden. Besonders wenn wieder ein Besuch bei seiner Mutter anstand, ging er nur mit mir einkaufen, um mich so richtig schick zu machen. Er durfte mir auch immer meine langen Haare kämen, denn er machte es sehr liebevoll und vorsichtig. Ich genoss es, wenn er mich kämmte und hielt bei ihm besonders still und hoffte, dass das Kämmen noch lange andauern würde. Er war sehr behutsam und ich erspürte darin seine Liebe. Auch ziepte es bei ihm nie und bei meiner Mutter immer. Sie stand immer unter Anspannung und nahm sich nie wirklich Zeit für mich. Immer musste es schnell gehen und oft kam von ihr ein sehr kaltherziges „Hab dich nicht so" oder „Sei nicht so empfindlich."

Ich bin sicher, dass mein Vater besorgt war, dass es mir im Wochenheim nicht gefallen könnte. Deshalb hielt er während der Zeit immer engen Kontakt zur Heimleiterin, Frau Funke. Weil ich aber sehr viel über Frau Funke erzählte, glaubte er, dass es mir dort auch gut gehen würde. Offensichtlich sollte sich Frau Funke ein wenig mehr um mich kümmern, was sie wohl auch tat. Dies würde zumindest erklären, warum ich mich gerade **nur** an ihren Namen erinnern kann.

Ich erinnere mich auch an einen Traum, dass mich wieder die Kinder in der Schule ärgerten, weil sie mir meine Sachen mit der Tinte bespritzten und ich verängstigt weinte. Ich spürte riesige Angst, meine Eltern würden wegen der Flecken mit mir schimpfen. Doch da erschien Frau Funke und ging mit mir zu meinen Eltern nach Hause und erzählte von den Kindern und dass diese mir das Kleid bespritzten. Niemand schimpfte mit mir und ich erwachte erleichtert aus meinem Traum. Ich freute mich, dass ich das nur geträumt hatte. Aber die eine oder andere unangenehme Erinnerung aus dem Wochenheim habe und werde ich nie vergessen.

Es waren da die ewigen Zurechtweisungen der Erzieherinnen vor der ganzen Gruppe. So kam es einmal bei mir zu einem großen Missverständnis, das mich sehr beschämte und mir große Schuldgefühle machte. Ich war zu diesem Zeitpunkt ohnehin schon sehr zurückhaltend und fragte ganz vorsichtig beim Abendbrot an, ob ich noch ein Becher Milch bekomme könne. Die Erzieherin lehnte mit der Begründung ab, die Milch sei alle und es gebe immer nur einen Becher Milch für jedes Kind. Kurz darauf ging sie jedoch zum Essenwagen und goss in einen sauberen Becher Milch ein. Ich sah dies und dachte, dass dieser Becher nun doch für mich sei, denn die Milch war doch nicht alle. Ich ging zum Wagen und trank den Becher aus. Daraufhin schimpfte sie mich vor der ganzen Gruppe aus und meinte, dass ich jetzt die Milch von Claudia, die inzwischen von ihren Ballettstunden zurückgekommen war, ausgetrunken hätte. Ich wäre schuld, dass sie ohne den wichtigen Becher Milch schlafen gehen müsse. Ich schämte mich so sehr, dass ich am liebsten nur noch im Erdboden versunken wäre. So ging ich nur noch mit gesenktem Kopf, um mich zum Schlafen fertig zu machen. Noch sehr lange lag ich leise weinend schuldbewusst im Bett.

Ein weiteres Beispiel hat mich besonders negativ geprägt: Dass Bettnässer im Kinderheim bestraft wurden, indem sie im Kreis vor die Gruppe gestellt wurden und die übrigen Kinder aufgefordert wurden, dem Bettnässer zurufen

mussten „I i i" und "Pfui du bist ein Bettnässer".
Dabei sollten wir mit dem Finger auf das in der
Mitte stehende, zumeist weinende Kind, zeigen. Ich flüsterte nur ganz leise und kaum hörbar, weil ich es so schrecklich fand. Doch ich
wagte auch hier nicht, den Anweisungen der
Erzieherin nicht Folge zu leisten. Ich kann mich
nicht erinnern, jemals selbst als Bettnässerin in
diesem Kreis gestanden zu haben. Aber zuhause habe ich noch öfter ins Bett gemacht. Ich
träumte oft davon, auf der Toilette zu sitzen
und wurde wach als es warm und feucht im
Bett wurde. Ich versuchte, mein Laken über
Nacht heimlich zu trocknen und machte am
Morgen schnell mein Bett zu und es merkte
niemand. Übrigens quält mich diese Art des
Traumes manchmal auch heute noch. Ich muss
auf Toilette und träume, dass ich schon auf
dem WC sitze, aber ich fasse dann immer die
Toilette an, ob sie auch wirklich da ist. Manchmal, wenn es eben kein Traum, sondern Wirklichkeit ist, lache ich heute über mich.
Wie ich lernte, mich anzupassen, zeigt auch folgendes Erleben: Beim Beobachten der spielenden Kinder im Hof des Heimes fiel mir auf, dass
sich die Kinder manchmal schubsten und auch
kabbelten. Wurde der Streit zu heftig, mussten
alle Kinder antreten und in den Gruppenraum

gehen. Das Spielen wurde also abrupt beendet, weil nur zwei Kinder aus der Reihe tanzten. Oder es wurde ein Kind bei einer Auseinandersetzung verletzt und es weinte, dann riefen andere Kinder „Heulsuse". Ich fürchtete mich immer sehr, selbst in so eine Auseinandersetzung zu geraten. Ich konnte mich nicht durchsetzen und wagte nicht, meine Wünsche zu äußern. Alles geschah bei mir lautlos. Alles was ich sah, hörte oder erlebte, machte ich mit mir allein aus. Ich hatte Ängste, von denen ich bis heute nicht so richtig weiß, wo diese herkamen. Ob es möglicherweise damit zusammenhängt, dass ich als Kind immer mit wechselnden Bezugspersonen leben musste und kein richtiges Zuhause in dieser Zeit hatte, weiß ich nicht. Aber eines ist sicher: Diese Ängste setzten sich schon in diesem Wochenheim in mir fest und ich nahm diese auch in die Schule mit. Sogar bis heute begleiten mich noch Spuren dieser Ängste.

Ein Erinnerungsfoto aus der Zeit im Kinderheim, welches ich in einem großen Fotosack bei meiner Mutter fand, brachte plötzliches Weinen in mir hervor. Zu gut erinnerte ich mich daran, wie es entstanden ist. Es zeigt mich im Alter von ungefähr fünf Jahren auf dem Spielplatz des Kinderheimes. Dort halte ich eine

Puppe in meinem Arm und strahle vor Freude. Solche frohen Blicke habe ich selten auf alten Fotos von mir gesehen. Es handelte sich um eine neue Puppe, die für das Kinderheim angeschafft wurde, in die ich mich sofort verliebt hatte. Sie fühlte sich für mich wie ein richtiges Baby an, obwohl sie aus Plastik war, und hart. Aber ich konnte die Puppe wie ein Baby wickeln und auch ein Strickkleid anziehen. So sehr ich diese Puppe begehrte, es war immer wieder ein anderer, meist auch nur um mich zu ärgern, der sie zuerst ergriff und sie dann kurz darauf neben sich legte und mit einem anderen Spielzeug weiterspielte. Ich wartete geduldig darauf, dass er sie vergaß. Aber weit gefehlt. Er wartete nur darauf, dass ich zugreifen würde und zog sie sofort wieder an sich. Streiten mit ihm wollte ich nicht, denn ich hatte Angst. Einmal wollte ich die Erzieherin um Hilfe bitten, da wurde ich als Petze ausgerufen und das gefiel mir auch nicht, weil mich auch mein älterer Halbbruder schon so beschimpfte. Ich sah nur zu und beobachtete meine Lieblingspuppe. Am Tag als der Fotograf in die Gruppe kam, hieß es, es sollen sich alle Kinder auf die Bank setzen und alles Spielzeug in die Regale räumen. Dann durfte das Kind sich sein Lieblingsspielzeug nehmen und zum Fotografieren hinstellen. Ich war sehr aufgeregt vor Freude, denn nun durfte ich meine Puppe in meinem Arm halten und niemand durfte sie mir jetzt wegnehmen.

So verging Woche um Woche, Monat um Monat, in denen ich mich unwohl fühlte und sich Emotionen aufbauten, in denen ich mich einsam, ungeliebt und ohne Aufmerksamkeit fühlte.

Mir fehlten elterliche Zuwendungen, die ein Kind täglich braucht und nicht nur ab und zu am Wochenende. Ich scheute immer mehr die Auseinandersetzungen mit Gleichaltrigen und ging aber im Spiel mit Jüngeren immer sehr fürsorglich um. Die Wochenenden zu Hause fühlten sich an, als sei ich mal irgendwo auf Urlaub. Aber als mein zu Hause nahm ich es nicht so richtig wahr. Meine älteren Halbbrüder beachteten mich auch nicht, sofern ich sie überhaupt zu Gesicht bekam. Und so funktionierte unsere Patchworkfamilie nicht wirklich, auch wenn unsere Eltern es nach außen so aussehen ließen.

Ich kam aus dem Wochenheim am Wochenende und musste mich immer wieder neu auf meine Familie einstellen. Mit diesem ständigen Wechsel, sechs Tage streng organisierter Alltag und ein Tag Familienleben, konnte ich nicht umgehen, so dass ich auch hier meist nur die Position einer Beobachtenden einnahm. Dabei wollte ich doch verstehen lernen, wie das Leben in einer Familie funktioniert und hier etwas Wärme tanken für die lange Woche im Heim. Es gelang mir nicht, bis auf die Momente mit meinem kleinen Bruder, der geboren wurde, als ich fast vier Jahre alt war. Ich liebte ihn abgöttisch und er mochte mich natürlich auch, denn ich kümmerte mich, wie eine Mutter um ihn. Und so kam es, dass sich die beiden Halbbrüder immer besser miteinander verstanden und ich hatte endlich auch einen richtigen Bruder. Wir führten miteinander eine sehr enge Geschwisterliebe. Mit ihm konnte ich sehr oft die trüben Stimmungen, die immer wieder in mir aufkamen, vertreiben. Wir spielten Karten, Brettspiele, sangen miteinander und lachten ganz viel zusammen. Nun gut, es war nicht mein Traum vom großen Bruder in Erfüllung gegangen, aber so konnte ich wenigstens die große Schwester vom kleinen Bruder sein. Es gibt viele Kinderfotos, die immer nur meine Halbbrüder im Doppelpack zeigten und dann wiederum Fotos, wo ich mit meinem Bruder Mario hübsch ordentlich gekleidet im Wald zu sehen

bin. Dass wir alle sauber und ordentlich gekleidet waren, darauf legten meine Eltern den
größten Wert. Sie wollten als kinderreiche Familie nicht negativ auffallen. Dabei hätten wir
uns in Trainingsanzügen im Wald bestimmt viel
besser bewegen können. Nur waren die Wochenenden sehr kurz und die lange Zeit im Wochenheim machte mich immer einsamer. Niemand bemerkte meine Zurückgezogenheit und
auch nicht, dass ich mich einsam fühlte, trotz
des Lebens in der Gemeinschaft von Kindern.
Dass ich mich oft krank fühlte, an häufigen
Atemwegserkrankungen litt und ohne die elterliche Nähe und Fürsorge in einem Wochenheim
gesunden sollte, kann ich mir heute nicht mehr
vorstellen. Es gab auch Isolierzimmer in welche
kranke Kinder gesteckt wurden, um die anderen Kinder nicht anzustecken. Es gab keinen
Grund deswegen die Eltern anzurufen. Schließlich sollten sie ohne Sorge um das Wohl ihrer
Kinder ihrer Arbeit nachgehen können.
Ich war brav, gehorsam, pflegeleicht und fiel
niemandem auf. Immer wieder suche ich nach
Gründen, um meine Eltern aus der Verantwortung zu nehmen. Meine Eltern sagten später zu
mir, dass sie selbst ja auch sehr ruhig gewesen
seien und deshalb sei es ihnen bei mir nicht
aufgefallen. Das glaube ich sogar, denn neben

meinen Halbbrüdern war ich mit meiner extremen Zurückhaltung und sehr ruhigen Art wesentlich angenehmer zu ertragen und so auch das perfekte Aushängeschild für die Familie. Sie wiesen die Verantwortung von sich, indem sie mich fragten, warum ich denn nie etwas gesagt hätte. Aber muss man das als Elternteil nicht spüren, wenn ein Kind immer nur traurig ist und sich sehr bescheiden und zurückhaltend verhält?

Die Vorbereitung auf den Eintritt in die Schule begann mit etwa fünf Jahren und ich freute mich riesig auf die Schule. Doch da ich mit 6 Jahren noch nicht schulreif schien, musste ich noch ein weiteres Jahr in diesem Wochenheim verbleiben.

Sexueller Missbrauch

Im Alter von 6 ½ Jahren geschah es, dass mein kindlicher Traum, einen großen Bruder zu haben, der mich, wenn ich ein Schulkind bin, immer beschützen würde, Stück für Stück zerbrach. Das erste Mal als er zu mir in mein Bett kam, da war ich noch ein Wochenend-Zuhause-Kind. Ich wusste, dass ich schon sehr bald immer zu Hause und im eigenen Bettchen schlafen konnte und endlich auch in meiner Familie sein durfte.

Ich freute mich schon auf diesen Tag, wo ich eingeschult werden würde, denn dann, so meine Mutter, würde die Wochenheimzeit für mich enden.

Und während dieser Freude auf ein IMMER ZU-HAUSE begannen die ersten Versuche sich mir zu nähern. Zunächst kam mein Halbbruder nur in mein Bett, was für mich noch schön war. Doch schon bald begann er unter meiner Bettdecke für mich sehr peinliche, merkwürdig erscheinende und eklige Handlungen an meinen Körper vorzunehmen, während meine Eltern uns drei am Abend auch mal allein zu Hause ließen. Schließlich wollten sie endlich auch mal ins Kino oder Theater gehen.

Es gab klare Anweisungen nicht aus dem Haus zu gehen und wenn es klingelt, sollten wir uns ganz still verhalten bzw. dem Klingelnden sagen, dass unsere Eltern sehr bald wieder kommen würden.

Dass ich in diesem Alter weder in der Lage noch bereit gewesen wäre, mich der Nähe meiner großen Bruders zu entziehen, konnte ich mir selbst viele Jahre nicht erklären.

War hier der Wunsch nach Nähe und Liebe zu meiner Familie der Grund? Oder eher die Unfähigkeit die Dinge zu benennen, die mit meinem

Körper passierten? Wie sollte ich mich als kleines schüchternes und sich nach Nähe zur eigenen Familie sehnendes Mädchen richtig verhalten? Was wäre denn geschehen, wenn ich als Kind zur Mutter gegangen wäre und ihr, wie auch immer, davon erzählt hätte?

Diese Fragen tauchten ganz plötzlich aus dem Nichts während einer Therapiestunde auf, in der ich mit mir rang, es überhaupt zu erzählen. Nur war ich inzwischen 52 Jahre und hatte diese Kindheitserlebnisse so tief in mich verschlossen, dass ich lange nicht bereit war, mich von dieser Last durch Gespräche zu befreien. Irgendetwas hatte mein Schweigen darüber wachgerüttelt. Alles war in allen Einzelheiten so präsent wie nie zuvor. Von meinem ersten Andeuten dieser Erlebnisse bis zum Aufschreiben vergingen viele Wochen.

Meine Halbbrüder beachteten mich am Tage überhaupt nicht und ich verhielt mich ihnen gegenüber zu dieser Zeit sehr vorsichtig, um als Schwesterchen von ihnen überhaupt wahrgenommen zu werden. Dabei musste ich für sie, doch wie ein Eindringling vorgekommen sein. Sie waren mir ebenso fremd, wie ich für sie. Die ganze Woche hatten sie ihre Eltern für sich – also eine Mutter und einen Stiefvater –. Dann kommt da plötzlich ein Mädchen, dass bisher nur am Wochenende zu Gast war und schon sehr bald für immer in ihrem bisher allein bewohnten Kinderzimmer einziehen würde.

Lange Zeit dachte ich darüber nach, ob ich meine wohl dunkelsten Kindheitserlebnisse auch in dieses Buch einfließen lassen sollte. Aber als diese Erlebnisse aus meinem Unterbewusstsein heraussprudelten und ich immer mehr des Nachts aufwachte, weil mir jemand meine Decke wegnehmen wollte und ich mich dann in einer embryonalen Schlafhaltung zusammenkauerte, war mir klar, dass es hier mit meinen Traumata der Missbräuche zu tun haben musste. Endlich war ich bereit, meinem Therapeuten von meinen erlebten Missbräuchen zu erzählen.

Als ich anfing, konnte ich es nur aufschreiben, so peinlich und unangenehm war es mir, ihm darüber zu berichten. Viele Male musste ich aufhören und so wechselten wir immer mal die Themen in der Therapie. Aber ich wusste, dass ich es endlich aus mir rauslassen muss, um mein Verhalten in den beiden ehelichen Beziehungen einordnen und verstehen zu können.

Mir wurde klar, dass jetzt der Zeitpunkt ist, mich an die Bearbeitung der Missbrauchserlebnisse heranzutasten. Dass dies alles mit mir geschehen konnte, hatte vor allem auch mit der langjährigen Fremdbetreuung als Wochenkind und den daraus erwachsenen Traumafolgestörungen zu tun. Das war eine eindeutige Feststellung zweier unabhängigen Therapeuten in Berlin und Niedersachsen.

Im Gegensatz zu den Taten von meinen Halbbrüdern, die ich doch erstmal kennenlernen wollte, gab es da noch die mir unbekannten Täter, die mit mir Handlungen an mir bis zum Dissoziieren ausübten, als ich etwa 8 oder 9 Jahre alt war.

Können Sie sich in dieses kleine Mädchen, dass voller Freude auf ihre Familie war, hineindenken? Ein kleines Mädchen, das nach 5 Jahren Fremdbetreuung endlich Familienleben kennenlernen wollte.

Nein, ganz sicher kann das nur jemand, die/der ähnliche Situationen erlebt und durchlebt hat. Diese Kinder spüren, dass wenn sie sich jemand anvertrauen, ihr Familienleben aus der Bahn geraten könnte. Womöglich würde man ihnen nicht mal glauben. Es wäre sogar sehr wahrscheinlich, dass man das Geschehene zum Schutz des Familienverbundes bagatellisieren würde. Auch ist es ihnen bis ins Erwachsenenalter derart peinlich und schambehaftet, dass sie meinen, es sei besser für alle, wenn sie diese dunklen Geheimnisse tief in sich verschließen.

Aber diese kleine Manuela hatte keine Chance zu wählen, wem sie davon erzählen und sich anvertrauen könnte. Wärme, tröstende Worte und ein sich geborgen fühlen, hatte sie nie kennengelernt. Die ständigen Trennungen von den Eltern über 5 Jahre hinweg und das sich immer wieder umstellen auf andere Bezugspersonen, ließen in ihr kein Urvertrauen entstehen.

Sie wissen, was ich mit Urvertrauen meine? Wie war ihre Kindheit, wen hatten sie als Ansprechpartner, dem sie vertrauen konnten?

Die frühkindliche Unterbringung in eine Wochenkrippe und in die weiterführende Wochenbetreuung im Heim hatte auch dazu geführt, dass diesen Kindern eine wichtige Erfahrung fehlte. Die Überzeugung, dass sich jemand bedingungslos um sie kümmern und dass sie versorgt und getröstet werden, wenn sie dies benötigen, konnten diese Kinder gar nicht entwickeln.

Diesen Wochenheimkindern fehlte diese Erfahrung von Geborgenheit und Nähe fester Bezugspersonen. Nur wenn sie frühzeitig Geborgenheit, Liebe und Nähe erfahren hätten, gäbe es eine Chance für eine lebenslange psychische Gesundheit. Wenn dies fehlt, wie sollen diese

Kinder wissen, dass die Welt ein sicherer Ort für sie ist, an dem sie bedingungslos geliebt werden?

Diese kleine Manuela hatte in der langen Wochenheimzeit immer unter den Trennungen von geliebten Menschen gelitten, sie war traurig, weil sie sich nur selten wahrgenommen fühlte. Selbst der Stolz ihres Vaters auf sein kleines Mäuschen hat diesem kleinen Mädchen nicht helfen können. Auch er kannte ihre Gefühlswelt leider nicht, weil sie nicht fähig war, sich ihm mit allem anzuvertrauen.

Lange Zeit glaubte ich, dass es niemanden etwas anginge, doch dann wollte ich gerade diese mir zugewiesene Schuld und meine Schuldgefühle endlich loswerden. Ich war weder schuld, dass diese schrecklichen Ereignisse geschehen sind, noch trug ich ein Schild um meinen Hals, auf dem ich mich für solche Übergriffe bereitwillig zur Verfügung stellte. Verdammt noch mal, warum hat mich niemand wahrgenommen?

Bevor ich überhaupt darüber redete, musste ich meine Gefühle erforschen und das Schwierigste daran war, dass ich nie zuvor über eigene Gefühle reden durfte, weil es ein tabuisiertes Thema nicht nur in meiner Familie, nicht nur in der ehemaligen DDR, sondern bis heute in ganz Deutschland ist.

Auch deshalb schreibe ich diesen Teil und möchte nicht nur mir selbst, sondern auch anderen Betroffenen helfen, sich stark zu machen, um dem TABU des sexuellen Missbrauchs in und außerhalb von Familien endlich Paroli zu bieten.

Wenn diese an mir verübten sexuellen Missbräuche bekannt geworden wären, hätte mindestens meine Mutter es ohnehin totgeschwiegen, um die von ihr geglaubte „heile" Familie nach außen hin bewahren zu können.

2012 erstmals nach knapp zwei Jahren tiefenpsychologischer Behandlung begann ich, auch über diese Vorfälle zu erzählen, umschrieb ich die Taten, weil ich sie nicht beim Namen nennen konnte. Einige Zeit später, es war kurz vor Weihnachten 2012, berichtete ich nun meinem damaligen Mann von diesen Missbräuchen. Auch er hatte weder eine Ahnung, noch hatte er etwas an meinem Verhalten in der Partnerschaftsbeziehung bemerkt, obwohl es für mich rückblickend schon Anzeichen dafür gegeben hatte.

Erstmals öffnete ich mich zu alledem, was mir im ungefähren Alter von knapp 7 bis etwa 9 Jahren angetan wurde. Erzählen konnte ich darüber erst viele Sitzungen später und bemerkte dabei, dass weder mein Therapeut noch mein Ehemann die von mir gewählte Umschreibung für diese Taten richtig verstanden hatten. Sie glaubten, ich wäre nur verprügelt worden. Ich lernte erst in den Sitzungen die richtigen Worte dafür zu gebrauchen: „Sexueller Missbrauch". Ich bestritt es anfangs immer wieder, eben weil ich mich doch nie gewehrt hatte. Doch konnte ich dies denn? Ich wollte dazu gehören, wollte ihre Aufmerksamkeit und träumte von dem großen Bruder der später, wenn ich erstmal immer zu Hause sein würde, auf mich aufpasst und mich beschützen würde. Aber daraus wurde nichts.

Peter kam unter dem Vorwand, er wolle mit mir Vater und Mutter spielen, zu mir in mein Bett und legte sich unter meine Decke neben mich. Ich glaube, dass mir das so noch gefiel, weil ich es zunächst als schön empfand, dass mein großer Bruder mit mir kuschelte. Zulange sehnte ich mich nach Liebe und Familie, was mir die ganze Woche über gefehlt hatte. Etwas später, legte er sich dann auf mich. Auch dies ließ ich kommentarlos aber dennoch widerwillig zu, denn ich hatte keine Ahnung, was er vorhatte. Als er mir dann aber mein Nachthemd hochziehen wollte, hielt ich es voller Pein fest. Dennoch schaffte er es und ich spürte seinen Körper auf den meinen. An dieser Stelle möchte ich abbrechen, um mir aber auch den Lesern Details zu ersparen.

Ich spürte, wie eine Angst in mir aufstieg, begleitet von tiefer Scham, die mir ins Gesicht schoss. Es war mir peinlich und plötzlich wurde er mir nochmal so fremd. Dies war nicht der große Bruder aus meinen Träumen.

Ich schaffte es nicht, ihm zu sagen, dass es mir ein Unbehagen macht. So sehr ängstigte mich sein Verhalten, für das ich keine Worte hätte finden können. Ich flüsterte kaum hörbar: „Ich will das nicht". Ich war verwirrt. Ich begann lautlos zu weinen. Alles kreiste in mir und ein Gefühl der Ohnmacht kam über mich. Ich tat einfach nichts, brachte vor tiefer Pein kein Wort heraus. Ein Ekel stieg in mir auf und eine Starre lähmte meine Glieder. Regungslos und vor Ohnmacht handlungsunfähig ließ ich alles über mich ergehen. Ein Gefühl als sei ich aus meinen eigenen Körper entflohen.

Als ich wieder zu mir kam, weinte ich und starrte zur Decke – an das Stuckmuster erinnere ich mich noch heute - und brachte kein Wort heraus. Als er dann endlich aus meinem Bett stieg, kam langsam mein Gefühl in den

Beinen wieder und ich entkrampfte wieder. Ehe ich mich von den Schrecken erholen konnte, forderte Peter meinen anderen Halbbruder Paul auf: „So jetzt du!" In mir machte sich ein nicht zu beschreibendes Gefühl eisiger Kälte breit. Ich hörte nur, wie Paul „Nein, Peter" sagte, doch Peter forderte ihn erneut auf. Ich spürte, die Röte in meinem Gesicht und es spannten sich sofort alle Muskeln erneut. Obwohl ich es nicht wollte, geschah nun fast das gleiche noch einmal und Peter stellte sich an die Tür für den Fall, dass meine Eltern wieder zurückkommen würden.

Dass ich mit diesen Erlebnissen ganz allein dastand und mich niemandem anvertrauen konnte, hat mich sehr stark belastet, trieb mich in die Angst und rief mit jedem Mal mehr Schuldgefühle und tiefste Pein hervor. So verstärkte sich mein zurückhaltendes Wesen noch mehr und ich fühlte mich von der ganzen Welt alleingelassen. Meine Ängste verstärkten sich Zusehens und mein Misstrauen zu anderen Kindern wurde noch größer. Ich begann alles mit mir selbst auszumachen und wollte einfach nur alles vergessen.

Ich wollte doch immer nur zu meiner Familie, wollte zu ihnen gehören. Doch nun wurde mir das Familienleben so befremdlich, wie nie zuvor.

Ein schönes Familienleben, mehr wollte ich doch nicht. Alles blieb nur der Traum eines kleinen **einsamen Mädchens.**

Aber es gab noch zwei andere fremde Personen, die sich an mir vergangen haben. Es ist ebenso in dieser Zeit passiert, als ich noch mit meiner Familie in der Braunsberger Straße in Prenzlauer Berg gewohnt hatte. Also war ich etwa 8 oder 9 Jahre.

Da gab es einen etwa 50jährigen Mann, der sich in eine Nachmittagsvorstellung im Kino – es lief ein Film der Olsenbande - neben mich setzte und während des gesamten Films mit seiner linken Hand erst auf dem Kleid zwischen meine Beine fasste und dann langsam mein Kleid Stück für Stück soweit nach oben schob, um mir in mein Höschen zu fassen. Wieder stellten sich all meine Glieder starr und meine Sprache schien mich ebenso verlassen zu haben, wie ich meinen Körper. Eine Weile stand ich neben mir. Verwirrt und irritiert, wie so etwas auch ein Erwachsener tun kann. Regungslos schaute ich auf die Leinwand, doch von dem Film nahm ich nichts wahr. Das Kino war voller Menschen. Ich hätte doch aufstehen können. Nein, ich konnte nicht aufstehen, denn meine Glieder waren steif. Meine Arme lagen auf den Lehnen und waren dabei stark durchgedrückt und die Finger umklammerten das Holz. Die Oberschenkelmuskulatur fühlte sich sehr angespannt an und meine Zehen verkrampften sich in meinen Sandalen.

Als der Film zu Ende war, hatte ich plötzlich furchtbare Angst, er würde mir noch mehr antun, wenn ich aus dem Kino gehe. So befürchtete ich, er würde mir folgen und mir noch viel schlimmere Dinge antun. Also blieb ich noch eine Weile vor der Kinokasse stehen und wartete. Angstvoll begann ich schnellen Schrittes nach Hause zu laufen, während ich mich immer wieder umsah.

Doch es gab dann ein weiteres Ereignis, dass alles, was zuvor mit meinem Körper geschah, in den Schatten stellte. Dies war eine Vergewaltigung eines Jugendlichen, der etwa 15 Jahre war. Ich muss auch zu dieser Zeit etwa 9 Jahre gewesen sein.

Peter wollte mich in ein Geheimnis einweihen und ich sollte mit ihm mitkommen. Peter lockte mich in die Kniprodestraße, unweit von unserer Wohnung entfernt in einen runden Einstieg, der sich auf der Straße befand. Es war ein rundes Loch mit dünnen Eisenstangen, die als Leiter dienten. Ich vermute heute, dass es ein Einstieg

in einen Kanalisationsgang war. Es war ein eklig feuchter Gang und wir trafen dort unten auf
zwei Jungen, die Peter kannten. Einer der beiden Jungen fragte Peter noch: „Das ist also
deine Schwester?" und dann kam dieser
fremde Junge auf mich zu, während Peter aus
meiner Sichtweite verschwand. Plötzlich bekam
ich riesige Angst. Ich war allein und hatte keine
Ahnung, wo ich genau bin und was will dieser
fremde große Junge von mir. Ich schien ihm
völlig ausgeliefert, während er mich gegen
eine eklig feuchte Wand drückte und mich ent-
blößte. Ich wollte schreien, doch kein Wort kam
heraus. Ich spürte, wie .... was ... Ich konnte
nichts machen. Ich war ihm völlig ausgeliefert.
Wieder und wieder versuchte ich mich zu wehren, doch dieser Fremde nahm mir alles. Seine
ruckartigen Bewegungen ließen meinen Puls
rasen vor Angst und dann ... Dann fühlte ich
nichts mehr. Meine Erinnerungen von diesem
Moment des Schmerzes an schwanden. Ich
weiß nicht einmal wie ich nach Hause kam und
hatte seit dieser Zeit keinerlei Empfindungen
mehr. Ich träumte noch sehr lange und immer
wieder von diesem ekligen Gang und mehreren
Jungen, die mich einkreisten und ich zitterte
vor Angst, bis ich schweißgebadet aufwachte.
Ich glaube, ich begriff damals nicht, dass Peter

mich gezielt dorthin brachte. Womöglich bekam er dafür Zigaretten von den Jungen oder ich war so etwas wie eine Eintrittsleistung in diese Clique. Ich weiß es nicht und so bleibt auch diese Frage unbeantwortet.

Ich habe bis heute keine Ahnung, was ihn dazu getrieben hat. Hatte er seine kleine Schwester so sehr gehasst, weil sie die Liebe ihres Vaters hatte, der ihn den seinen genommen hat? Der ihm verbot, seinen leiblichen Vater zu sehen? Wie sehr hasste ich in Momenten späterer Liebesbeziehungen meinen Körper, wenn sich plötzlich alles steif stellte und ich krampfartige Schmerzen verspürte. Immer wieder quält mich bis heute die Frage, warum ich nichts sagte. War ich denn psychisch so sehr geschädigt worden, dass ich schon allein deshalb immer zum Opfer sexueller Missbräuche werden konnte? Hätte ein „normales" Mädchen nicht anders reagiert? Ich ging nie wieder mit Peter irgendwohin und diese Art Vergehen dieses fremden Jungen war dann tatsächlich eine Vergewaltigung. Mir wurde mit 9 Jahren gewaltsam die Unschuld genommen und ich war ahnungslos, welche Auswirkungen ein fehlendes Urvertrauen auf mein ganzes späteres Leben haben würde.

* * *

Endlich 7 – ich darf zu Hause sein

Endlich war es soweit. Ich musste nie mehr Woche für Woche in dieses Wochenheim. Ich durfte endlich jede Nacht zu Hause schlafen, ich durfte in meinem Bett, in meiner Familie sein und das jeden Tag und dies alles, weil ich endlich ein Schulkind geworden bin. Auch wenn ich mich noch sehr fremd in dieser Familie fühlte, meine Halbbrüder nicht wirklich etwas mit mir anfangen konnten oder es nicht wollten und mich offensichtlich niemand wahrgenommen hat, wie sehr mir dieses Zuhause gefehlt hatte, war ich sehr froh nie mehr in dieses Heim zu müssen.

Im September 1967 bin ich eingeschult worden. Das war für mich eine riesige Freude. Vor allem aber deshalb, weil ich nun endlich nicht mehr nur ein Wochenend-zu-Hause-Kind war. Ich glaube, das war meine allergrößte Freude, die ich mit der Schule in Verbindung brachte. Diese Freude war aber noch sehr oft getrübt von großer Unsicherheit im Umgang mit anderen Kindern und der Wechsel meiner gewohnten Umgebung im Heim und den Bezugspersonen, die ich über die Jahre sehr genau kannte und wusste, was ich darf und was nicht, machte mir sehr viel Unbehagen. Dies stimmte mich oft unglücklich. Irgendwie fühlte es sich in meinem

Zuhause, nachdem ich mich die ganzen Jahre über gesehnt hatte, sehr befremdlich an.

Ich war nicht fähig, von selbst jemanden um Hilfe zu bitten. Über Probleme und Gefühlslagen zu reden, war in diesem Heim nie ein Thema. So lernte ich auch nicht, mich jemandem anzuvertrauen und fühlte mich immer einsam und allein gelassen mit meiner inneren Traurigkeit. Aber dies sollte nun wohl anders werden, denn ich glaubte endlich zu Hause angekommen zu sein.

Irgendwie kamen gemischte Gefühle auf, plötzlich fehlten mir die bekannten und vertrauten Erzieherinnen, auch wenn diese nicht besonders freundlich waren und Frau Funke, die ich sehr gemocht hatte, gab es nicht mehr. An ihre Stelle trat nun eine fremde Frau, die meine Klassenlehrerin war, nur kannte sie mich und ich sie doch nicht.

Also begann ich mich auch in der Schule sehr schnell zurück zu ziehen und weiterhin all meine Probleme mit mir selbst auszumachen. Wenn etwas schiefgelaufen war, musste es ganz sicher an mir gelegen haben. Ich hatte Angst vor den fremden Kindern, vor neuen Bezugspersonen und war stark geprägt von einer extremen Unsicherheit. Nach dem Schulhort, der um 16.15 Uhr endete, ging ich gleich nach

Hause. Zulange sehnte ich mich nach meinem Zuhause, sodass ich keine Lust verspürte, mich mit meinen Mitschülerinnen, die mir ohnehin sehr fremd waren, zum gemeinsamen Spielen zu verabreden. Ich litt mittlerweile an vielen Ängsten im Alltag ohne mir dieser Angst wirklich bewusst zu sein. In der Schule wurde ich ausgelacht, weil ich so wenig sprach. Es ängstigte mich, falsche Antworten zu geben und wieder ausgelacht zu werden. Ich fühlte mich fremd unter meinen Mitschülerinnen und fühlte mich von ihnen nicht wahrgenommen. So wagte ich auch nie zu fragen, ob ich bei ihnen mitspielen könne, weil ich mich vor einer Ablehnung fürchtete.

Ein „Nein" gesagt zu bekommen, verstand ich grundsätzlich als etwas Negatives, dass etwas mit meinem Verhalten zu tun haben muss. Ebenso kann ich selbst jemand anderen eine Bitte nie ausschlagen. Lange grübelte ich darüber nach, warum dies alles so war. Wenn ich NEIN sage, lehne ich mein Gegenüber ab und das wollte ich nie. Vielleicht gerade deshalb, weil ich glaubte zu wissen, wie derjenige sich fühlen muss?

So zog ich es vor, anfangs nur aus sicherem Abstand den Kindern beim Spielen zuzusehen und später wollte ich nur noch in den Büchern lesen und für die Schule fleißig lernen. Nicht zuletzt deshalb, weil ich sehr schnell lernte, dass ich damit den Stolz meines Vaters auf mich zog und er mir für meine Leistungen seine Aufmerksamkeit und Lob schenkte.

Etwa zum Ende des zweiten Schuljahres war ich für kurze Zeit mit einem Mädchen befreundet. Mit ihr kämpfte ich um den Platz der Klassenbesten. Sie ist ein Einzelkind und ich lernte mit ihr oft nach der Schule bzw. nach dem Hort bei ihr zu Hause. Auch sie hatte strenge Eltern, die sehr großen Wert auf gute schulische Leistungen legten. Obwohl Liane für mein Verständnis damals eine gute Handschrift hatte, musste sie sehr oft ihre Aufgaben noch mal neu schreiben. Sie entsprachen selten den Wünschen der Mutter. Sie war eine ebenso ruhige und zurückgezogene Schülerin, die selten auf der Straße mit anderen Kindern spielte. Wir beide hielten uns oft bis zum Abendbrot in ihrer Wohnung auf. Sie störte es nicht, dass ich nie jemanden in meine Wohnung mitnehmen durfte.

Mein Lerneifer wurde mit guten Noten und oft auch mit Belobigungen vor der Klasse belohnt. Dies trieb meinen Ehrgeiz weiter an. Ich war damals so naiv zu glauben, über meine schulischen Leistungen auch von meinen Mitschülern anerkannt und gesehen zu werden. Das Belobigen vor der Klasse bedeutete mir anfangs viel, weil ich dadurch etwas mehr Selbstvertrauen bekam. So wollte ich immer noch besser werden. Oft sagte mein Vater, wenn ich wieder mal mit guten Noten nach Hause kam: „Na das ist eben meine Tochter." Wie dies auf meine älteren Halbbrüder wirkte, habe ich mich erst sehr viel später gefragt.

Durch meinen selbstgewählten Abstand zu anderen Kindern fühlte ich mich sicher und konnte so auch nie in Streitereien verwickelt werden. Meine Zurückgezogenheit sollte mich weniger verletzbar werden lassen. Aber was mir nie so bewusst war, hatte mich diese Zurückgezogenheit sehr einsam werden lassen. Eine tiefe Einsamkeit von der ich glaubte, dass mich andere Kinder ablehnten, weil etwas mit mir oder mit meinem Körper nicht stimmte. War ich zu dick? Wirke ich abstoßend, weil ich zu unbeweglich war? Ich selbst hatte in der Wochenheimzeit schon gelernt, mich selbst zu beschäftigen und den anderen Kindern beim Spielen zuzusehen.

Oft fühlte ich mich dadurch einsam und alleingelassen. Alleingelassen von den Erwachsenen, alleingelassen von den Kindern, die nicht mit mir spielen wollten. Da mich niemand mit meiner Gefühlswelt wahrnahm und ich mich im Laufe der Jahre so sehr daran gewöhnte, gehörte dieses Gefühl der Einsamkeit zu meinem ruhigen Wesen einfach dazu.

Einsamkeit war für mich normal und ein Dauerzustand, der von einer inneren Traurigkeit begleitet war. Ich spürte diese immer, aber glaubte, dass sie zu meinem Wesen gehörte. Ich hatte ja keine Ahnung und zu wenig Wissen über meine Verletzungen in der frühkindlichen Fremdbetreuung.

Lernen, Lernen, nochmals Lernen

Mein Vater betete mir so oft die großen Worte Lenins vor: „Lernen, lernen, nochmals lernen!" oder er sagte oft Sprüche, wie „Nicht für die Schule, sondern für das Leben lernen wir". Mir imponierte es, wenn er solche klugen Sätze sagte. Immer spürte ich dann eine besondere Nähe zu ihm und nahm wahr, wie stolz er auf sein Mädchen, dass so folgsam und fleißig für die Schule lernte war. Jeden Tag kämpfte ich im Unterricht und arbeitete auch an einer besseren Note für Mitarbeit. Das gelang mir immer nicht so gut, denn ich meldete mich nur sehr zögerlich. Ich wusste immer alles, aber traute mich nicht, mich zu melden. Ich hatte Angst, eine falsche Antwort zu geben und von den Kindern wieder ausgelacht zu werden. Mit meinen schulischen Leistungen konnte ich meine Eltern glücklich machen, die doch ständig schon genug Ärger mit den Halbbrüdern hatten.

Ich wollte niemals, dass sie sich auch nur einmal so sehr über ihre kleine Tochter ärgern müssen. Und geschah dies doch einmal, dann war ich zutiefst betrübt darüber, ihnen Ärger gemacht zu haben.

Trotzdem ich tagsüber lange Zeit durch die Hortbetreuung in der Schule bleiben musste, schaffte ich es dennoch, mich von Kindergruppen fernzuhalten. Ich las einfach in den Schulbüchern und lernte mit großem Fleiß und bekam so die Anerkennung von Lehrern, Horterziehern und vor allem von meinen Eltern. Mein erstes Zeugnis bekam ich am 06. Februar 1968. Ich war riesig stolz, als ich mein allererstes Zeugnis in der Schule las und zu guter Letzt damit auch Klassenbeste wurde. Alle Kopfnoten, wie Gesamtverhalten, Betragen, Fleiß und Ordnung waren Einser Noten und nur in Mitarbeit bekam ich eine Zwei. Die Begründung der Lehrerin war, ich müsse mehr im Unterricht aktiv mitarbeiten. Dabei arbeitete ich unentwegt mit und war zu keiner Minute abgelenkt. Den ganzen Unterricht war ich darauf konzentriert, alles zu verstehen und als ich im Hort war, arbeitete ich zuerst den ganzen Unterrichtsstoff noch einmal durch. Erst danach kümmerte ich mich um die Hausaufgaben. Ich arbeitete sehr fleißig und zielstrebig, um die besten Noten zu bekommen. Da ich in der 1. und 2. Klasse meist nur bis 12 Uhr Unterricht hatte, war ich noch gut vier Stunden, täglich, im Hort. Im so genannten Muttiheft, das war ein kleines Pendelheft (A6) für Mitteilungen zwischen den Erzieherinnen und Eltern, standen immer nur die täglichen Einträge, dass ich um 16.15 Uhr allein nach Hause gehen darf. Dieses Pendelheft war die Hauptkommunikation zwischen Lehrern, Erziehern und Eltern. Ich war immer sehr traurig darüber, dass ich im Hort immer so lange verbleiben musste, wie er geöffnet war. Es wurden ab ca. 14 Uhr alle Altersgruppen zusammengelegt, weil eben nicht mehr so viele Schüler im Hort waren. Ich bettelte meine Mutter oft an, dass ich auch mal um 14 Uhr nach Hause gehen möchte. Aber sie sagte zu mir: „ Wir haben kein Schlüssel für dich und dann musst du so lange vor der Tür stehen und warten bis jemand nach Hause kommt." Ich wollte auch einen Hausschlüssel haben, aber das war bis zur 5. Klasse für sie nicht akzeptabel.

Nur frage ich mich bis heute, weshalb es mich nach dem langen Schultag immer wieder gleich nach Hause zog? Warum ging ich nicht runter zum Spielen mit anderen Kindern? Zum einen war es wohl die Angst, dass sie mich sowieso nicht mitspielen lassen würden und zum anderen war es ja meist nach so einem langen Schultag zu spät, um noch mit anderen Kindern spielen zu dürfen. Denn ich hatte ja auch noch einige Pflichten im Haushalt zu erledigen. Die Zeit war viel zu kurz bis zum Abendessen, welches es immer sehr pünktlich um 18 Uhr gab, sodass da ohnehin wenig Freiraum gewesen wäre, um sich anderen Kindern anzuschließen, die sich schon in der Schule für den Nachmittag verabredeten. Ich denke auch, dass es für mich ein besonderes Bedürfnis nach Sicherheit und Geborgenheit war, das mich in unserer Wohnung festhielt.

Ich war damals etwa acht Jahre alt, da verführte mich Peter zum Rauchen. Er selbst war auch erst zwölf Jahre alt und seine sogenannten Kumpels waren meist zwei bis drei Jahre älter. Auch sie wohnten in unserem Wohnumfeld im Prenzlauer Berg. Dies passte meinen Eltern so gar nicht und sie versuchten, ihm diesen Umgang immer wieder zu verbieten. Doch Peter machte sich aus den Verboten der Eltern nie etwas. Sie schienen ihn geradezu herauszufordern. Durch die älteren Jungen, mit denen er seinen Umgang pflegte, lernte er auch viele Dinge viel zu früh, für ein Kind seines Alters. So auch das Rauchen. Da mein Vater auch Raucher war, lagen auch hin und wieder die Zigaretten herum. Diese probierte Peter erst selbst und dann sollte auch ich immer mal einen Zug von seiner Zigarette nehmen. Immer wieder forderte er mich auf, mit ihm mitzurauchen. Nicht weil er mir damit Gutes tun wollte, sondern nur aus dem Eigennutz, ich könne ihn so auch nicht bei den Eltern verraten. Es gab noch einige andere Momente, in denen er seine Macht über mich ausübte. Wenn meine Eltern mal abends weggingen, wartete er noch eine Weile und verschwand dann aus der Wohnung. Er sagte, dass wir uns ruhig verhalten müssen, dann würde auch nichts passieren. Und so blieb ich mucksmäuschenstill im Kinderzimmer sitzen und wenn es mal an der Tür klingelte, erschrak ich und zog mir die Decke über den Kopf. Weil ich auch kein Angsthase sein wollte, versteckte ich meine Angst einfach unter der Decke. Ich hatte immer riesige Angst, wenn wir

Kinder allein zu Hause waren. Angst vor bösen Menschen, Angst vor den Halbbrüdern und vor allem die Angst vor dem Alleingelassen sein.

So warnte uns unsere Mutter immer vor bösen Menschen, die kleinen Kindern etwas antun wollen und deshalb durften wir niemals die Tür öffnen, wenn wir allein waren. Als die Begegnung mit diesem älteren Mann im Kino war, könnte es gut möglich gewesen sein, dass ich auch aus Angst, in den Augen meiner Mutter als ungehorsam gesehen zu werden, ihr nie davon erzählte.

Unter den Mitschülern in der Klasse fühlte ich mich stets unsicher, war deshalb sehr ruhig und somit zunächst unauffällig. Ich zog mich zurück und ging, nachdem ich mit den Hausaufgaben im Hort fertig war, nicht auf den Schulhof spielen. Nein, ich steckte meine Nase in die Bücher und begann, mir selbst den Lesestoff der Fibel zu erarbeiten. So war ich im Lesen immer weiter als meine Mitschüler. Meinem kleinen Bruder las ich gern Geschichten vor und spielte mit ihm „Schwarzer Peter", später „Mau-Mau" und „Mensch ärgere dich nicht". Beim Spielen versuchte er immer wieder zu schummeln, denn er konnte nicht verlieren. Sehr oft ließ ich ihn gewinnen, weil ich es nicht ertrug, dass er immer so bitterlich weinte, wenn er am Verlieren war. Ich hatte mit ihm immer so viel Freude beim Spielen und wir lachten sehr viel. Zwischen ihm und mir gibt es eine tiefe Verbindung, die über seinen Unfalltod mit 17 Jahren bis heute hält.

Eintritt in die Pionierorganisation

Ein weiterer Höhepunkt, der mit dem Schuleintritt im engen Zusammenhang stand, war für mich der Tag, an dem ich Jungpionier wurde. Die Gebote gefielen mir, denn sie beinhalteten alles, was ich sowohl im Heim als auch von meinem Elternhaus als die wichtigsten Werte des „guten" Menschen in der sozialistischen Gesellschaft vermittelt bekam. Auch spürte ich, wie mein Vater Gefallen daran fand, dass ich mich so früh schon eifrig mit diesen Verhaltensweisen beschäftigte. Diese Gebote beinhalteten Verhaltensregeln, die mir aus vielen Liedern, aus den Malstunden und im Umgang mit den Kindern im Wochenheim bestens bekannt waren. Wenn ich mir diese Regeln heute rückblickend anschaue, frage ich mich, ob es nur zufällig **zehn** Gebote waren, in denen die Partei- und Staatsführung formulierte, wie ein Junger Pionier sich zu verhalten hatte. Diese Gebote gefielen mir und ich lernte sie vielleicht auch nur so emsig schon in der Vorschule, weil ich glaubte, dass ich sonst kein Schulkind werden könnte und noch ein Jahr länger im Wochenheim verbleiben müsste. Denn ich bin schon ein Jahr später eingeschult worden, weil ich mit 6 Jahren noch nicht schulfähig gewesen sei.

Da diese Gebote heute weitestgehend unbekannt sind, möchte ich sie hier noch mal zitieren und versuchen, sie so zu kommentieren, wie ich sie damals als Kind wahrgenommen habe.

WIR JUNGPIONIERE lieben unsere Deutsche Demokratische Republik.

Ja natürlich liebe ich mein Heimatland. Warum auch nicht, es ist meine Heimat, die eine neue Gesellschaft nach dem Vorbild der großen siegreichen Sowjetunion aufbauen will. Was sollte falsch daran sein?

WIR JUNGPIONIERE lieben unsere Eltern.

Natürlich liebe ich meine Eltern, sie sorgen mit ihrer täglichen Arbeit dafür, dass ich niemals wie sie, Hunger leiden muss und immer gut bekleidet bin. Damit sie arbeiten gehen können, gaben sie mich in dieses Heim.

WIR JUNGPIONIERE lieben den Frieden.

Kriege sind grausam, weil sie Hunger und den Tod bringen.

WIR JUNGPIONIERE halten Freundschaft mit den Kindern der Sowjetunion und allen Ländern.

Die Sowjetarmee hat uns schließlich befreit, den Frieden und die Freiheit vom Faschismus gebracht! Sie sind unsere Freunde und helfen uns beim Wiederaufbau.

WIR JUNGPIONIERE lernen fleißig, sind ordentlich und diszipliniert.

Das haben meine Eltern mir schon vorgelebt. Disziplin und Ordnung sind oberstes Gebot zu Hause und in der Schule.

WIR JUNGPIONIERE achten alle arbeitenden Menschen und helfen überall tüchtig mit.

Hohe Leistungen sind gefragt und unsere Eltern leben es uns vor. Sie sind mit ihrem Arbeitseifer stets ein Vorbild für mich und ich will fleißig lernen, um weiterhin Anerkennung zu bekommen.

WIR JUNGPIONIERE sind gute Freunde und helfen einander.

Hilfsbereitschaft ist etwas Gutes. Es ist mir immer ein Bedürfnis, anderen zu helfen.

WIR JUNGPIONIERE singen und tanzen, spielen und basteln gern.

Ohne Kommentar, denn dies machen alle Kinder gern. Ich singe gern mit meinem kleinen Bruder.

WIR JUNGPIONIERE treiben Sport und halten unsere Körper sauber und gesund.

Sport ist nicht grad meine Stärke, aber ich bemühe mich immer sportlicher zu werden. Auch um Anerkennung bei den Mitschülern zu bekommen und nicht mehr gehänselt zu werden.

WIR JUNGPIONIERE tragen mit Stolz unser blaues Halstuch.

Ja dies stimmt, zumindest für mich.

Fleißige, brave Jungpioniere wurden oft gelobt und bekamen in ihrer Mitgliedskarte auch die Belobigungen eingetragen. Und darauf war ich immer stolz. Endlich wurde ich wahrgenommen und meine Leistungen anerkannt. Ein bis zweimal im Monat fanden Pioniernachmittage statt, wo gesungen und gebastelt wurde oder auch Zeitzeugen des Widerstandskampfes gegen den Faschismus berichteten. Wir besuchten auch einmal eine Feuerwehrwache. Dies war besonders für die Jungen interessant. Sie kletterten die Leiter empor, wozu mir immer der Mut fehlte. Aber das Schlauchausrollen, was gar nicht so einfach war, machte mir riesigen Spaß. So wurde ich sehr bald schon Mitglied der Arbeitsgemeinschaft „Junge Feuerwehrhelfer". Ein anderes Mal kam ein Verkehrspolizist in die Pioniergruppe und machte uns mit der

Arbeit eines Verkehrspolizisten bekannt. Häufig wurden auch Eltern zu den Pioniernachmittagen eingeladen, die über ihre Arbeit berichteten. Ich fragte einmal nach, ob meine Eltern auch mal über ihre Arbeit erzählen wollen. Sie lehnten es ab, weil sie keine Zeit hätten. Zu diesem Zeitpunkt ahnte ich ja nicht, dass meine Mutter über ihre Arbeit schweigen musste, weil alles was sie dort machte, geheim war. Und mein Vater war zu dieser Zeit mehr amtierender Parteisekretär als Produktionshelfer im Schriftsatz und das war wohl weniger interessant für meine Mitschüler. Aber einmal hat sich meine Mutter ernsthaft gekümmert, dass ein Polizist zu uns kam und in der Klasse über die wichtigen Aufgaben der Schutzpolizei berichtete. Da war ich auch mal stolz auf meine Mutter. Vor allem deswegen, weil die Jungen der Klasse den Vorträgen des Schutzpolizisten sehr interessiert folgten und es meine Mutter organisiert hatte.

Das Pionierleben war immer interessant für mich, denn schließlich gehörte ich zum Klassenkern und fand überall gesellschaftliche Anerkennung, sodass ich auch später in der 9. Klasse selbst eine Pioniergruppe der 1. Klasse leitete. Ich hatte viel Spaß und Freude an der

Gestaltung dieser Nachmittage. Die Abc-Schützen waren so begeistert vom Lernen und freuten sich auf die Pioniernachmittage genau wie ich zuvor als Schulanfängerin.

Es war für mich damals schön, erleben zu können, wie begeistert die Kleinen in den Pionierveranstaltungen mitgemacht hatten und schon bald fragten sie mich aus, was ein Thälmannpionier so alles machen muss.

Schon in der 3. Klasse begeisterte ich mich für die Bewegung „Timur und sein Trupp". Es war ein Klassiker der sozialistischen Kinder- und Jugendliteratur in der DDR. Timur hat seine Jungs wie eine Partisanengruppe organisiert. Sie sollten in der Nachbarschaft alles ausspähen. Wo wird Hilfe benötigt und die Häuser wurden mit einem roten Stern kenntlich gemacht. Da wo die Männer an der Front waren, half Timur mit seinem Trupp. Und dies geschah immer nachts und heimlich, weil sie flink und leise ihre Arbeit verrichteten. Sie wollten keinen Dank, sondern nur gebraucht werden und das möglichst unerkannt.

Die Hilfsbereitschaft als das zentrale Thema des Buches wurde so in den Alltag der DDR-Kinder gebracht. Dies gefiel mir, weil es hier um ein Miteinander im Kollektiv ging und um die Hilfe für ältere oder kranke Menschen. Auch

Eigenschaften wie Türen aufhalten, Fahrstuhl holen und freundlich „Guten Tag" sagen und sonstige benötigte Hilfe leisten, gehörten zu den Aufgaben, die uns anerzogen waren. Schon bald wandte sich mein Helfertum einer neuen Gruppe zu. Es gab die verordneten Arbeitsgemeinschaften, die ein großes Angebot der freizeitlichen Beschäftigungen an den Schulen darstellten. Pflicht war es für jeden Schüler in mindestens 2 Arbeitsgemeinschaften mitzuarbeiten.

Damit wurde auch der Freizeitbereich der Kinder weitestgehend durch die Schule kontrolliert und der Grundstein für ein organisiertes Freizeitleben in der späteren Arbeitswelt gelegt. So konnten über diese Arbeitsgemeinschaften, die immer am Nachmittag stattfanden, auch die „schwierigen" Schüler unter Kontrolle gebracht werden. Wie stark auch in diese Arbeitsgemeinschaft die Haltung zum Staat kontrolliert wurde, ist mir erst viele Jahre später bewusstgeworden.

Ich besuchte diese Arbeitsgemeinschaften sehr gern. So ging ich zur AG „Junge Feuerwehrhelfer", später wechselte ich zu den „Jungen Sanitätern", wo ich sehr lange blieb. Immer wenn Großveranstaltungen waren, wie zum Beispiel das Pressefest der Zeitung „Neues Deutschland" oder Kulturveranstaltungen und Demonstrationen, wurden wir richtig aktiv. Wir unterstützten die professionellen Sanitäter und versorgten die Verletzten mit Getränken, Decken oder einfach nur mit Gesprächen. Zusätzlich war ich noch in mehreren Sportgemeinschaften. Nicht weil es mir Freude machte, sondern nur, um meine Sportnoten verbessern zu können. Denn die Sportnote war bis zu meiner Umschulung in der 4. Klasse immer die einzige Drei auf dem Zeugnis. Dafür schämte ich mich immer und wollte unbedingt eine bessere Note erkämpfen. Dafür quälte ich mich gern eine Stunde am Nachmittag in der AG „Leichtathletik". Aber leider immer vergebens.

Die Hortbetreuung in der Schule

Im Hort, der für viele Kinder als Betreuungsstätte galt, deren Eltern vollbeschäftigt waren, wurden gemeinsam Hausarbeiten angefertigt, die von den Horterzieherinnen kontrolliert wurden. Waren sie schnell dahin geschmiert, mussten diese noch einmal angefertigt werden. Darüber ärgerten sich vor allem die Jungen. Denn wer fertig war mit den Hausaufgaben, der durfte sich selbst beschäftigen. Erst wenn die Horterzieherin die angefertigte Hausaufgabe mit ihrem Kurzzeichen signierte, durfte der Schüler bzw. die Schülerin die Schulsachen einpacken und sich die restliche Zeit leise beschäftigen oder auf den Schulhof gehen. Die meisten stürmten auf den Schulhof und tobten sich dort aus. Ich ließ mir sehr gern viel Zeit und lernte erst meinen Unterrichtsstoff, bevor ich an die Anfertigung der Hausaufgaben ging. Ich ging ungern auf den Hof, weil ich da auch oft gehänselt wurde. So verlor ich noch mehr an meinem Selbstwertgefühl und glaubte den verletzenden Worten der Jungen, dass ich zu fett, ungelenkig und unattraktiv sei. Ich begann mich immer öfter vor dem Spiegel anzusehen und an meinem Aussehen rumzumäkeln.

Positiv an dieser staatliche Hortbetreuung war, dass die Eltern sich nach ihrem anstrengenden Arbeitstag nicht mehr um die Hausaufgaben kümmern mussten. Wie hätte es denn gehen können? Unsere Eltern kamen meist erst am späten Nachmittag gegen 17 Uhr erschöpft von ihrer Arbeit nach Hause. Da waren nicht nur sie, sondern auch wir Kinder schon viel zu müde. Dennoch mussten Peter und Paul ihre Aufgaben immer vorzeigen und sehr oft am Abend diese noch einmal machen, weil sie nicht den Vorstellungen unserer Eltern von ordentlichen Aufgaben entsprachen.

* * *

Meine Hausaufgaben hingegen wollte niemand sehen. Sie wussten ja, dass diese immer ordentlich angefertigt waren. Trotzdem fühlte ich mich gerade dadurch von ihnen nicht wahrgenommen. Ich wollte doch auch etwas von ihrer Aufmerksamkeit. Wie sehr war ich darauf erpicht, jedes noch so kleine Lob von ihnen zu bekommen. Viel zu lange träumte ich von meiner Familie und der Sehnsucht nach einem Gesehen werden. Ich wollte um jede noch so kleine Aufmerksamkeit meiner Eltern kämpfen. Doch ich war so pflegeleicht und folgsam, so fleißig und brav, dass meine Eltern mit ihrer ohnehin wenigen Zeit nach ihrem Feierabend haushalten mussten. Die Zeit für die Halbbrüder nahm ihnen die Lust, sich noch weitere Aufgaben anzusehen. Weder meine Hausaufgaben noch die von Mario wollten sie sich ansehen. Es ging also nicht vorrangig darum, zu loben oder sich zu freuen, wenn man alles richtig gemacht hatte. Nein. Dies wurde für meine Eltern so selbstverständlich, dass sie nicht daran dachten, dass auch wir ihre Fürsorge und Liebe nötig hatten. Wir Kinder hatten zu funktionieren und gute Leistung in der Schule zu erbringen, damit auch kein Ärger aus der Schule nach Hause durchdrang. Nur so gelang es, die scheinbar intakte Familie nach außen stets gut dastehen zulassen.

In der Akte meines Vaters fand ich eine Aussage der Stasi „ ... die Kinder sind alle fortschrittlich erzogen und fallen im Haus nicht auf. ... Der Vater lebt mit seiner Familie sehr solide." Als ich das las, war ich baff. Trotz dem ganzen Ärger, den vor allem Peter meinen Eltern bereitete? Davon wusste offensichtlich auch der Staatssicherheitsdienst nichts. Ein Plus für meine Eltern, die es schafften, dem MfS das Bild einer intakten Familie vorzutäuschen. Ich begann zu verstehen, dass meine Eltern sehr bewusst dafür sorgten, dass wir als Familie abgrenzt lebten und wir Kinder vom wirklichen Leben weitestgehend ferngehalten wurden, damit niemand hinter die Kulissen unserer Familie schauen konnte. Zu vermuten ist auch, dass unsere Eltern damit die eigene Familie vor den Repressionen des Staatssicherheitsdienstes zu schützen suchten.

Spitzname Mäuschen

Mäuschen wurde ich sehr liebevoll, mit warmer und ruhiger Stimme ausschließlich von meinem Vater genannt. Ja, genauso fühlte ich mich in den ersten Schuljahren in meiner Familie. Sie und ihr Leben darin waren mir befremdlich und weil ich eben auffällig ruhig und immer mit leicht gesenkten Kopf mein neues Umfeld mit allergrößter Vorsicht beäugte, war dieser Spitzname wohl schon auch zu Recht. Ich war aber auch sehr gern sein liebes Mäuschen, denn immer und zu jeder Zeit spürte ich, dass er mich sehr lieb hatte.

Ich war ein braves gehorsames Mäuschen und hatte keine eigenen Bedürfnisse entwickeln können, da diese bisher keine Rolle in meinem Kindsein spielten. Stattdessen entwickelte ich ganz bestimmte Fähigkeiten, die mir dazu verhalfen, gesehen zu werden. Sie waren von existenzieller Bedeutung für mein Lebenskript, dass ich schon sehr früh in der Zeit als Wochenheimkind entwickelte.

Da ich bis zum Alter von knapp 7 Jahren ein Familienleben überhaupt nicht kannte, begann ich mit Beginn meiner Schulzeit den Kampf um meinen Platz in der Familie, in der Schule und ja, auch in dieser Gesellschaft, von der meine Eltern sehr überzeugt waren, zu kämpfen.

In meinem ganzen Leben galt immer nur: „Tue dies und tue das..." und ich tat es immer aus Liebe zu meinen Eltern und bemerkte nicht einmal, wie ungewöhnlich stark hier meine Disziplin war, dies alles bereitwillig zu tun. Ich wagte aber auch nie, ihnen zu widersprechen. Dies lernte ich bereits im Wochenheim. Widerspruch war nicht erwünscht und wurde nicht selten auch bestraft. Ich wagte es nicht, meinen Erziehern, Eltern, Lehrern und später auch meinen Chefs zu widersprechen. Mein Vater sagte sehr oft zu mir, du musst wissen: „Der Lehrer und Erzieher hat immer Recht. Das ist einfach so." So bin ich aufgewachsen und hatte keine Chance an etwas anderes zu glauben, als an das, was mir Erwachsene sagten. Ich studierte nur ihre Blicke und hörte auf die Stimmlage meiner Eltern und wusste, wie ich mich zu verhalten hatte. Da ich in der Familie mit diesem Verhalten offensichtlich erfolgreich war, übernahm ich dieses Studieren der nonverbalen Kommunikation auch im Leben außerhalb der Schule. Wie ein ängstliches kleines Mäuschen beobachtete ich, wie andere Kinder miteinander spielten, kommunizierten und gegen andere aufwiegelten und dann oft bestraft wurden. Um selbst nicht bestraft zu werden, hielt ich mich zurück und entwickelte mich mehr und mehr zur Einzelgängerin, die immer nur traurig und einsam war. Nur, dass es niemandem auffiel, wie sehr ich darunter litt. Warum auch? Ich war doch stets brav und tat alles, was von mir erwartet wurde. In der Familie, in der Schule und in der Freizeit.

● ● ●

Auf diese Weise erreichte ich, dass ich nie in Auseinandersetzungen geraten konnte, keine Ablehnung erfahren musste und was besonders wichtig für mich war: Ich bekam für dieses Verhalten, die besondere Aufmerksamkeit meines Vaters, aber auch Lob und Anerkennung von den Erziehern, Lehrern und sonstigen Bezugspersonen, von denen ich mich immer in einer Abhängigkeit fühlte.

Wenn Erwachsene mich fragten, warum ich so traurig allein dasitze, gab ich nur ein Schulterzucken als Antwort. Ich spürte zwar diese ständige Traurigkeit tief in mir, wusste sie aber als Gefühl nie zu benennen. Dennoch verspürte ich immer den Wunsch, auch Freunde zu haben, die ich mit meinem Rückzugverhalten natürlich nicht bekam. Meine unendliche Traurigkeit über diese Einsamkeit, aus der ich mich nie befreien konnte, begleitete mich mein ganzes Leben bis zu meinem Zusammenbruch 2011.

Eine Mutter, die nicht lieben kann?

Dass meine Mutter uns als Gören bezeichnete, stand für ihre ganze Kaltherzigkeit gegenüber Kindern. Eigentlich mochte sie Kinder gar nicht, die machen nur Arbeit und Ärger. Kinder hören nicht und erledigen übertragene Aufgaben nur ungern. Sie putzen nicht von selbst die Schuhe, sie saugen nicht die Wohnung von allein und die langen Einkaufszettel für die Wochenend-einkäufe erledigen sie auch immer nur mit ständigem Murren, dass dies alles viel zu schwer sei. Immer wieder spürten wir Kinder, wie sehr wir von unserer Mutter als große Last gesehen wurden und das, obwohl wir fast alle Aufgaben im Haushalt erledigen mussten. Sie kam sehr erschöpft von ihrer Arbeit und wollte immer in Ruhe gelassen werden. Für Liebe und Zuwendung für uns Kinder hatte sie einfach keine Kraft oder sie war gar nicht fähig, überhaupt zu lieben. Ich kann mich nicht erinnern, dass mich meine Mutter mal in den Arm nahm, nette Worte zu mir sagte oder mich einfach nur liebevoll drückte.

Mein Vater hingegen trug mich öfters auf dem Arm und drückte mich immer wieder mal. Ich liebte es, wenn ich mal im großen Ehebett einschlafen durfte und wenn meine Eltern dann schlafen gingen, sehr sanft von meinem Vater auf seinen starken Armen in mein Bett getragen wurde. Ich wartete genau auf diesen Augenblick und stellte mich schlafend, um so den Genuss der körperlichen Nähe zum Vater voll und ganz auskosten zu können. Mein Vater ging mit uns Kindern irgendwie anders um. Als er von der Arbeit kam, begrüßte er uns kurz und fragte, ob alles in Ordnung ist. Meistens hatten wir nichts Besonderes zu berichten. Nur wenn ich wieder eine Eins bekommen hatte, und das war sehr oft vorgekommen, teilte ich ihm das voller Stolz mit und wurde dafür gelobt. Oft streichelte er mir dann liebevoll über mein langes Haar. Er zeigte immer, wie stolz er doch auf sein fleißiges Mäuschen war. Ganz anders dagegen war meine Mutter im Umgang mit uns. Wenn sie von der Arbeit kam, flitzten wir Kinder in unsere Zimmer und schlossen schnell die Türen. Ihr erster Blick ging sofort, sie war noch im Mantel, zum Mülleimer und der war natürlich vergessen worden. Es erklang kein freundliches „Guten Tag. Wie war eurer Tag?", sondern es gab sofort den ersten Ordnungsgong. Dann schaute sie nach, ob die Stube gesaugt und die Küche gewischt wurde. Es war wie bei der Armee. Der Spieß ging durch die Zimmer und machte erst mal seine Zimmerkontrolle. Dann kam der schon erwartete Befehlston, die Küche noch mal zu wischen, weil sie noch schmutzig sei. Wir konnten zwar keinen Schmutz entdecken, aber Paul wischte die Küche ohne Widerspruch erneut. Selten fragte sie, wie es in der Schule gelaufen ist. Eher kam die Frage, ob wir was zu unterschreiben hätten. Meistens hatte Peter Einträge über schlechtes Benehmen in seinem Muttiheft stehen und Paul brachte immer nur schlechte Noten nach Hause.

Ich hingegen beherrschte die Körpersprache meiner Eltern. Nach und nach wurde ich Meisterin, jede ihrer Mienen richtig zu deuten, um ihren Ärger und Frust, den sie von Arbeit mit nach Hause nahmen, nicht abzubekommen. Ich passte mich entsprechend an und bekam so auch selten ihren Ärger zu spüren. Ich lernte schnell, dass unsere Eltern nichts Anderes als gute schulische Leistungen und schriftliche Belobigungen von uns Kindern erwarteten und so rang ich jeden Tag darum. Zum Glück empfand ich aber auch Spaß am Lernen. Ansporn dafür war eben dieser Stolz meiner Eltern auf meine Zeugnisse, die sie sehr gern auch im Verwandten- und Kollegenkreis herumzeigten. Allerdings zeigten sie nur Zeugnisse von Mario und mir. Die Zeugnisse meiner Halbbrüder hatten sie nie mitgenommen, eben weil diese nicht ihren Erwartungen entsprachen. Peter war ein schwer zu bändigendes Kind und brachte meine Eltern oft zur Weißglut. Er wollte einfach nicht hören und es schien mir oft, dass er immer genau das Gegenteil von dem tat, was erwartet wurde. Heute glaube ich, es lag zum Teil daran, dass er die Trennung von seinem leiblichen Vater nie richtig verarbeiten durfte.

Dies bestritt meine Mutter sehr energisch bis zu ihrem Tod. Ich denke, dass er schon immer irgendwie auf der innerlichen Suche nach ihm gewesen sein muss. Oft schrie er nämlich meinem Vater ins Gesicht: „Du hast mir gar nichts zu sagen, du bist nicht mein Vater!" Darin steckte immer sehr viel Wut und manchmal auch Hass gegen einen prügelnden Vater, der immer mehr an ihm verzweifelte und auch immer öfter zum Armeekoppel griff.

Paul war einfach nur still, zurückgezogen und ein ausgesprochener Stubenhocker. Ich war schon selten runtergegangen, aber Paul war immer zu Hause und er war vermutlich auch sehr einsam und unzufrieden mit sich selbst. Seine schulischen Leistungen waren sehr schlecht. Er hatte massive Lernprobleme und eine starke Lese- und Rechtschreibschwäche, die durch den ständigen Druck der Eltern noch verstärkt wurden. Zudem sah Paul seinem leiblichen Vater sehr ähnlich und das bekam er auch von meiner Mutter immer wieder zu spüren. Sie drangsalierte ihn ständig mit übertriebenen Regeln wie z. B. beim Essen, als sie an ihm vorbeilief und ihn in den Rücken pikste und befahl: „Sitz gerade." Wenn es um Arbeiten im

Haushalt ging, musste er immer auffällig viel tun. Manchmal widersprach er auch und fragte, warum immer er alles abwaschen und abtrocknen soll. Darauf bekam er häufig die Antwort, Manuela lerne ja für die Schule, er könne ja auch lernen. Hier hatte ich beiden Halbbrüdern einiges voraus. Sie wollten vielleicht auch gute Leistungen, aber der enorme Druck, auch nur annähernd den Forderungen der Eltern entsprechen zu können, stieg für sie ins Unermessliche. Bei Peter verursachte dies Resignation und bei Paul oft Blackouts in der Schule. Es war für beide der reinste Wahnsinn, weil die Eltern immer auch den eigenen Druck, die Familie nach außen gut dastehen zu lassen, zu überwinden hatten und diesen Druck sicher auch unbewusst auf uns Kinder übertrugen. Paul hatte eine eindeutige Lese- und Rechtschreibschwäche, aber meine Mutter nannte es Faulheit und Desinteresse am Unterricht. Dabei hatte er einfach seine Leistungsgrenze erreicht und konnte die einfachsten Regeln nicht behalten. Immer wieder wurde ich ihm auch noch als gutes Beispiel für fleißiges Lernen in der Schule vorgehalten. So wurde dem bestehenden eigenen Druck, auch noch ein weiterer daraufgesetzt. Wie soll ein Schulkind mit derartigem Stress und fehlender Empathie der eigenen Mutter zu guten Schulleistungen kommen? So waren meine Eltern immer nur stolz auf meine Noten und die meines leiblichen Bruders. Ich lernte gern, aber sehr oft zu lange für ein Kind, das eigentlich auch mehr mit anderen Kindern spielen sollte. Dies fiel weder meiner Mutter, noch meinem Vater auf. Im Gegenteil. Sie sorgten noch dafür, dass ich genügend Freiheiten für das Lernen bekam. Da ich mich stets in meine Schulbücher verkroch und fleißig lernte, musste ich auch so gut wie nichts im Haushalt machen. Ausgenommen den Wochenendeinkauf für die 6köpfige Familie.

Ich glaube auch, dass hier der Grund für eine gewisse Spannung unter uns Kindern zu finden war und ich deshalb auch nie stolz auf den großen Bruder, den ich mir als kleines Mäuschen immer wünschte, sein konnte. Peter mochte mich nicht und sah mich auch nicht als richtige Schwester an. Wenn er mich ärgern wollte, sagte er mir immer wieder, dass ich ja nicht seine richtige Schwester bin. Dies wollte ich nicht hören, weil es nicht wahr sei. Dies sagte mir meine Mutter immer wieder, wenn ich sie danach fragte. Auch hier log sie mich an, denn Peter hatte ja tatsächlich Recht. Nur für meine

Mutter schien es wichtig, nach außen die intakte Familie sein zu können. Ich war vor allem für Peter eine Konkurrentin im Kampf um Anerkennung und Liebe der Mutter. Er war neidisch auf mich, dass ich einen Vater und eine Mutter hatte und die immer nur mit ihm schimpften und ihn später auch ganz schlimm verprügelten, wenn er rebellierte.

Der Umzug zum Leninplatz

Es war im November 1970, als wir in eine neue Wohnung am Leninplatz gezogen sind. Hier bewohnten wir eine große Neubauwohnung mit vier Zimmern, Warmwasser aus der Wand und ein Wannenbad. Zuvor bewohnten wir eine sehr kleine 2 ½ Zimmerwohnung im 4. Stock eines Altbaus mit Ofenheizung. Selbst das Badewasser musste mit einem Ofen angeheizt werden. Jetzt hatten Mario und ich endlich ein eigenes Zimmer. Zu dieser Zeit war mein lieber Bruder Mario inzwischen sechs und ich zehn Jahre alt. Ich war sehr froh, dass Mario inzwischen auch aus dem Wochenheim gekommen ist und wir endlich ein gemeinsames Zimmer hatten, worüber wir uns beide freuten.

Die beiden Halbbrüder teilten sich ebenfalls ein gemeinsames Zimmer, welches direkt neben unserem lag. Die Wohnung war in einem

WBS70 Plattenbau und befand sich im elften Stock. Von unserem Balkon blickten wir direkt auf das Lenindenkmal und die Menschen sahen so klein aus. Ich fand es toll, soweit oben zu wohnen. Ein kleines Badezimmer und immer warmes Wasser und Zentralheizung, so dass wir nun auch baden konnten, ohne erst einen Ofen anheizen zu müssen. Das war zur damaligen Zeit ein großer Luxus, denn viele lebten in Altbauwohnungen, wo es noch nicht einmal eine Innentoilette gab. Dass dies sozusagen eine Luxuswohnung ist, war mir damals nicht bewusst. Hier waren überwiegend Kinder, die ebenfalls in diesen Neubauten rund um den Leninplatz wohnten und den gleichen Komfort hatten wie wir. In diesen Neubauten wohnten auch viele Prominente aus dem Fernsehen, aber auch Diplomaten und viele staatsgetreue Genossen der SED. Diese Plattenneubauwohnung erhielt meine Mutter auch nur, aus dem Wohnungskontingent ihrer Dienststelle, die sich im Präsidium der Deutschen Volkspolizei am Alex befand. Nun konnte meine Mutter ihren täglichen Arbeitsweg zu Fuß gehen.

Der Lottogewinn gab für diese teure Wohnung sicherlich auch den finanziellen Background.

Der damit verbundene Schulwechsel bedeutete für mich wieder ein neues Umfeld mit neuen

Lehrern und einer neuen Klasse, in der ich mich einleben musste. Dabei hatte ich mich gerade in meinen Klassenverband eingelebt und verlor mir eine liebgewordene Klassenlehrerin. Dieser Verlust hatte es mir nicht leicht gemacht, meine schulischen sehr guten Noten zu halten. Ich benötigte sehr lange Zeit, um Vertrauen zu fassen. Wieder einmal hatten mich alte Ängste aus der Wochenheimzeit gepackt. Berührungsängste vor den neuen Mitschülern und vor den vielen neuen Lehrern. Dies spiegelten die deutlich schlechteren Schulnoten auf den Zeugnissen der 4. Klasse wieder.

Ängste manifestieren sich

Ungefähr zu dieser Zeit häuften sich auch die Verhaltensprobleme mit meinem ältesten Halbruder, der inzwischen 14 Jahre war. Seine Aggressivität in der Schule Mitschülern und Lehrern gegenüber, nahm rasant zu. Er fing an, die Schule regelmäßig zu schwänzen. Sehr oft rief die Schulleitung deswegen auf der Dienststelle meiner Mutter an, was für sie immer die Ängste vor Aussprachen und schriftlichen Stellungnahmen auslöste, die sie über das Verhalten ihres Sohnes anzufertigen und ihren Dienstvorgesetzten vorzulegen hatte. Damit sie sich nicht mehr damit auseinandersetzen musste, hatte sie meinen Vater gebeten, sich intensiv um die Besserung des Verhaltens von Peter und gleich auch um die schulischen Leistungen von Paul zu kümmern. Wenn sie von der Schule erfuhr, dass Peter wieder nicht in der Schule erschienen ist, forderte sie meinen Vater auf, sich unverzüglich darum zu kümmern. Fortan hielt nur noch mein Vater die Kontakte zur Schule als Elternvertreter der Schule, um rechtzeitig einen Ärger aus dem Weg zu räumen, damit nichts davon nach außen oder womöglich auf der Arbeitsstelle meiner Mutter getragen werden konnte. Die Aussprachen mit Peter häuften sich und als die Worte meines Vaters nicht fruchten wollten, griff er immer öfter zu härteren Mitteln. Peter hatte immer wieder andere Mitschüler verletzt oder die Brillen von den Kindern kaputt gemacht. Das war damals teuer und die Brillen waren schwer zu reparieren. Immer wenn Peter was anstellte und mein Vater abends von der Schulleitung kam, holte er ihn zu sich, redete auf ihn ein und wenn er sich nicht einsichtig zeigte und er ihn zu sehr reizte, zerrte er ihn in sein Zimmer und griff zu seinem Armeegürtel und verprügelte ihn.

Es müssen große Schmerzen gewesen sein, denn ich hörte nur das klappernde Geräusch des Koppelschlosses und sein Schreien. Ich saß in unserem Zimmer nebenan und hielt mir die Ohren zu und hoffte, dass dieser Mann, der nun nicht mehr der liebe Vati war, endlich aufhörte. Besonders schwer auszuhalten war es, wenn ich mich als der Auslöser der Prügelstrafe gegen Peter sah, weil er zuvor auf mich eingeschlagen hatte und dies für meine Eltern sichtlich war. Ich war also gezwungen, zu erzählen was geschehen ist. Heute bin ich überzeugt davon, dass ich nicht die Schuld dafür zu tragen hatte, auch wenn Peter dies nicht unbedingt so sah. Peter ist oft auch ohne sichtlichen Grund einfach ausgetickt und hat dann auch wild um sich geschlagen. Einmal hat er sogar der Lehrerin einen Stuhl vor die Füße gestoßen, nur, weil sie ihm eine Zeitschrift, die er im Unterricht lesen wollte, wegnahm. Sehr oft drohten sie ihm damit, wenn er sich nicht sofort bessern würde, müssten sie ihn in ein Heim geben. Damals wusste ich jedoch nicht, ob es ihre eigene pure Verzweiflung war, die sie so etwas sagen ließen oder ob es schon von Seiten der Staatsmacht angedroht wurde. So ist es auch denkbar, dass meine Eltern, vor allem aber meine Mutter von der Angst getrieben wurde, wegen Peters schulisches Verhalten und den vielen Aggressionen ihren Job bei der Polizei verlieren zu können. Denn es war damals schon so, dass Kinder, die als „schwer erziehbar" galten, in „Kindererziehungsheime" gegeben wurden. Eine dieser „Umerziehungsstätten" war der geschlossene Jugendwerkhof in Torgau, der heute eine Gedenkstätte ist, die darüber informiert, wie diese Kindergefangenschaft in der DDR ausgesehen hat.

Meine Eltern waren schon sehr verzweifelt und wussten sich keinen Rat mehr und glaubten eher an eine Erkrankung im Kopf von Petter. Sie brachten ihn schließlich in eine Klinik von der Peter völlig wesensverändert nach Hause kam.

Von den Eltern erfuhr ich damals, dass sein Kopf auf eine Erkrankung hin untersucht werden sollte. Dass es sich dabei um eine sehr schmerzhafte Hirnwasseruntersuchung handelte, habe ich erst viel später erfahren. Es sollte festgestellt werden, ob seine Aggressivität eine krankhafte Ursache hatte. Meine Eltern waren überzeugt, dass Peter irgendeine schlimme Krankheit am Kopf haben muss.

Peter hatte diese Einweisung meinen Eltern nie verziehen. Vor allem, weil es eine sehr schmerzhafte und unnütze Untersuchung gewesen ist. Auch seien die dortigen Bezugspersonen sehr bösartig mit ihm umgegangen.

Schließlich kam er in eine Sonderschule. Dagegen haben sich meine Eltern anfangs geweigert und so ging der Streit zwischen der Schule und meinem Vater bis zur Volksbildungsministerin Frau Honecker und er musste letztlich doch in eine Sonderschule umgeschult werden. Hier hatte sich sein Verhalten tatsächlich gebessert. Mein Vater sagte 2013 zu mir: „Peter hatte dort eine ‚Verdiente Lehrerin des Volkes' bekommen. Die war richtig gut". Allein dieser Satz war Ausdruck dessen, wie sehr mein Vater dem Staat verbunden war. Er selbst schien großen Wert auf all diese sozialistischen und gesellschaftlich anerkannten Titel zu legen, mit denen er auch gut ausgestattet war. Er war auf alle seine Titel wie z.B., „Banner der Arbeit", „Vaterländischen Verdienstorden", „Held der Arbeit" „Verdienter Aktivist" sehr stolz.

Da passte Peter einfach nicht in das Bild einer heilen Familienwelt mit wohlerzogenen Kindern. Wenn mein Vater laut und wütend wurde, während er mit Peter sprach, zog ich mich immer in mein Zimmer zurück. Ich mochte ihn so nicht sehen. Das war dann auch nicht mein Papa. Aber zuhören musste ich oft, wenn er Peter mit dem Koppelschloss des Armeegürtels verprügelte. Ich stellte mir die qualvollen Schmerzen vor, die dieses hinterlassen musste.

Später fragte ich Peter mal, warum er sich so verprügeln lässt. Er brauche doch nur mal in der Schule oder bei der Polizei den Mund aufmachen und sich so zur Wehr setzen. Darauf sagte er, dass es nichts nütze, weil er dann ins Heim käme. Und so glaube ich, dass allein die Tatsache Ohrenzeuge zu sein für mich ausreichte, um mir Angst zu machen. Zu hören, dass ungehorsame Kinder ins Heim gesteckt würden, ließ mich so auch noch angepasster werden.

Ich wollte nie wieder in ein Heim und wusste, dass ich nur artig und brav sein muss.

Meine wichtigsten Schuljahre

Die zehnklassige polytechnische Oberschule (POS) besuchte ich von 1967 bis 1977. Die ersten drei Schuljahre der Unterstufe lernte ich an der 32. Oberschule in Prenzlauer Berg, in der Bötzowstraße. Dann musste ich wegen Umzugs der Familie im November 1970 in der 4. Klasse in die spätere Lenin-Oberschule, im Stadtbezirk Friedrichshain wechseln. Die POS gliederte sich anfangs in eine Unterstufe (1. bis 4. Klasse) und eine Oberstufe (5. bis 10. Klasse). Dies wurde mit dem Schulgesetz von 1965 weiter differenziert. Die Gliederung umfasste nun drei Stufen, die Unterstufe (1. bis 3.

Klasse) und die Mittelstufe (4. bis 6. Klasse) in der ab der 5. Klasse das Fach Russisch als erste Fremdsprache und weitere Fächer wie Geschichte, Geographie, Biologie, ab der 6. Klasse zusätzlich noch Physik, hinzukamen. Die dritte Stufe war die Oberstufe, die noch mal neue Fächer brachte. Nun begann der Unterrichtstag in der Produktion (UTP), der zum einen aus dem theoretischen Teil, der Einführung in die sozialistische Produktion (ESP), und zum anderen aus dem praktischen Teil, der produktiven Arbeit (PA) bestand. Hier sollten möglichst viele Kinder ihre Liebe für die so notwendige Produktionsarbeit entdecken. So bekamen wir einen Einblick in die Grundlehren der sozialistischen Planwirtschaft und die so wichtige Bedeutung der ständig zu steigernden Arbeitsproduktivität für den Wettstreit mit den westlichen Ländern. Dass gerade die produktive Arbeit der wichtigste, der drei wirtschaftlichen Arbeitsbereiche war, wurde uns immer wieder eingeimpft.

Neben der Landwirtschaft gab es noch den Dienstleistungssektor, doch dieser schien dem Staat nicht so wichtig zu sein. Denn hier gab es trotz der größeren Nachfrage, nur sehr wenige Lehrstellen.

Ich hatte alle 14 Tage einen produktiven Arbeitstag im VEB Fahrzeugausrüstung und meine Aufgabe war es, nach konkreter Einweisung Transformatoren zu wickeln, die für die S-Bahn benötigt wurden. Ab der 7. Klasse gab es noch Chemie, sowie eine freiwillige zweite Fremdsprache, die für ein späteres Abitur Voraussetzung war. In der 10. Klasse kam als letztes Fach noch Astronomie hinzu. Die Oberschule wurde mit schriftlichen Abschlussprüfungen in Russisch, Deutsch, Mathematik und einer Naturwissenschaft (Auswahl zwischen Physik, Chemie und Biologie) sowie einer Sportprüfung und sich anschließenden zwei bis fünf mündlichen Prüfungen beendet. Das Abschlusszeugnis entspricht dem heutigen Realschulabschluss, der mittleren Reife und wird auch als solche anerkannt.

In der Unterstufe fiel mir das Lernen noch leicht, denn ich hatte mir durch die Lesebücher meiner Halbbrüder einen großen Vorlauf im Lesen bereits selbst erarbeitet. So konnte auf dem Zeugnis der ersten Klasse im Lesen auch nur eine Eins stehen. Alle Kopfnoten, Betragen, Fleiß, Ordnung und Mitarbeit sowie die sich daraus ergebende Note im Gesamtverhalten wurden in meinen ersten zwei Schuljahren noch mit sehr gut bewertet. Ich war voller Elan

● ● ●

und so stolz, endlich Schulkind zu sein, dass ich meine Eltern jeden Tag mit meinem guten Verhalten erfreuen wollte.

Mein Vater sagte immer zu uns Kindern, dass die Kopfnoten eine ungeheuer wichtige Bedeutung hätten. Sie würden sehr viel über den gesamten Menschen aussagen. Daher kam wohl auch die Formulierung Gesamtverhalten. Mit der Note Betragen wurde das disziplinierte Verhalten im Unterricht, das höfliche Benehmen allgemein und das soziale Verhalten mit anderen Kindern beurteilt. Die Noten Fleiß und Mitarbeit standen für das Arbeits- bzw. Lernverhalten des Kindes im Unterricht und wurden ganz unabhängig vom Leistungsstand beurteilt. Hier war es oft sehr subjektiv, denn dazu gehörten schon große pädagogische Fähigkeiten, um dies gerecht zu beurteilen. Ich fand z. B., die Note Mitarbeit nur an seinen Wortmeldungen im Unterricht festzumachen, als ungerecht. Häufig stand in meinen Beurteilungen, ich solle doch besser mitarbeiten. Gemeint war immer nur, dass ich mich einfach nicht oder eben sehr zögerlich meldete. Mitgearbeitet im Kopf habe ich immer jede Sekunde. Denn wenn ich ohne mich zu melden, aufgerufen wurde, konnte ich meist sofort, auch eine richtige Antwort geben. Da aber mein Vater besonders auf unsere Kopfnoten Wert legte, habe ich mich hier besonders angestrengt. Das ein ganzes Jahr durchzuhalten, nie mit der Nachbarin im Unterricht zu reden, gerade zu sitzen und sich anständig zu melden, obwohl gerade dies für mich eine enorme Herausforderung bedeutete, grenzte schon an Strebertum. Dies ist wohl auch bei meinen Mitschülern so angekommen und ich habe mich vermutlich auch dadurch selbst ausgegrenzt. Selbst in den Pausen war ich sehr verschlossen und redete nur wenig. Immer stand ich abseits, beobachtete die Kinder wie sie spielten oder miteinander lachten. Mir fehlte einfach der Mut, auf die spielenden Kinder zuzugehen und sie zu fragen, ob ich mitspielen darf.

Der Musikunterricht machte mir riesigen Spaß und als mal eine Kommission zur Talentsuche in den Unterricht kam, wurde ich sogar ausgewählt und sollte an die Musikschule. Ich hätte ein großes Talent für Musik. Mit großer Freude brachte ich den Zettel nach Hause und teilte meinen Eltern mit, dass ich zur Musikschule auserwählt bin und auch sehr gern dorthin möchte. Ich glaube, es war im zweiten Schuljahr als ich acht Jahre alt war. Leider hielt diese Freude nicht an, denn meine Mutter meinte kurz und knapp, dass dies nicht möglich sei.

Die einzige Musikschule in Berlin befand sich am Frankfurter Tor und es sei unmöglich, dass ich den täglichen Weg dorthin allein fahren könne. Bedeutet hätte dies, einen Fußweg von etwa 500 Meter zur Straßenbahn und dann nur 6 Stationen bis zum Frankfurter Tor, wo auch schon die Schule gewesen wäre. Wieder einmal stand die Arbeit meiner Eltern unumstößlich fest und sie wollten sich den zusätzlichen Stress, mich womöglich einige Male darauf vorzubereiten, allein zu dieser Schule zu fahren, nicht aufladen. Aber so sah es in unserer Familie mit den individuellen Förderungen der Kinder tatsächlich aus. Ihnen wurde immer nur zweitrangig, wenn überhaupt, Beachtung geschenkt. An erster Stelle stand eben die Arbeit der Eltern und alles was für sie unbequem war, wurde abgesagt. So auch mein Schulbesuch an dieser Musikschule. Wieder trat Traurigkeit in mein Leben. Sie hielt aber nicht lange an, denn ich war gehorsam erzogen und forderte nie meine Wünsche ein. Wenn ich doch nur mal versucht hätte, mit Nachdruck meine Bedürfnisse durchzusetzen oder gar gegen ihre Entscheidungen zu rebellieren. Vielleicht hätte ich bei meinem Vater etwas erreichen können? Aber es wäre sicher erfolglos geblieben, denn für meine Mutter stand nur ihre Überlastung im

Vordergrund. Die rollenden Schichten, Mutter von vier Kindern und dann noch Hausfrau zu sein, forderte all ihre Kräfte. Da passte mein Wunsch, zu dieser Musikschule zu gehen, einfach nicht hinein.

Der Tag an dem es Zeugnisse gab, war für mich immer sehr aufregend. Ich hoffte immer darauf möglichst viele Einsen und keine drei auf den Zeugnissen zu haben. Mein erstes Zeugnis übertraf bei weitem die Leistungen meiner Halbbrüder. Irgendwie spürte ich, dass ich mich über meine Leistungen gegen sie behaupten konnte. Ich begann mich endlich Zuhause zu fühlen, weil ich von meinen Eltern gesehen und wahrgenommen wurde. Zumindest was meinen Fleiß und die gute Leistungen betraf.

Ähnlich gut sahen noch die Zeugnisse in der 2. und 3. Klasse aus. Ich erfreute mich an den zusätzlichen positiven Vermerken auf meinen Zeugnissen über die geleistete gesellschaftliche Arbeit. Hierauf wurde seitens des Staates und meines Elternhauses besonderer Wert gelegt. Die Kinder wurden schon sehr früh für das gesellschaftliche Miteinander motiviert, in dem sie konkrete Aufgaben zu übernehmen hatten. Immer ging es um die gesellschaftliche Anerkennung und es stieg damit schon in der Schulzeit ein enormer Leistungsdruck, der für das spätere Arbeitsleben in der sozialistischen Gesellschaft von Bedeutung war. Individualismus war nicht gefragt und auch nie erwünscht. Ich wurde in der sozialistischen Pionierhilfe mit einer Urkunde ausgezeichnet und im Fach Deutsch erhielt ich mehrfache Belobigungen. Während ich in den ersten zwei Schuljahren nur zwei Fehltage wegen Krankheit hatte und gesundheitlich noch stabil war, hatte ich am Ende der 3. Klasse bereits 32 entschuldigte Versäumnistage. Ungefähr in dieser Zeit erkrankte ich immer öfter an Atemwegsinfekten und dann kamen die schlimmen Hauterkrankungen hinzu.

Ein sehr schlimmer Hautausschlag, welcher zum raschen Anschwellen der Haut am ganzen Körper führte, machte einen Krankenhausaufenthalt notwendig. Ich fühlte mich wieder verlassen und war sehr traurig. An manchen Stellen war nur noch das rosafarbene Fleisch zu sehen. Die Ärzte waren ratlos. Ich bekam sehr schmerzhafte Spritzen in den Rücken und ich war über zwei Wochen im Kinderkrankenhaus Lindenhof unter strenge Quarantäne gestellt. Meine Eltern durften mich nur durch eine Glaswand sehen, während mir die Ärzte damit drohten, meine Eltern nach Hause zu schicken, wenn ich nicht sofort aufhören würde, zu schreien. Diese Spritze, die ich in den Rücken bekam, tat furchtbar weh und es kamen immer gleich zwei Schwestern und ein Arzt zusätzlich, die mich festhielten, damit ich mich nicht bewegen konnte. Dieses Festhalten war für mich das schlimmste und machte mir große Angst. Es soll eine Allergie gewesen sein und niemand fand heraus, worauf ich allergisch reagierte. Ich war totunglücklich, dass ich nicht in die Schule durfte und hatte immer nur Angst, zu viel Unterricht zu versäumen, was ich nur sehr schwer wiederaufarbeiten konnte. Denn ich konnte über das aktive Zuhören im Unterricht am besten lernen. Die Teilnahme am Unterricht fehlte mir ganz besonders. Zum Glück wurde ich am 6. Juni 1970 aus dem Krankenhaus entlassen und die Zensuren für das Zeugnis der 3. Klasse standen so gut wie fest. Somit fiel dieses Zeugnis noch mit einem guten Zensurendurchschnitt aus. Dass es mir trotz meiner vielen Nacharbeiten in den Ferien nicht gelang, all das Versäumte aufzuholen, spiegelte das erste Zeugnis der 4. Klasse wieder.

Doch dazwischen lagen zum Glück zwei Monate erholsame Ferien und wir hatten einen Urlaubsplatz an der Ostsee in einem Heim der Volkspolizei in Sellin auf Rügen erhalten. Wir fuhren das erste Mal im Leben ans große Meer.

Die Vorstellung, dass es ein riesiges Meer ist und dass das Wasser salzig schmecken sollte, ließ unsere Spannung steigen. So konnte ich auch etwas Erholung nach meinem schwierigen Klinikaufenthalt tanken, um dann im September 1970 die vierte Klasse in der Mittelstufe der POS mit neuer Kraft zu beginnen. Erst die Zeugnisse der 4. Klasse zeigten, dass die lange Krankheit am Ende der 3. Klasse meine Leistungen stark beeinträchtigten. Aber nicht nur dies belastete mich im Kampf um gute Noten. Im November 1970 sind wir auch noch, nachdem das erste Halbjahr bereits vor einem Vierteljahr begonnen hatte, umgezogen und ich wurde auch gleich mitten im Schuljahr umgeschult. Nun hatte ich neben der langen Krankheit auch noch einen Schulwechsel zu verkraften. Dass dieser Schulwechsel nach dem langen Krankenhausaufenthalt und nun auch noch ausgerechnet in die Zeit des Wechsels von der Unterstufe in die Mittelstufe erfolgte, war einfach schlechtes Timing der Entscheidung eines Schulwechsels. So musste ich neue Mitschüler kennenlernen und die vielen Fachlehrer in der Mittelstufe waren alle viel strenger, als die bisherigen Lehrer der Unterstufe. Dadurch brauchte ich sehr lange, um annähernd die früheren guten Leistungen erreichen zu können. Mein Ehrgeiz trieb mich an und ich kämpfte mit meinen zehn Lebensjahren wie eine Besessene, um meine verlorengegangenen guten Noten wieder zu erreichen. Eine Drei stand zwar für befriedigende Leistungen, aber für mich war dies schon eine recht schlechte Note. So hatte ich in der 4. Klasse in den Kopfnoten nur noch Dreien und in den Unterrichtsfächern ebenfalls sieben Dreien und nur vier Zweien als Noten bekommen. Ich fühlte mich so niedergeschmettert, weil ich nicht eine Eins auf meinem Zeugnis fand. Ich schämte mich, dieses für mich schlechte Zeugnis, meinen Eltern zeigen zu müssen. Mein Vater tröstete mich nur und meinte: „Das wird schon wieder Mäuschen, das schaffst du schon." Es war für mich kein Trost. Eher spornte er mich an, es allen zu beweisen, dass ich doch eine gute Schülerin bin. Ich fürchtete am meisten, meine Anerkennung und Beachtung zu verlieren.

In der 5. Klasse kamen noch einige Fächer hinzu. Ich freute mich besonders auf das Erlernen der ersten Fremdsprache. In Russisch bekam ich alle Jahre immer nur Einser Noten. Schon sehr bald schrieb ich mich mit einer Olga aus Karaganda und einer Lena aus Moskau über viele Jahre. Solche Kontakte kamen über die Gesellschaft für Deutsch Sowjetische Freundschaft zustande. Sie wurden sehr gefördert über die Pionierorganisation. Jeder schrieb in seiner Muttersprache und konnte sich so mit der Sprache des anderen beschäftigen. Ich übersetzte meine Briefe mit Hilfe des Wörterbuches und die Russischlehrerin überprüfte dann auch unsere Leistung und half beim Übersetzen. Erst in der Lehrzeit ist diese Brieffreundschaft bedauernswerter Weise eingeschlafen.

In der 5. Klasse kamen neben Russisch noch weitere vier Fächer hinzu: Literatur, Biologie, Geographie und Geschichte. Interessant war, dass ich den Literaturunterricht sehr liebte und dennoch nur ein „befriedigend" bekam. Dies lag eben daran, dass es eine Buchvorgabe gab und man die Helden oder Hauptfiguren des Buches zu charakterisieren hatte. Die Inhalte der vorgeschriebenen Werke mussten zusammengefasst und die Zusammenhänge zum heutigen Leben hergestellt werden. Das schien ich in den ersten Jahren des Literaturunterrichtes wohl nie so richtig gepackt zu haben, weil ich das Werk und die Figuren anders sah, als der Lehrer es für richtig hielt. Selbst in diesem Fach war es nicht möglich, eine andere Auffassung oder Meinung zu bestimmten Figuren zu haben als es vom Lehrer vorgegeben war, was er entsprechend auch benotete. Es war bei mir wie eine Sucht. Ich kämpfte vom Ehrgeiz zerfressen unentwegt um sehr gute Noten. Am Ende der 5. Klasse hatte ich einen Notendurchschnitt von nur noch 3,0.

Heute weiß ich, dass so manche Erkrankungen psychosomatischen Ursprungs waren. Aber niemals hat je ein Lehrer oder ein behandelnder Arzt dies als Ursache in Betracht gezogen. Warum sollten sie auch, ich funktionierte stets perfekt, war ehrgeizig und erbrachte doch immer gute Leistungen in der Schule. Für dieses System war ich genau die Sorte Mensch geworden, die sich die Partei wünschte. Meine extreme Schüchternheit und Zurückhaltung führten unweigerlich zur Einsamkeit und ich litt darunter leise schweigend. Niemand sah meine Traurigkeit. Niemand nahm mich in den Arm. Alles war so kalt in dieser Familie, nach der ich mich doch während der Jahre im Wochenheim so sehr sehnte.

Durch die vielen Erkrankungen schaffte ich es auch nicht, meine Zeugnisse der 5. und 6. Klasse wesentlich zu verbessern. So sehr ich mich anstrengte, meine versäumten Unterrichtsstunden irgendwie aufzuarbeiten, gelang es mir einfach nicht. Der Literaturunterricht wurde in der Oberstufe ab der 7. Klasse immer schwieriger, weil immer der Bezug zur Gegenwart hergestellt werden sollte. Wir wurden mit zahlreichen kommunistischen Vorbildern wie z. B. Pawel Kortschagin, die Hauptfigur von Nikolai Ostrowskis Werk „Wie der Stahl gehärtet wurde", im Literaturunterricht konfrontiert und hatten uns mit ihnen zu identifizieren. So stand die Romanfigur Pawel Kortschagin für die FDJ als Vorbild. Hieraus stammte auch der Subbotnik, ein freiwilliger kostenloser Arbeitseinsatz an einem Samstag, als Initiative der FDJ. Später wurde er auch als freiwilliger Arbeitseinsatz „Schöner unsere Grünflächen im Wohngebiet" am Samstag durchgeführt, an dem sich die Mieter des Hauses beteiligten. Immer wieder wurde auch durch die Arbeitsstellen auf eine aktive gesellschaftliche Arbeit in der Freizeit hingewirkt. Für Parteimitglieder war es sozusagen eine Ehrenpflicht, sich auch nach der Arbeit in ein gesellschaftliches Miteinander außerhalb der Dienststelle einzubringen. Alles wurde staatlich gesteuert und von der Partei gelenkt. Selbst die Aktivitäten im Wohngebiet. Die Teilnahme am gesellschaftlichen Leben wurde über die zahlreichen Massenorganisationen, die natürlich alle unter der strengen Kontrolle der SED gestanden haben, gelenkt und gesteuert.

Es wurde für meine Eltern zur Lebensaufgabe, sich immer wieder für den Staat einzubringen, die Familie stets auf Linie zu halten und diese für die Ideale des Sozialismus zu begeistern. Mein Vater war hier der Motor und sein einziger Lebensinhalt war die Partei und die Verwirklichung ihrer Ziele. Nahezu fanatisch identifizierte er sich mit jedem Wort, dass die SED verkündete.

Der Wunsch, Mitglied dieser Partei zu werden, reifte bei mir schon in der 8. Klasse durch meine aktive Mitarbeit in der FDJ. In der 7. Klasse gab es endlich eine zweite Fremdsprache. Sie war fakultativ, was bedeutete, dass sie freiwillig war. Hier war meine erste Entscheidung fällig. Wenn ich zum Abitur wollte, musste ich eine zweite Fremdsprache wählen. Eigentlich gefiel mir Französisch sehr gut, aber es gab keine Französischlehrer an meiner Schule. Also lernte ich wie viele meiner Mitschüler Englisch. Ich hatte viel Spaß am Erlernen dieser Fremdsprache. Außerdem sollte sie mir den Weg zum Abitur ermöglichen.

Abiturzulassung verweigert

Eine erste große Ungerechtigkeit, die ich selbst auch als solche wahrnahm, war die Art der Vergabe der sehr geringen Anzahl an Zulassungen zur Abiturklasse. An unserer Schule durften nur fünf oder sechs Schüler von insgesamt drei 9. Klassen in die Vorbereitungsklassen der Erweiterten Oberschule (EOS). Das sogenannte Auswahlverfahren war schlichtweg ungerecht. Eigentlich müssten doch die Leistungen das wichtigste Kriterium der Auswahl sein und da ich die drittstärkste Schülerin der Klasse war, glaubte ich zu den künftigen Abiturienten zu gehören. Doch es kam anders als vermutet. Weil in meiner Klasse zwei Jungen angaben, zur Nationalen Volksarmee als Berufsoffizier gehen zu wollen, bekamen sie die Zusage. Ich hatte deshalb das Nachsehen. Ich war entrüstet und verärgert, weil es ja zu diesem Zeitpunkt nur ein Lippenbekenntnis der Jungen war und keine Dienstverpflichtung.

Ich war damals so sauer, dass ich daraufhin in der 9. Klasse meinen freiwilligen Englischunterricht abmeldete. Es kostete zu viel Zeit am Nachmittag, die ich lieber mit meinem Freund verbringen wollte. Wozu sollte ich denn noch Englisch lernen, wenn ich nicht zum Abitur durfte?

Reisen in die Länder, in denen Englisch gesprochen wurde, waren ohnehin nicht möglich. Heute ärgere ich mich über diese Trotzigkeit, weil ich ja doch Englisch hätte gut gebrauchen können. Damals glaubte ich nicht im Traum daran, dass alles mal ganz anders kommen würde. Dazu war das über viele Jahre eingeimpfte Feindbild vom bösen Westen schon fest in meinem Hirn verankert und wie viele DDR-Bürger, glaubte auch ich nicht mehr an ein geeintes Deutschland und eine damit verbundene Reisefreiheit.

Ich als Lernpatin

Mein Halbbruder Paul hatte große Lernschwierigkeiten und war für meine Eltern ebenfalls ein großes Problem, weil er in der Schule leistungsmäßig sehr schwach war. Oft gab es vor allem von meiner Mutter die kurze klare Ansage: „Lerne endlich mal und bereite dich besser auf deine Diktate vor.

So versuchte ich hin und wieder mit ihm für Diktate zu üben. Anfangs fiel es mir schwer, zu verstehen, was er schrieb, weil er grundsätzlich die harten und weichen Buchstaben verwechselte. Auch die Regeln für die Groß- und Kleinschreibung konnte er sich nicht merken. Oft saß er bis spät abends noch mit meinem Vater, um Diktate zu üben, obwohl er doch schon im Hort lange an seinen Hausaufgaben gesessen hatte. Er packte es einfach nicht, sich die einfachsten Regeln zu merken und mein Vater verlor oft auch die Geduld. Irgendwann kam er auf die Idee, mich mit dieser Aufgabe zu betrauen. Das fühlte sich für mich richtig gut an und es stärkte mein Selbstvertrauen. Ich, die jüngere Schwester durfte mit dem älteren Bruder üben. Und dann auch noch den Unterrichtsstoff der nächst höheren Klassenstufe. Ich übernahm gern die Rolle einer Lehrerin und wir übten schon am Nachmittag stundenlang. So ließ ich Paul Deutschdiktate schreiben und bemühte mich, ihm die Regeln verständlich zu erklären. Dabei halfen ihm meine Eselsbrücken. Er konnte dann oft auch besser schreiben. Am nächsten Tag schrieb er das am zuvor geübte Diktat in der Schule und kam wieder mit einer Fünf nach Hause. Wegen des enormen Leistungsdruckes, der von allen Seiten auf ihn einwirkte, hatte er immer wieder handfeste Blackouts, so glaube ich es jedenfalls heute. Immer wenn es darauf ankam, wusste er gar nichts mehr. Später musste ich mit ihm auch Mathematik lernen. Oft erklärte mein Vater erst mir den für mich neuen Unterrichtsstoff, damit ich ihn danach Paul erklären konnte. Irgendwie funktionierte diese Methode ganz gut. Mit viel Ehrgeiz und Geduld bemühte ich mich, ihm den neuen Unterrichtsstoff in Mathematik zu erklären. Damit hatte ich auch in Mathematik immer einen Vorlauf zu meinen Mitschülern, weil ich mir ja schon den Stoff der nächst höheren Klassenstufe mit der Hilfe meines Vaters erarbeitet hatte.

Als ich durch das gemeinsame Lernen mit Paul meine Leidenschaft entdeckte, anderen Kindern beim Lernen zu helfen, übernahm ich mehrere Lernpatenschaften in der Schule. Erst fing ich an, mich in der Hausaufgabenbetreuung der Jungpioniere zu engagieren und übernahm später auch direkte Lernpatenschaften mit den jüngeren Schülern. Als ich darin genug Sicherheit verspürte, wagte ich mich, auch meinen Klassenkameradinnen Unterrichtsnachhilfe anzubieten, die spätestens in der Zeit der Prüfungsvorbereitungen von einigen Mitschülerinnen angenommen wurde, die mich zuvor eher nicht wahrgenommen hatten.

Natürlich war das damals eine unentgeltliche Hilfe und zählte als gesellschaftliche Tätigkeit, die ich so auch in der Schule durch Belobigungen auf meinen Zeugnissen anerkannt bekam. Denn alles, was der Gesellschaft von Nutzen war, wurde festgehalten und honoriert.

Über diese Lernpatenschaften bekam ich die Gelegenheit, zu anderen Mitschülerinnen nach Hause zu gehen und wurde in den höheren Klassen endlich auch mal zu Geburtstagsfeiern eingeladen, das in all den Jahren nicht möglich schien.

Es war mir und meinen Geschwistern grundsätzlich verboten, andere Kinder mit in unsere Wohnung zu nehmen und so gab es nie Geburtstagsfeiern mit Freunden bei uns zu Hause. Ich hatte immer wieder gefragt, ob ich mal eine Klassenkameradin mit nach Hause bringen darf. Nicht einmal zum Lernen durfte ich jemanden mitbringen. Meine Mutter hatte immer nur die eine Begründung: „Wir sind doch wohl genug Kinder, da brauche ich nicht noch fremde Kinder ins Haus holen." Ich bin heute rückblickend sprachlos, dass mich meine Eltern, vor allem aber meine Mutter immer so leicht mit ungenügenden Erklärungen abspeisen konnte und ich nie ihre Argumentationen in Frage stellte. So auch nicht, dass unsere Wohnung nicht genug Platz für ein weiteres Kind am Nachmittag hätte.

So ging ich als Lernpatin immer zu meinen Klassenkameraden nach Hause und gab Nachhilfe in den Fächer Mathematik, Deutsch und

Russisch. Martina und Christiane waren die Mitschülerinnen, zu denen ich dadurch auch etwas engeren Kontakt aufbauen konnte. Es machte mir Freude mit ihnen die Hausaufgaben durchzugehen und in die Rolle einer Lehrerin zu schlüpfen. Christianes Vater war Abschnittsbevollmächtigter der Volkspolizei und sie durfte eigentlich auch niemanden in die Wohnung lassen. Aber als er dann erfuhr, dass meine Mutter auch bei der Volkspolizei arbeitete und mein Vater Parteisekretär in einem VEB war, durfte ich als einzige Ausnahme zu ihr nach Hause.

Ende 1972 bereitete sich mein Vater im Rahmen seines Abendschulbesuches auf die Facharbeiterprüfung im Metalldruck vor. Nun durfte ich sogar mit meinem Vater Deutsch, vor allem Grammatik üben. Ich fühlte mich so groß und stark dabei und es machte mir riesigen Spaß, meinem Vater Aufgaben zu diktieren und mit ihm Grammatikregeln zu pauken. Eine sehr schöne gemeinsame Zeit des Wahrgenommen werden durch ihn. Ich freute mich dann mit ihm, als er am 01.03.1973 seinen Facharbeiter für Metalldruck bestanden hatte und war Stolz hier auch einen Anteil geleistet zu haben.

Diese Hilfsbereitschaft das eigene Wissen an Lernschwächere weiterzugeben, hat wohl auch meine Tochter von mir erworben. Denn auch sie hatte nie wirkliche Lernschwierigkeiten und eine große Freude daran, ihr eigenes Wissen an leistungsschwächere Schüler weiterzugeben. In der 11. Klasse gab sie auch Nachhilfeunterricht für ihre Klassenkameraden. Dies machte mich sehr stolz auf sie.

Urlaubsreisen mit den Eltern

An gemeinsame Urlaubsreisen mit der ganzen Familie kann ich mich nicht erinnern. Meistens sind meine Eltern nur mit mir und meinem jüngeren Bruder Mario in den Urlaub gefahren oder auch nur mit mir, wenn er im Trainingslager war. Es gab selbst bei der Volkspolizei nur sehr wenig Ferienunterkünfte für sechs Personen. Aber ich glaube, dass es für meine Eltern sehr angenehm war, Peter und Paul nicht mitnehmen zu müssen. Denn sie wollten sich ja auch erholen. Mit mir und Mario klappte alles prima, denn wir beide waren uns sehr ähnlich. Beide waren wir fleißige Kinder in der Schule, beide waren wir ruhige Kinder und stritten fast nie miteinander.

Meinen Halbbrüdern Peter und Paul war dies auch recht, denn sie bevorzugten es, ohne die ständigen Zurechtweisungen der Eltern sein zu können. Sehr gern fuhren sie nach Kuhlmühle.

Dort war ein Kinderferienlager von der Deutschen Volkspolizei und weil es obendrein noch ein Zeltlager war, gefiel es beiden dort besonders gut. Sie erzählten von den schönen Nachtwanderungen, von Schnitzeljagden im Wald und wie sie des Nachts immer die Mädchen in ihren Zelten zum Kreischen brachten. Etwas neugierig wurde ich schon und bin auch einmal nach Schneeberg in ein Ferienlager gefahren. Doch sehr schnell erkannte ich, dass ich so weit weg von den Eltern war. Die Gemeinschaft fremder Kinder und völlig neue Erzieher riefen alte Verlustängste in mir wach. Ich spürte in mir das altbekanntes Gefühl, dass mich an die fortwährenden Trennungen während der Wochenheimzeit erinnerte. Der Umgangston mit denen wir Kinder hier angesprochen wurden, war wieder wie beim Militär. Es gab auch Frühsport vor dem Essen, Fahnenappelle und organisierte vorgeschriebene Tagesabläufe, die wenig Freiraum ließen.

Immer wieder ärgerte es mich, wenn ich nachts nicht einschlafen konnte, weil die anderen Mädchen in diesem Lager bis spät in die Nacht lautstark spielten und mich gern schikanierten, wenn ich mich unter meine Decke verkroch. Das Heimweh wurde innerhalb weniger Tage so stark, dass ich krank wurde und meine Eltern mich dort wieder abholen mussten. Meinen Eltern war ich so dankbar, dass ich nie wieder in ein Ferienlager musste.

So bin ich mit meinen Eltern oft ins Gebirge gefahren und wir sind sehr viel durch die Wälder des Erzgebirges gewandert. In Pobershau im Haus Katzenstein, einem Heim der Volkspolizei machten wir auch einmal Urlaub. Eines Tages gingen meine Eltern spazieren und ich war sehr müde und legte mich aufs Bett. Ich habe das Zimmer von innen abgeschlossen, weil ich ja allein war und es mich ängstigte. Dann bin ich so fest eingeschlafen, dass meine Eltern den Hausmeister zur Hilfe holen mussten, weil ich das Klopfen an der Tür nicht hörte. Sie haben sich Gedanken gemacht, ob was passiert ist und deshalb schimpften sie erst mit mir, weil ich mich eingeschlossen hatte und ihnen nicht öffnete, als sie lautstark gegen die Tür hämmerten. Dann aber bemerkte mein Vater, wie sehr sie mich damit verunsichert haben. Nicht meine Mutter, sondern mein Vater drückte mich fest an sich, was mein Schluchzen leiser werden ließ und ich genoss wieder mal seine wärmende Nähe, die mir so gut tat.

Als wir im Sommer 1970 einen Ferienplatz für vier Personen an der Ostsee in Sellin bekamen, freuten Mario und ich uns riesig. Peter und Paul fuhren wieder ins Ferienlager, wo sie es sehr genossen, ohne den ständigen Druck der Eltern sein zu können. Mario und ich fuhren zum allerersten Mal ans Meer. Hier erlebte ich meine Eltern erstmals auch entspannt. Mein Vater spielte mit anderen Erwachsenen sogar Beachvolleyball. Ihm dabei zuzusehen, war schon sehr besonders für mich, denn zu Hause waren wir meist immer nur in der Familie oder eben auf Arbeit bzw. wir Kinder in der Schule. Auch meine Eltern hatten im Alltag weder Freundschaften, noch gab es überhaupt Besuche von anderen Erwachsenen zu Hause.

Hier an der See spielte mein Vater mit uns Kindern oft und lange Karten und baute auch Sandburgen. Während meine Mutter nur im Strandkorb liegend die wärmenden Sonnenstrahlen genoss, erfreuten wir uns über die entspannten Eltern am Strand. Es sind schöne Erinnerungen an diese gemeinsame Zeit als Familie. Jedoch verhielten sie sich nur außerhalb des Heimes auffällig entspannt und frei, während sie beim Essen im großen Saal des Heimes der Volkspolizei zunehmend angespannter wurden. Beim gemeinschaftlichen Essen war es wieder da. Meine Eltern waren angespannt und achteten wieder sehr genau auf unser Benehmen am Tisch. Ich glaube, dass sie immer besorgt waren, als Familie negativ auffallen zu können.

Mario und ich hatten in der Zeit am Strand immer viele Freiheiten und Spaß am Schwimmen in den hohen Wellen. Da wir beide schwimmen konnten, freuten wir uns besonders, wenn der Sturmball auf halber Höhe stand. Denn da durfte man noch ins Wasser, aber eben nur mit Vorsicht wegen des stärkeren Wellenganges. Mario war kein Nichtschwimmer mehr, durfte aber auf Grund seines Alters, er war erst 6 Jahre, bei Wellengang nur bis zum Bauchnabel ins Wasser. Aber das Schwimmen über die Wellen war für mich ein besonderes Erlebnis. Ich schwamm ein paar Züge raus und plötzlich als ich zurückwollte, bemerkte ich erst einmal, wie weit ich doch draußen war. Nun musste ich mich ganz schön anstrengen, weil mich die Wellen immer wieder aufs Meer hinauszogen. Meine Eltern sahen mich nicht. Nur Mario stand im Wasser und hat mich beobachtet und immer wieder gerufen, ich solle doch zurückkommen. Ich kämpfte mich durch den Wellengang und schaffte es irgendwie, wieder an den Strand zu kommen. Mario war richtig froh als ich wieder bei ihm war. Ich weiß nicht, ob er meine Angst erkennen konnte. Denn ich hatte so große Angst bekommen, dass ich nie wieder viel weiter raus geschwommen bin, als ich Boden unter den Füßen hatte.

Gleich am ersten Wochenende gab es noch ein riesengroßes Erlebnis für die ganze Familie. Meine Eltern hatten einen Urlaubslottoschein getippt und einen großen Lottogewinn erzielt. Sie mussten von Sellin für zwei Tage nach Berlin fahren, um den Gewinn anzumelden und den Gewinn abzuholen bzw. sich um die nun notwendigen Bankgeschäfte zu kümmern. Es musste ein sehr großer Geldgewinn gewesen sein. Wie hoch der Gewinn tatsächlich war, erfuhr ich erstmals aus der Stasiakte des MfS. In der geschrieben stand: „Der Vater hat Ende Juli 1970 im Lotto 155.000 Mark gewonnen, ca. 80.000 Mark hat er auf der Bank für 5 Jahre mit Zinsen dem Staat zum Arbeiten gegeben, 40.000 Mark an Verwandte verschenkt und ca. 35.000 Mark hat er zur Verfügung. Er will sich einen Wartburg 353 kaufen und bekommt eine Neubauwohnung für kinderreiche Familien am Leninplatz, die er sich neu einrichten muss.

„... Der Genosse. geht seiner geregelten Arbeit nach. Seine Ehefrau verbleibt bei der DVP (Deutsche Volkspolizei). Im Betrieb hat man

schon dahingehend unter den Kollegen diskutiert, nun wolle man mal sehen, wenn die Parteigenossen Geld in die Hände bekommen, ob
sie dann noch Bewusstsein haben und weiter
arbeiten bzw. würden negative Kräfte annehmen, dass er gleich noch 4 Wochen Urlaub
dran hängen würde… Er ist aber pünktlich und
gewissenhaft aus dem Urlaub erschienen und
ist sich als stellv. Parteisekretär seinen Aufgaben bewusst." Ich frage mich, wie krank ist die
Stasi gewesen, dass sie selbst solche Dinge in
ihren Akten vermerkte. Warum wollte die Stasi
so genau wissen, wie unsere Familie das Geld
verwenden würde?

Ferien im Zittauer Gebirge

Mein Vater machte seinen Führerschein und
kaufte uns ein riesiges Auto. Es war ein Ford-
Taunus, ein schickes Westauto, das er als Gebrauchtwagen von einem Schauspieler abge-
kauft hatte. Darin fand die ganze Familie Platz.
Ich erinnere mich, wie stolz mein Vater auf dieses Auto war. Er wurde ja auch stets mit neid-
vollen Blicken betrachtet, was meinem Vater
sehr gefiel. Nur hielt seine Freude nicht sehr
lange, denn er wurde überrumpelt. Es war eine
Schrottmühle, die er da als Gebrauchtwagen
gekauft hatte. Es musste verschrottet werden,

weil der Unterboden starke Rostschäden aufwies.

Mit diesem Auto sind wir erstmals im Sommer 1971 noch nach Oberseifersdorf bei Zittau gefahren und haben dort die alte Freundschaft meiner Eltern aus ihrer gemeinsamen Zeit bei der Schutzpolizei besucht. Es waren sehr nette, aufgeschlossene Eheleute, die kinderlos waren. Sie verliebten sich sofort in mich und wollten mich für ein paar Ferientage bei sich behalten. Da ich sehr ruhig war und schwer Zutrauen zu fremden Leuten fand, sagten meine Eltern nur für ein paar Tage zu. Sie würden mich wieder abholen, wenn ich nicht mehr dableiben wollte. Aber dazu kam es nicht. Ich fühlte mich auf Anhieb bei diesen fremden Leuten wohl. Und das war schon ungewöhnlich für mich. Ich spürte sofort ihre tiefe Zuneigung und Wärme. Ich freute mich, endlich Nummer eins sein zu können und alle Aufmerksamkeit nur für mich zu haben. Ich liebte besonders Onkel Erich. Er ging mit mir gleich am nächsten Tag, als meine Eltern nach Hause fuhren, in den Wald zum Pilze suchen. In seinem Dorf wurde er wegen seiner guten Pilzkenntnisse, „Pilzkönig" genannt. Er führte sogar Buch über jeden Pilz Gang und war auch sonst ein Naturmensch durch und durch. Die vielen Kuhställe auf den

Weiden besuchten wir regelmäßig. Er war Maurer und musste immer wieder die Schäden am Mauerwerk der Stallanlagen beseitigen. Dafür liefen wir oft querfeldein und durchquerten die Wiesen und Felder ringsum die Tierkoppeln. Dies fand ich als Stadtkind derart interessant, dass ich schon beim ersten Urlaub wusste, hier möchte ich meine Ferien immer verbringen. Er zeigte mir, wie man eine ganze Kuhherde in Bewegung setzen konnte. So rief ich wie er, mit möglichst tiefer Stimme „Koomm, Koomm!" und sie kamen tatsächlich. Erst setzte sich eine in Bewegung und dann kamen immer mehr auf uns zu. Dann wurde es mir aber ganz schön mulmig, und ich suchte Schutz hinter seinem Rücken.

Am Abend ging er mit mir an den Waldrand auf einen Hochstand. Es war ein richtiges kleines Haus auf Leitern. Ich fand dies schon so lustig anzusehen und wollte unbedingt dort rauf klettern. Aber irgendwie glaubte ich, es sei ein Hexenhaus. Wir kletterten hinauf und setzten uns in das kleine Haus, nachdem Onkel Erich mir versicherte, dass da keine Waldhexe, wie in manchen russischen Märchen zu sehen war, drinnen sitzt. Nun sollte ich schön leise reden, damit wir die Rehe nicht verscheuchen, wenn sie zum Weiden aus dem Wald kamen. Ich sah das erste Mal Rehe ganz in der Natur frei umherlaufen. Das war toll. Im Wald beobachtete er mit mir die verschiedenen Vogelarten und so lernte ich, sie voneinander zu unterscheiden. Einmal konnte ich beobachten, wie ein Mäusebussard im Sturzflug eine Maus vom Feld fing und sie auf einem Pfosten auffraß. Dies fand ich grausam, aber Onkel Erich verstand es immer sehr gut, mir die Natur kindgerecht zu erklären. Dann bastelte er mit mir eine Lockrufhilfe für einen Specht aus einer Walnusshälfte. Ich hatte doch noch nie einen zu Gesicht bekommen. Er nahm eine halbe Walnussschale und spannte einen Gummi quer darüber. Dann nahm er ein Streichholz und schob es unter den Gummi über die Walnusshälfte. So konnte man mit dem Streichholz immer schnippen und es knackte dann recht laut. Und tatsächlich kam doch ein Specht, der auf meinen Lockruf antwortete. Leider habe ich ihn nie sehen können. Ich war von Onkel Erichs Naturkenntnissen so sehr beeindruckt und begeistert, dass ich ihn dafür liebte. Ich habe sehr vieles über die Tiere im Wald, die Natur und Pilze erfahren und es fesselte meine ganze Aufmerksamkeit.

Seine Frau, die ich Tante Käthe rief, war auch sehr lieb zu mir. Sie lehrte mich so viele Hausarbeiten und auch noch so, dass ich Freude daran hatte. Ich durfte ihre niedlichen kleinen Fenster ihres hübsch anzusehenden Fachwerkhauses putzen, habe gelernt wie man Gulasch schmort und wie man Pilze zubereitet. Auch meinen ersten Kuchen lernte ich bei ihr backen. Den durfte ich mit nach Berlin nehmen und als meinen ersten selbstgebackenen Kuchen stolz meiner Familie anbieten. Das Bügeln der Wäsche machte mir besonders viel Spaß. Ich durfte die Bettwäsche bügeln und später lehrte sie mich, wie man Oberhemden bügelt. Alles Tätigkeiten, die ich zu Hause nicht tun durfte oder einfach nicht gelehrt bekam.

Meine Mutter hatte einfach nicht die Geduld und erst Recht nicht die Zeit, mich in das ABC der Haushaltsarbeit einzuführen. Dabei wäre es hilfreich gewesen, um wenigstens damit eine gewisse Nähe zu meiner Mutter entwickeln zu können. Auch diese spezielle Aufmerksamkeit blieb mir zu Hause bei meiner Mutter verborgen. Hier bei Tante Käthe bekam ich ganztägig über 6 Wochen all die Zuwendungen, die mir zu Hause so sehr fehlten. Hier wuchs mein Selbstvertrauen auch dadurch, dass Tante Käthe mir all diese Dinge zutraute und sie mich diese auch machen ließ.

Im Dorf beim Einkauf benutzten wir immer einen Leiterwagen, weil sich das Dorf ganze zwei Kilometer lang hinzog und die wenigen Geschäfte sehr verstreut waren. In den Geschäften des Dorfes wurde ich anfangs als ihre Ferientochter vorgestellt und später war ich für die Dorfbewohner einfach nur die Tochter der Liebschers, so hießen sie mit Nachnamen. Ich fühlte mich in dieser Rolle sehr wohl, weil die beiden mir so vermittelten, dass ich hier Willkommen bin und sie mich wirklich liebten. Im Dorf galt ich als ein sehr liebes, nettes und ruhiges Mädchen. Alle hier in diesem Dorf mochten mich sehr und dies tat mir gut. Sehr bald schon sprachen wir ernsthaft darüber, mich hier einzuschulen, auch weil sich hier meine Atembeschwerden wie von selbst in Luft auflösten, die mich zu Hause immer sehr quälten. Also gingen wir einmal zur Dorfschule und ich durfte dort an einer Faschingsveranstaltung teilnehmen, was Tante Käthe schon gleich nach einem Sommerbesuch für die Winterferien organisiert hatte. Dabei erkundigte sie sich dort, nach den Möglichkeiten, mich in der Schule anzumelden. Hier wäre alles perfekt gewesen. Es mussten nur noch meine Eltern zustimmen und ich war sicher, dies würde keine Probleme geben. Ich habe wirklich geglaubt, dass ich dort zur Schule gehen könnte. Ich denke, dass dies auch Ausdruck dafür war, dass ich glaubte, meine Eltern würden mich nicht sehr vermissen und es sogar gutheißen, weil sie sich dann nicht mehr um mich kümmern müssten. Umso größer war die Enttäuschung, als meine Mutter dies nicht nur ablehnte, sondern mir gleich im nächsten Sommer nicht gestattete, wieder in den Ferien zu meinen Ferieneltern zu fahren. Ich war fast hysterisch und weinte sehr lange abends im Bett. Es half nichts. Aber das darauffolgende Jahr durfte ich wieder zu ihnen fahren. Aber mit der Bemerkung meiner Mutter, dass es nur Ferienurlaub bleiben wird und ich nie wieder so eine blöde Idee, dort wohnen zu wollen, äußern sollte.

Als ich meine Eltern später dazu befragte, ob sie nicht in diesen Momenten aufmerksam geworden sind und sich nicht gefragt haben, warum ich dort unten leben wollte, antwortete meine Mutter: „Na das war doch nur ein Spaß. Das war doch nicht ernst gemeint. Tante Käthe hat doch nur gescherzt und du willst dies doch nicht wirklich." **Punkt, aus und basta!** Da war es wieder. Sie verdrängte alles, was nicht in ihr Bild der heilen Familie passt. War doch klar, dass sie diesen Gedanken, es könne mir dort bessergehen, verdrängen wollte. War es doch ihr Spiegel, der ihr zeigte, wie sehr sie eben keine Mutter war.

Ich war entsetzt, wie meine Mutter das damals so einfach abgetan hatte. Sie dachte nicht einmal 2013 darüber nach und dass ich darauf ein Jahr nicht hinfahren durfte, bestritt sie. Hat sie es verdrängt? Ich weiß es nicht, was da in ihrem Kopf vor sich ging. Warum war sie so ohne Gefühl, ohne Liebe? Weshalb spürten meine Eltern nicht, dass die Arbeit ihnen die Kraft raubte und sie sich derart verausgabten, dass sie nicht mehr fähig waren, sich angemessen um ihre Kinder zu kümmern?

Von dieser mir widerfahrenen Liebe und die vielen Stunden, die ich in der Natur gemeinsam mit Onkel Erich verbrachte, zehre ich bis heute. Es zieht mich immer noch in die Natur, wenn ich abschalten muss. Ich höre gern dem Vogelgesang zu und erinnere mich daran, wie mir Onkel Erich die verschiedenen Vogelstimmen erklärte. Einige erkenne ich heute auf Anhieb und andere forsche ich nach, wenn ich sie nicht erkenne. So gelang es mir im Sommer 2013, ein seltenes Rotschwanzpärchen in meinem Garten beim Nisten und Brüten zu unterstützen. Es sind am Ende alle sechs Vogelkinder ausgeflogen und tummelten sich noch lange im

Garten herum. Es war einfach ein schönes Naturerlebnis, das mich so an die schönsten Ferien im Zittauer Gebirge erinnerte. Schade, dass sie beide so früh gestorben sind. Leider hat der Teufel Alkohol ihre Seelen zu früh geholt.

Ausführlicheres über diese beiden Menschen finden Sie in meiner Buchreihe „Seelenwärmer – Ferienzeit, schönste Zeit". (Siehe auch im Buchteil hinten)

Mein erster Kuss, meine erste Liebe

Im Schuljahr ab der 4. Klasse fanden die ersten Klassendiscos statt, welche zum gegenseitigen Kennenlernen und Respektieren untereinander dienen sollten. Ich freute mich sehr auf meine erste Klassendisco. Es kam der große Tag und ich freute mich auf einen ersten Tanz. Noch hatte ich keine Ahnung, dass ich selbst hier in meiner Klasse auf Ablehnung stieß und niemand mit mir tanzen wollte. So wurden meine ersten Klassendiscos sehr schnell zu immer wiederkehrenden Enttäuschungen.

Vergeblich wartete ich auf Jungen, die mich zum Tanzen auffordern würden. Meine Gefühle liefen damals Achterbahn. Ort der Disco war meistens der zuvor ausgeschmückte Klassenraum. Personenkreis waren die Mitschüler der eigenen Klasse, also Kinder, die mir doch inzwischen vertraut waren. Musik gab es in Form von Schallplatten und Tonbandaufnahmen, die natürlich vorher streng kontrolliert und festgelegt wurden. Es durfte bekanntlich nur ein kleiner Teil an Westmusik abgespielt werden. Aber es gab ja auch einige gute Gruppen in der DDR, wie z. B. die Puhdys ,Karat, City, Wir und Veronika Fischer und Band. Die Stühle standen im Kreis an den Wänden entlang. Wir saßen alle gemischt, freie Wahl der Sitzverteilung, das heißt anders als im Unterricht, gab es hier keine festgeschriebene Sitzordnung. Die Musik begann zu spielen und die Jungen liefen los, um sich ihre Tanzpartnerinnen auszuwählen. Immer wenn ein Junge aufstand und in meine Richtung über die Tanzfläche lief, pochte mein Herz ganz aufgeregt. Dann scherte er aus und forderte ein Mädchen auf, das zwei, drei Stühle neben mir saß. Und so wiederholte es sich immer aufs Neue. Dies war wie eine ständige Achterbahnfahrt, wo die Gefühle erst auf Hochtouren fuhren und dann rasant in den Keller auf null sanken. Diese Klassenfeten waren meist auf etwa zwei Stunden begrenzt und während dieser ganzen Zeit wurde ich von meinen Klassenkameraden nie zum Tanzen aufgefordert und saß sehr oft nur da und schaute wie gewohnt den anderen Kindern zu, wie sie tanzten und sich amüsierten. Dies schmerzte sehr, ich fühlte mich so mies dabei und wusste einfach nicht, warum ich nicht beachtet wurde. Da ich auch keine Freundin hatte, kam es nie dazu, dass ich mal die Gelegenheit bekam, wie meine Mitschülerinnen ausgelassen auf der Tanzfläche zu tanzen. Weder mit Jungen, noch mit Mädchen. Andere Mitschülerinnen waren untereinander befreundet, die tanzten dann auch oft zusammen. Enttäuscht, traurig und verunsichert ging ich nach Hause. Nie wurde ich von meinen Eltern gefragt, wie die Disco war und ob ich Spaß gehabt hatte. Dabei muss mir die große Enttäuschung und seelische Verletzung darüber, nicht dazu zu gehören, im Gesicht gestanden haben. Warum nahmen sie mich mit meiner Gefühlswelt überhaupt nicht wahr? Spielte Glück und Freude in ihrem Leben nie eine Rolle, so dass sie auch nie fühlen konnten, wie es ihren Kindern heute geht, wenn ihrem Wunsch nach Spaß, Freude und Geselligkeit nicht entsprochen wird?

Sie wunderten sich ja nicht einmal, dass ich nicht mehr zu den Klassendiscos gegangen

• • •

bin. Ich wollte nicht immer wieder verletzt werden, wenn ich die Stunden über immer vergebens auf Tanzaufforderung wartete.

Irgendwann begann ich mich und meinen Körper deswegen zu hassen. Ich glaubte fest daran, dass ich einfach nicht schön genug war. Ich wirkte immer sehr steif und war auch leicht übergewichtig. Jedenfalls glaubte ich das immer. Etwa in der 5. Klasse gab es dann nur noch die Schuldiscos, zu der ich es erneut wagte, hinzugehen. Hier waren dann alle Kinder ab der 5. bis zur 10. Klasse willkommen. Ich war damals zwölf Jahre alt, als sich ein Junge der 9. Klasse für mich interessierte und mich zum Tanz aufforderte. Ich kannte ihn aus der Ordnungsgruppe der Schule und ich bin neu in diese Kontrollgruppe gekommen. Unsere Aufgabe war es, die Schulhofpausen abzusichern. Das hieß, dass die Schultore bewacht wurden, so dass niemand das Schulgelände verlassen konnte. Sein Name war Erhard und wir teilten uns offensichtlich das Schicksal, beide Außenseiter in unseren Klassen zu sein. Keine Kontakte zu Mädchen und wenige Bekanntschaften mit Jungen. So sah ich ihn auf dieser Schuldisco und hoffte, dass ich heute Spaß bekommen könnte. Notfalls würde ich vielleicht auch den Mut haben, ihn aufzufordern. Ich hatte ja Zeit, all die Jungen und Mädchen zu beobachten. Erhard gefiel mir und ich fühlte, dass auch er etwas für mich übrighatte. Endlich war es so weit. Es gab doch einen Jungen, der mich tatsächlich zum Tanz aufforderte. Ganz leise fragte er mich, ob ich mit ihm tanzen würde. Ich brachte kaum ein Wort heraus, so überrascht war ich. Aber da ich aufstand, nahm er mich an die Hand und wir betraten die Tanzfläche. Ich fühlte mich von einigen Klassenkameraden beobachtet und belächelt.

Weder er noch ich waren gute Tänzer. Dies lag wohl daran, dass wir beide wenig bis gar keine Gelegenheit hatten, es auszuprobieren. Es wurde ein langsamer Titel gespielt und ich bekam mächtig Herzklopfen. Ich wollte kneifen und die Tanzfläche verlassen. Ich bekam Angst, dass er mir zu nahekommen könnte. Einerseits wollte ich es schon, andererseits war er immerhin viel älter als ich. Wir tanzten trotzdem diesen langsamen Titel ganz eng umschlungen. Zunächst füllte es mich mit Stolz, weil sich ein deutlich älterer Junge für mich interessierte. Dann stellte sich das Gefühl ein, das man Schmetterlinge im Bauch nennt. Und davon hatte ich ganz plötzlich einen ganzen Schwarm in meinem Bauch. Ich fühlte mich überglücklich.

Ich war nicht mehr allein und die Traurigkeit verflog sofort.

Am nächsten Tag trafen wir uns wieder in der Kontrollgruppe und verabredeten uns auch immer öfter nach der Schule. Kurze Zeit später holten meine Eltern einen Berner Sennenhund in unsere Familie, dessen Betreuung ich als einzige dauerhaft freudig übernahm. Fortan verlor ich auch meine Einsamkeit unter der ich so oft gelitten habe. Immer wenn diese Traurigkeit aufkam, nahm ich mir meinen Hund und ging stundenlang im Volkspark Friedrichshain spazieren. So war es mir auch möglich geworden, noch am Abend um 20 Uhr spazieren zu gehen. Da Erhard nur vier Aufgänge weiter entfernt wohnte, sah er mich immer, wenn ich mit Endo, so hieß unser Hund, spazieren ging. Er kam sofort runter und begleitete mich bei den abendlichen Gassirunden. Als ich ungefähr 13 Jahre alt war und Erhard mich noch mit dem Fahrstuhl nach oben brachte, blieb er plötzlich stehen und hielt mich am Arm fest. Er zog mich ganz dicht zu sich heran und drückte mir einen Kuss auf den Mund. Ich spürte plötzlich wie er versuchte, mit seiner Zunge meine Lippen zu öffnen. Doch ich presste sie fest zusammen. Als ich nach oben kam und ins Bett ging, dachte ich noch lange an das schöne Gefühl. Ich wollte

ihn beim nächsten Mal unbedingt richtig küs-
sen. Doch dann war er eine Woche lang krank
und kam nicht mehr runter. Ich machte mir Gedanken und dachte, es wäre meine Schuld,
dass er nun nicht mehr kam. Ich wusste ja nicht,
dass er krank war und so fragte ich eine seiner
Mitschülerinnen, ob sie wüsste, wo Erhard sei.
Sie belächelte mich und sagte mir, dass er erkrankt sei. Etwa eine Woche später klingelte er
an unserer Wohnungstür und fragte meinen
Vater, der ihm öffnete, ob ich runterkäme. Mein
Vater fragte ihn, wer er sei und er antwortete,
dass er mit mir zusammen sei. Mein Vater war
außer sich und fragte ihn, ob er nicht zu alt für
mich sei. Es gefiel ihm einfach nicht und so
sagte er ihm, dass er in ein paar Jahren wieder-
kommen möge, wenn ich erwachsen genug für
so etwas sei. Was er damit gemeint hatte, verstand ich damals noch nicht. Also ging er wieder fort und ich war enttäuscht. Aber ich hatte
ja meinen Endo und so ging ich kurze Zeit später mit ihm runter und wir trafen uns heimlich.
Wir sind immer im Volkspark Friedrichshain
spazieren gegangen und setzten uns oft auf
eine Parkbank. Dann fing er an, seinen Arm um
mich zu legen und er küsste mich sehr zögerlich. Es kribbelte wieder in meinem Bauch und
diesmal küssten wir uns richtig. Da war es um

mich geschehen. Ich verliebte mich so richtig in ihn und genoss die Zärtlichkeit, die er mir zuteilwerden ließ. Als er mir eines Tages, ich war ungefähr 14 oder 15 Jahre, auf der Parkbank unter den Mantel griff und mich so berührte, wie es damals der Mann im Kino mit mir gemacht hatte, wehrte sich reflexartig mein Körper dagegen. Er zog sofort zurück und ich war enttäuscht, denn eigentlich wollte ich doch genau diese Berührungen. Warum reagierte mein Körper so reflexartig und weshalb gelang es mir nicht, bestimmte Zärtlichkeiten, die in die tieferen Regionen gingen, zu zulassen. Ich wollte sie doch, oder doch nicht? Was ist nur los mit mir?

Erhard war so vorsichtig und zurückhaltend, wenn ich zögerlich wurde. Ob er womöglich auch dachte, dass ich zu jung sein könnte für ihn. Aber ich war inzwischen 14 oder 15 Jahre alt und er hatte bereits die Schule verlassen und eine Lehre begonnen. Meine Eltern machten uns immer wieder Stress und mein Vater redete immer wieder auf mich ein, dass dies doch kein Mann sei und ich solle doch erst einmal meine Jugend genießen und mich nicht gleich dem erst besten Jungen an den Hals schmeißen.

● ● ●

Er hatte doch keine Ahnung, wie ich mich all die Jahre der Ablehnung als Mädchen in meiner Klasse fühlte. Nun gab es da den einen Jungen, der sich für mich interessierte und ich einfach nur glücklich war, ihn zum Freund zu haben. Den ersten Jungen der Interesse an mir zeigte, der bereit war, mir Wärme und Liebe zu geben, die ich so bisher nie kennengelernt hatte. Ich muss zugeben, rein äußerlich war er kein Mann, dem die Frauen hinterhergerannt wären, aber er war für mich der erste Junge, der mir die fehlende Liebe und Nähe gab, die ich so noch nie erleben durfte. Heute denke ich, dass es eine Art Ersatz für die fehlende Elternliebe gewesen ist, die das Gefühl von Verliebtheit weckte. Je mehr mein Vater tobte, ich solle mich ihm nicht immer so an den Hals werfen, desto mehr vertieften wir unsere Beziehung. Irgendwann hat mein Vater es aufgegeben, uns auseinander bringen zu wollen. Er hatte ihm nur noch gedroht, wenn er mich jemals verletzen würde, könne er sicher sein, dass er dann eine Tracht Prügel von ihm höchstpersönlich bekäme. Immer wieder maßregelte er ihn und drohte sogar, dass er es bereuen würde, wenn er mir je etwas antun würde.

So duldeten meine Eltern letztlich unsere Beziehung und wir konnten auch gemeinsam ins

Kino gehen. Einmal sind wir in den Tierpark Berlin Friedrichsfelde gefahren, da war ich schon 16 Jahre alt, und wir haben uns das erste Mal verspätet. Es war 20.30 Uhr und ich sollte um 20 Uhr zu Hause sein. Da bekam ich von meinem Vater eine kräftige Ohrfeige. Das war auch das einzige Mal, dass er mich geschlagen hat und ich war aufs Tiefste verletzt. Nie hatte er je die Hand gegen mich, seinem kleinen Mäuschen erhoben und wegen so einer geringfügigen Verspätung bekam ich das erste Mal seine ganze Macht zu spüren. Als wir das erste Mal zur Oma meines Freundes nach Coswig fuhren und ich dort auch übernachten durfte, war ich schon 17 Jahre alt. Es kostete mich immer wieder viel Fragerei, wann ich mal mit Erhard gemeinsam zu seiner Oma fahren dürfe. Ich sah den finsteren Blick meines Vaters und zog mich zurück in mein Zimmer. Immer wieder diese tiefe Ablehnung für unsere Beziehung in seinen Augen.

Endlich es war im Sommer 1977 und ich hatte die 10. Klasse erfolgreich abgeschlossen und eine Lehre als Fernschreiberin begonnen, da durfte ich endlich mit ihm zu seiner Oma fahren. Die Oma von Erhard war eine fortschrittliche Frau. Sie meinte ganz locker zu uns: „Ihr dürft in meinem Ehebett schlafen, aber macht mir keine Dummheiten und passt auf, dass ihr kein Kind macht. Dazu ist das Mädel einfach noch zu jung,..." wandte sie sich an ihren Enkel. Und so ergab sich erstmals für uns die Gelegenheit, unseren intimen Bedürfnissen nachzukommen. Ich habe es tausendmal zuvor gedanklich durchlebt. Ich wünschte mir nichts sehnlicher als diesen besonderen Moment inniger Verbundenheit. Als es dann soweit war und er mich nahm, krampfte es ganz plötzlich und sehr heftig in mir. Ich wusste nicht, warum das so war. Während sich all meine Enttäuschung gegen mich und meinen Körper richtete, traute er sich nicht, den Versuch zu wiederholen. Beide redeten wir auch nicht darüber, sondern beließen es einfach dabei und so wiederholte es sich dies noch sehr oft. Irgendwann begann ich ihm was vorzuspielen, weil ich mich körperlich außerstande fühlte, ihm und vor allem meinen Wünschen gerecht zu werden. Heute weiß ich, dass es mit den Erlebnissen in der Kanalisation zu tun hatte. Damals brachte ich dieses Ereignis nicht in Verbindung, weil ich es längst verdrängt und scheinbar vergessen hatte. Es war nicht nur die tiefe Scham, sondern auch der Schmerz dieser Vergewaltigung und dies zugelassen zu haben, die mir ein Wiedererinnern daran unmöglich machten.

Erst als ich in der Scheidungsklage Erhards den Vorwurf las, „...sie lag immer da und war steif wie ein Brett...", kam mir kurzzeitig der Gedanke, dass dieser Vorwurf mit meinem Kindheitstrauma in der Kanalisation zu tun haben könnte. Denn in dieser Situation fühlte ich eine Steifheit in all meinen Gliedern, die mich schon in der Begegnung mit dem Mann im Kino handlungsunfähig machte. Ganz beiläufig erzählte ich Trude, meiner damaligen Arbeitskollegin und einzigen Freundin, davon, als sie mich nach diesem Satz aus der Klageschrift fragte. Ich äußerte ihr gegenüber meinen Verdacht, dass meine Unfähigkeit zum sexuellen Erleben mit den Missbrauchshandlungen meiner Halbbrüder, aber vor allem mit diesem Ereignis in der Kanalisation zu tun haben könnte. Aber genauso schnell verwarf ich diesen Gedanken wieder, denn ich wollte mich nicht wirklich daran erinnern. Ich hielt ein Gespräch darüber schon für unaushaltbar und begann es wieder zu verdrängen. Unser Eheglück hielt nicht sehr lange und hatte keine Basis. Ich war blind vor so viel geglaubter Liebe, die vermutlich doch nur Ersatz für fehlende Zuwendungen in meiner frühen Kindheit war.

● ● ●

Mein Vater, mein Idol

Wie ich schon mehrfach erwähnte, liebte ich meinen Vater über alles. Er war für mich mein großes Ideal und mein Vorbild, an dem ich mein künftiges Leben ausrichtete. Trotz der großen Angespanntheit, die in unserer Familie herrschte, war er mein Ruhepol. Für mich schien es so, dass er seine Vaterrolle immer ernst nahm und zwischen uns Kindern keinen Unterschied machte. Trotzdem er sich jedoch verhaltensbedingt mehr um die Erziehung meiner Halbbrüder kümmern musste, zeigte er mir immer wieder, wie stolz er gerade auf mich war. Immer wieder lobte er mich, für meine schulischen Leistungen, die ich ihm immer mit Freude am Abend präsentierte. Trotzdem fragte ich mich, warum für ihn gerade die schulischen Leistungen so ungeheuer wichtig waren und diese für ihn in der Erziehung absolute Priorität hatten. Heute denke ich, dass er selbst sein ganzes Leben um gesellschaftliche Anerkennung zu kämpfen suchte und seinen einzigen Lebenssinn in seiner Arbeit, der Planerfüllung und der Durchsetzung der Politik seiner Partei sah. Er stand mit seiner ganzen Kraft voll und ganz hinter diesem Staat, von dem er glaubte, dass dieser, die Ideale des Sozialismus zu schützen suchte.

Mein Vater ist in einer Großfamilie im Oderbruch aufgewachsen und erlebte das Ende des Zweiten Weltkrieges als achtjähriges Kind. Er wuchs in einer großen Patchworkfamilie mit insgesamt 8 Kindern auf. Er hat den Hunger kennengelernt und den daraus erwachsenden Schwarzhandel mit Lebensmitteln auf dem Dorf miterlebt. Von den russischen Soldaten berichtete er immer nur Gutes und auch darüber, wie seine Familie allzu oft im Kampf gegen den Hunger Handel mit den Sowjetsoldaten trieben. Seine Eltern waren beide KPD-Mitglieder und später auch noch SED-Mitglieder. Seine Mutter galt in Friedenthal und Sachsendorf als die „rote Fischer", welches für ihre politische Gesinnung stand. Jedenfalls erfuhr mein Vater ebenfalls eine Erziehung von überzeugten Kommunisten, die offensichtlich mit den sowjetischen Besatzern im Oderbruch gut ausgekommen sind. Nie erwähnte er je ein böses Wort über die Soldaten der Sowjetarmee.

Ich frage mich, ob er jemals auch etwas von der anderen Seite dieser Besatzer gehört hatte? Der Oderbruch war doch von Sowjetsoldaten überschwemmt und gab es dort nicht auch Vergewaltigungen an deutschen Frauen? Er hatte zu keiner Zeit ein böses Wort über die Soldaten der „ruhmreichen" Sowjetarmee verloren.

• • •

Er besuchte die Bezirksschule der FDJ in Neu-deck und auch einen Lehrgang der Deutsch-Sowjetischen-Freundschaft (DSF) als er gerade mal 14 Jahre alt war. Sehr eifrig eignete er sich das Grundwissen des Marxismus-Leninismus an und er bewunderte in einer fast fanatischen Art Stalin als Heeresführer dieser Armee. Er trat mit 18 Jahren in die Partei ein und so nahm auch seine politische Entwicklung ihren Lauf. Sein Dienst bei der kasernierten Volkspolizei (KVP), der Nationalen Volksarmee (NVA) und der Deutschen Volkspolizei (DVP) gab ihm den letzten Schliff, was seinen parteilichen Klassen-standpunkt betraf. Er entwickelte sich zum Meister in Agitation und Propaganda und ver-teidigte den Staat aus tiefster Überzeugung. Ich hörte ihn auch oft sagen, dass Goebbels ein besonders guter Agitator war. Er sprach oft mit einer für mich unverständlichen Bewunderung für diesen Nazi. Wenn er dies an mir bemerkte, korrigierte er sich oft und meinte nur, dass er nicht das gutheiße, was Goebbels sagte, son-dern seine Art, wie er die Massen für einen Krieg gewinnen und mobilisieren konnte. Dann gab es für ihn noch einen, den er sich zum Leh-rer machte. Karl Eduard von Schnitzler so sein Name, den man im Volksmund auch das "Sand-männchen für Erwachsene" nannte, weil er am

späten Abend nach Willi Schwabes Rumpel-
kammer lief. Seine Sendung „Der schwarze Kanal" verfolgte mein Vater mit einer großen Begeisterung über viele Jahre. Ich durfte ihn während der Sendezeit mit keiner noch so wichtigen Frage stören. Am Sonntagvormittag, ich
glaube um 11 Uhr, lief im Westfernsehen der
Internationale Frühschoppen mit Werner Höfer.
Da durfte er genauso wenig angesprochen
werden, so besessen verfolgte er auch diese
Sendung, auf die sehr oft der schwarze Kanal
mit Karl Eduard von Schnitzler am nächsten
Tag Bezug nahm.

Unbeirrbar und bedingungslos vertrat er blind
den Klassenstandpunkt seiner Partei. Seine
ganze Kraft legte er in seine Arbeit und *erfüllte
jeden* Auftrag, den die Partei für ihn vorgese-
hen hatte. So war er seit 1961 in seinem Betrieb als stellvertretender Parteisekretär bis zur
friedlichen Revolution gesellschaftlich sehr aktiv.

Er war stets überzeugt von der Richtigkeit der
Politik der SED und er gestand zu keiner Zeit,
nicht einen einzigen Fehler der Parteipolitik
ein. Er äußerte sogar, dass die deutsche Einheit
nicht von Dauer sein würde und dass das letzte
Wort darüber noch nicht gesprochen sei. Für
ihn waren die Menschen, die sich 1953 gegen

die schlechten Arbeits- und Lebensbedingungen gegen den Staat erhoben, Konterrevolutionäre, die vom Westen gesteuert waren und die es zu bekämpfen galt. Dies war seine Grundüberzeugung, die er bedingungslos vertrat.

Die seltenen Geburtstagsfeiern im Kreis der Familie waren immer politische Diskussionen. Mein Onkel, der Bruder meiner Mutter, provozierte ihn oft und wenn der Alkohol ins Spiel kam, wurde die Feier meist unerträglich. Mein Vater wurde sehr böse und laut, wenn er auf Standpunkte traf, die gegen seine Gesinnung liefen. Aber mein Onkel hatte ihn immer gern provoziert und diese Diskussionen bewusst herbeigeführt. Weil es aber immer sehr böse endete und sie sich stritten, mochte ich diese seltenen Familienfeiern überhaupt nicht. Wenn mein Vater nicht weiterwusste, wurde er immer laut und ich machte damals den Alkohol dafür verantwortlich. Dass es aber Ausdruck seines bedingungslosen Kampfes gegen jeglichen Angriff auf die Parteipolitik war, verstand ich erst viel später.

Trotz allem bewunderte ich meinen Vater immer wieder, wie überzeugt er an seiner Meinung festhielt, sodass ich selbst glaubte, das er wohl wusste, was richtig ist.

Als es dann zum Mauerfall kam, wandelten sich viele Menschen viel zu schnell. Zu dieser Zeit waren mir Menschen glaubwürdiger, die an ihren Überzeugungen festhielten, als meine Arbeitskollegen der Kriminalpolizei, die ganz plötzlich all ihre Überzeugungen über Bord warfen und die große Freiheit feierten. Ein wenig mit Stolz erlebte ich ein Déjà-vu meines Weges im Leben meines Vaters.

Als junge Genossin übernahm ich die Überzeugungen meines Umfeldes und wollte mit meiner Arbeit meinen Beitrag leisten, um die sozialistische Ordnung in unserem Land weiter zu festigen.

In den Fußstapfen meines Vaters

Bis zur Aufnahme in die Freie Deutsche Jugend (FDJ) war ich, wie fast jeder Schüler in der Pionierorganisation, die streng nach dem Vorbild der Sowjetunion aufgebaut war, fest integriert. Stolz trug ich mein blaues und später das rote Pionierhalstuch und nahm die Regeln der 10 Gebote der Jungpioniere, welche auch auf der Mitgliedskarte standen, immer sehr ernst. Alle Bezugspersonen wie Lehrer und Erzieher, vor allem aber die Eltern waren stolz auf mich und meinem gesellschaftlichen Engagement, für dass ich seit Beginn meines Schullebens gearbeitet und mich daran ausgerichtet habe.

In die FDJ wurde ich zu Beginn der 8. Klasse im Klassenverband aufgenommen. Dies geschah automatisch ohne dass jemand hätte tätig werden müssen. Nur wenn jemand nicht Mitglied werden wollte oder die Eltern Einwände gegen eine Aufnahme hatten, mussten die Eltern und der Jugendliche von sich aus aktiv werden, um diese Aufnahme zu stoppen. Dies war ebenso staatlich organisiert, wie auch der Eintritt in die Pionierorganisation „Ernst Thälmann".

Selbst nach der Schulzeit blieb ich, wie viele junge Menschen noch in der FDJ, in der Regel bis zum 25. Lebensjahr. Ich fühlte mich dem Staat verpflichtet und blieb noch bis zu meinem 27. Lebensjahr in der FDJ.

Mit dem Eintritt ins Berufsleben wechselten die meisten DDR-Bürger mindestens in den Freien Deutschen Gewerkschaftsbund (FDGB), welcher die größte sozialistische Massenorganisation der damaligen DDR war, zu der ich mich ebenso dazugehörig fühlte, wie auch Mitglied der Deutsch Sowjetischen Freundschaft zu werden. Diese, wie auch die vielen anderen sozialistischen Massenorganisationen, wurden durch die Organisationsstrukturen der SED streng kontrolliert. Wenn man um den Titel „Kollektiv der sozialistischen Arbeit" als Brigade bzw. Arbeitsgruppe kämpfte, war es auch Pflicht, Mitglied der Deutsch-Sowjetischen Freundschaft zu werden.

So blieb schließlich ein jeder DDR-Bürger vom sechsten Lebensjahr bis zum Ende seines Arbeitslebens eingebunden in die verschiedensten sozialistischen Massenorganisationen. Nur so konnte der Eindruck erweckt werden, dass die DDR eine demokratische Republik sei. Dies bedeutete auch, dass diese Massenorganisationen der ständigen ideologischen Beeinflussung ausgesetzt waren und immer nur das Kollektiv im Mittelpunkt allen Lebens in der DDR stand und die Individualität des Einzelnen nicht gefragt war. Die Funktionäre der Massenorganisationen waren zumeist Parteimitglieder und wenn nicht, wurden sie kurz nach Übernahme einer solchen Funktion zum Eintritt in die Partei gedrängt. Auf diese Art war gewährleistet, dass die Politik der SED auch in die Massenorganisationen getragen wurde und so auch das Klassenfeindbild über den Westen in den Köpfen der Bevölkerung weiter gefestigt werden konnte. So sah ich meine wichtigste Aufgabe darin, die sozialistische DDR und ihr Parteipro-

gramm mit meiner Arbeit und meinen gesellschaftlichen Aktivitäten zu unterstützen. Ich
folgte der Überzeugung, dass ich so am besten
für die Verwirklichung der Zielsetzung der
SED, alles zu tun für das Wohl des ganzen Volkes, eintreten zu können.
Dieser Überzeugung folgend, konnte ich es
nicht erwarten, endlich mit 18 Jahren als Kandidatin in die Reihen der Partei einzutreten. Ich
stellte als Lehrling noch im Juni 1978 den Antrag auf Aufnahme in die Partei der Arbeiterklasse, so jedenfalls nannte sich die SED selbst.
Ich bekam ein Interview mit der Betriebszei-
tung der Deutschen Post, „Der Teleruf". Stolz
las ich diesen Artikel über mich und meine Be-
weggründe, warum ich so jung in die Partei
eingetreten bin. In meinem Dienstkollektiv der
Fernsprechtelegrammaufnahme war ich nicht
nur die jüngste Genossin, sondern auch die
einzige. Dieser Artikel beschreibt meinen Weg
zur Kandidatin der SED und wie ich durch
meine kommunistische Erziehung den Weg in
die Partei gefunden habe. Ich war stolz darauf,
nun auch selbst als Genossin den Aufbau der
sozialistischen Gesellschaftsordnung aktiv mitgestalten zu können. So las ich in der damaligen Telerufzeitung unter dem Titel „Entschluss
stand lange fest" meine eigenen Worte, die

meine frühere Haltung zur Partei verdeutlichten: „Dieser Schritt ist für mich selbstverständlich gewesen. Meine Eltern – beide Genossen – haben mich stets dazu erzogen, einen parteilichen Standpunkt zu vertreten. Die SED unternimmt viel zur Förderung besonders der jungen Menschen. Ich möchte mithelfen, mit guten Leistungen die Beschlüsse von Partei und Regierung mit Leben zu erfüllen. Deshalb werde ich die Kandidatenzeit nutzen, um zu beweisen, dass ich würdig bin, in die Reihen der Partei aufgenommen zu werden".

Von der 1. Klasse an war ich eine begeisterte Schülerin und ich rang stets danach, in den jeweiligen Organisationen an vorderer Stelle für die Ideen des Sozialismus mitzukämpfen. Sicherlich geschah es anfänglich noch nicht bewusst, sondern eher unbewusst. Meine Überzeugung von der Richtigkeit der Politik ist aber in frühester Kindheit gewachsen, als ich durch die Erziehung im Wochenheim die Normen des sozialistischen Lebens verinnerlichte.

Da meine Eltern Genossen der SED und beide im Staatsdienst tätig waren, wurde zu Hause immer wieder über den Klassenstandpunkt der Partei gesprochen. Natürlich verlief alles sehr linientreu und Diskussionen oder Fragen, die die Politik anzweifelten, führten vor allem bei meinem Vater zu Anspannungen, die ich mir nicht richtig erklären konnte. Oft kam von ihm ein: „Na, das ist aber so." Womit ich wusste, dass ich nun keine weiteren Fragen zu stellen hatte. Ich wünschte mir so oft, dass er mit mir diskutiert und ich stellte ihm auch die Fragen, die meine Mitschüler in der Schule stellten, worauf es nur unbefriedigende Antworten gab. Nur erhielt ich leider auch keine anderen ausreichenden Erklärungen von ihm. So fragte ich einfach bei der Zeitung „Junge Welt" nach. Ich glaubte damals fest daran, dass diese Zeitung mir als junge FDJlerin eine allumfassende Antwort geben würde. Aber weit gefehlt. Dies konnte sie natürlich nicht. Wie konnte ich damals so blind sein und glauben, dass das Zentralorgan der FDJ eine andere Meinung vertreten würde, als den Klassenstandpunkt der SED? Denn auch hier bekam ich sehr unzulängliche Antworten, mit denen ich nicht weit kam bei meinen Diskussionen in der Klasse. Leider erinnere ich mich nicht mehr an die genaue Frage, weiß aber noch, dass es um die Demokratie in unserem Land ging und wir doch eine Diktatur hätten und weshalb es dann zwei Begriffe für ein und dasselbe gab. „Die Demokratie in der DDR war die Diktatur des Proletariats." Wenn ich meinen Vater mit meinen mitgebrachten Fragen aus der Schule in die Enge trieb, wurde er oft ungehalten und manchmal sogar zornig. Widerspruch war eben in unserer Familie nicht gern gesehen und in der Schule nicht geduldet.

So glaubte ich daran, dass der große Bruder, die Sowjetunion, unser Freund und der große Befreier war. Niemand sprach davon, dass es eigentlich der Sieger, oder besser noch der Besatzer, auch über uns war und wir, die Deutschen, die Verlierer des Krieges waren. Auch nicht, dass die Russen unsere Wirtschaft aushebelten, weil sie Reparationsleistungen von uns für ganz Deutschland forderten. Sie haben ganze Betriebe leergeräumt, auch davon hörte man nie etwas. Dies wurde uns weder in der Schule noch zu Hause erzählt. Wenn in der Schule über die Sowjetunion geredet wurde, waren es immer die großen Helden, die uns befreiten.

Mit 14 Jahren trat ich ganz selbstverständlich in die FDJ ein. Ich engagierte mich aktiv in der FDJ und erhielt dafür viele Auszeichnungen für gute gesellschaftliche Arbeit in der FDJ. In der 9. Klasse wurde ich ausgezeichnet und zu einem Propagandistenlehrgang in der Nähe von Königs Wusterhausen geschickt. Hier lehrte man uns die Lehren des Marxismus-Leninismus und formte in uns jungen Menschen das Feindbild: *Der Westen wolle die sozialistische Ordnung zerstören und sei deshalb Klassenfeind Nummer Eins. Die feindliche Ideologie sei darauf gerichtet, den Kommunismus zu besiegen und sich vor einem Überschwappen kommunistischen Gedankengutes zu schützen.*

Ich habe alles aufgesogen, immer in dem Vertrauen, dass dies alles richtig ist. Es konnte doch keine Lüge sein und so trat ich in die Fußstapfen meines Vaters und es erfüllte mich auch noch mit Stolz, der mich heute noch beschämt. Wie unfair war es von diesem Staat und seiner einzigen Partei, das bedingungslose Vertrauen von Kindern so schamlos auszunutzen und sie für ihre Ziele zu benutzen. Ihren Kindern gaben sie nicht einmal die Möglichkeit, sich selbst eine Meinung zu bilden. Sie durften nicht einmal diskutieren oder die Politik in Frage stellen. Am Ende einer Diskussion war *immer* die Meinung der Eltern bzw. der Lehrer in der Schule die einzig richtige. Vielleicht wussten sie es auch nicht besser, denn all ihre Hoffnung nach dem verheerenden 2. Weltkrieg lag im Aufbau einer neuen Gesellschaftsordnung, die frei ist von Kriegstreiberei und Hungersnot ist. So hofften sie, dass dies mit dem

Heranziehen eines „neuen Menschen" gelingen könnte. Eines Menschen, der sich voll und ganz für das Wohl der Gesellschaft aufopfert, um jeden Preis. Meine Eltern brachten mir bei, dass der Lehrer immer Recht hat und diesen Grundsatz übertrug ich sogar später auf jeden Erwachsenen, jede Bezugsperson, die ich selbst noch im Arbeitsleben für mich suchte, und später jeden Vorgesetzten. Lehrer waren gebildete Leute und somit auch Personen, denen man Respekt zu zollen hatte und ihre Meinung musste doch richtig sein. In der 9. Klasse wurde ich zur stellvertretenden Leiterin des FDJ-Studienjahres und in der 10. Klasse leitete ich es dann selbstständig. Das FDJ-Studienjahr war die politische Bildungsplattform aller FDJler, die einmal monatlich stattfand. Inhalt des FDJ-Studienjahres waren die aktuellen Beschlüsse der Partei und die Lehren des Marxismus-Leninismus. Stets musste ein Bezug zum aktuellen Geschehen hergestellt werden. Wandzeitungen wurden wöchentlich neugestaltet und durften keinerlei Kritik an der sozialistischen Gesellschaft enthalten. Meine Mitschüler waren wohl eher damit zufrieden, dass ich die Funktion der Propagandistin freiwillig übernommen hatte und so kein anderer sich damit befassen musste.

Mein damaliger Ehemann sagte viele Jahre nach der friedlichen Revolution einmal zu mir: „Na es gab doch immer eine offizielle Meinung, die man sagen musste und eine inoffizielle Meinung, die man eigentlich hatte." Dies erschütterte mich sehr, denn ich dachte niemals so. Ich war tatsächlich überzeugt von der Richtigkeit der „offiziellen" Meinung und blieb so in meinen Äußerungen immer authentisch. Wie sehr ich manipuliert, indoktriniert und blind war, konnte ich erst 25 Jahre nach der friedlichen Revolution erkennen.

So gesehen war es mir durch meine kommunistische Erziehung eben nicht möglich, Zusammenhänge wirklich zu erkennen und diese zu hinterfragen, weil ich von Kindesbeinen an in einem sehr linientreuen Elternhaus so erzogen wurde. Wenn man das in frühester Kindheit immer wieder eingeimpft bekommt und dies auch noch mit einer gewissen Schüchternheit gepaart ist, dann verlernt man irgendwann darüber nachzudenken, was richtig oder falsch ist. Ich habe gelernt, den Erwachsenen zu vertrauen. Immer waren für mich Bezugspersonen wichtig, die mir sagten was richtig ist. So habe ich immer nur funktioniert und so gehandelt, wie es erwartet wurde, immer in der Annahme, dass es richtig ist.

Auch war es mir nicht möglich, dass Jugendleben in der DDR außerhalb der Schule zu erleben. Denn wie schon erwähnt, war ich bis 16.15 Uhr im Schulhort, der auch eine Einrichtung dieses „einheitlichen sozialistischen Bildungssystems" war. Ich hatte weder Freunde noch Freundinnen, mit denen ich etwas hätte unternehmen können. Außerdem gab es da noch die vielen Hausarbeiten, die uns die Mutter aufgetragen hatte, so dass auch hier sehr wenig Spielraum gewesen ist. Nur so hätte ich vielleicht ein wenig mehr vom wirklichen Leben in der DDR mitbekommen können. Also wuchs ich scheinbar gut behütet in einem sozialistischen Elternhaus auf, in dem mein Vater ohne Wenn und Aber bedingungslos den Standpunkt seiner Partei vertrat und meine Mutter mit dem entsprechenden Befehlston das Familienzepter fest in den Händen hielt.

Über die vielen kulturellen Veranstaltungen der FDJ fand man auch den Zugang zu den Jugendlichen. Man missbrauchte die Jugendweihestunden, die Pflicht für alle Teilnehmer der sozialistischen Jugendweihe waren, für Werbeveranstaltungen der NVA oder der Schutzpolizei, indem man das technische Interesse der vor allem männlichen Jugendlichen ausnutzte, um z. B. für den Berufssoldaten zu werben. Da es aber im Sozialismus keine paramilitärischen Organisationen geben durfte, schuf man die GST, Gesellschaft für Sport und Technik.

In der Lehrausbildung war der Besuch im GST-Lager Pflicht für alle Jungen und die Mädchen wurden mit der medizinischen Landesverteidigung in einem zweiwöchigen Lageraufenthalt vertraut gemacht. Hier lernten die Mädchen mit der Gasmaske über das Feld zu laufen und dabei Verletzte medizinisch zu versorgen. Ich selbst konnte nur ohne diese Gasmaske mitmachen, da mir bei dem Gedanken daran, die Luft wegblieb. Wir lernten marschieren und exerzieren und sangen dabei auch Kampflieder. Ich muss ehrlich sagen, dass ich dieses Lager gut fand und es für die Erhaltung des Friedens und den Sieg des Sozialismus für sehr wichtig hielt. Ich erschrecke immer wieder bei dem Gedanken daran, wie begeistert ich immer überall dabei sein wollte. Dass dies so war, lag an meinem immerwährenden Kampf um ein „Gesehen werden." Die Hauptlast sehe ich heute in der Gesinnung meiner Eltern und deren militärischen Berufe, sowie dem Unvermögen, selbst bestimmte Dinge zu hinterfragen.

Es erschüttert mich sehr, dass ich so blind alles glaubte und die Überzeugung meines Vaters übernahm. Heute wird mir ganz schwindelig, nur bei dem Gedanken daran.

Ich verstehe nicht, warum es heute für mich so einfach zu erkennen ist, was da für großes Unrecht passierte und dass die Diktatur des Proletariats eben keine Demokratie war und auch nie sein wird. Damals war ich überzeugt, dass ich in einer demokratischen Republik lebte und das Volk (die Arbeiterklasse) regierte. Aber tatsächlich war es doch so, dass sich die meisten Menschen alles vorschreiben ließen und nur das taten, was ihnen gesagt wurde. Wie einfach konnten so viele Menschen manipuliert und indoktriniert werden. All jene Menschen, die in dieses System hineingeboren sind, wurden zu einheitlichen Individuen erzogen und selbstständiges Denken oder gar Handeln war nicht gefragt. Widerspruch gegen dieses System stand unter Strafe. Auf diese Weise wurde einem ganzen Volk der Wille der einzigen Partei, der SED, diktiert.

Nicht meine Wahl
Da ich schon in der 9. Klasse bei der Zulassung zum Abitur keinerlei Unterstützung durch meine Eltern bekam, sollte es nicht anders bei der Suche nach einer Lehrstelle aussehen. Ich weiß leider bis heute nicht, warum? Vielleicht

glaubten meine Eltern, dass ich eine so gute Schülerin sei, die keinerlei Zuspruch benötigte, um sich einen Lehrberuf ihrer Wahl zuzutrauen. Wussten sie wirklich nicht, wie es in mir aussah und wie wenig ich mir selbst zutraute? Ich hatte schon Berufe, die ich gern erlernt hätte, aber ich glaubte, dass ich es nicht schaffen könnte. Ich brauchte nur jemanden, der mich in meinem Selbstvertrauen bestärkt.

Mein Vater kümmerte sich nie um meine schulischen Leistungen und er zeigte wenig Interesse an meiner Lehrstellensuche. Er hatte sich genug, um Paul und Peter kümmern müssen. So dachte er, dass ich mit meinen Abschlussnoten keinerlei Probleme habe. Sie wussten nicht, dass ich immer einen akuten Mangel an Zuspruch verspürte, der mir jegliches Selbstvertrauen unmöglich machte.

Aber andererseits wurde ich ja wirklich nie gefragt, was *ich* erlernen möchte. Ihnen reichte es aus, dass ich sehr gute Leistungen hatte und Lehrstellen gab es ja für jeden in der DDR.

Ich hatte sehr genaue Vorstellungen von den Berufen, die ich gern erlernen und ausüben würde. Zu denen gehörte an vorderster Stelle die Kinderkrankenschwester oder Krippenerzieherin, doch diese hatte mir meine Mutter bereits ausgeredet. Ich weiß nicht, ob mein Vater überhaupt von der direkten Beeinflussung meiner Mutter gegen meine Wunschberufe wusste. Aber dies zeigt doch deutlich, wie wenig in der Familie über die Entwicklungsmöglichkeiten ihrer Kinder geredet wurde. Es war einfach nicht wichtig genug, denn es herrschte ja schließlich die Auffassung, dass in der DDR zwar für jeden **eine** Lehrstelle, **aber nicht** für jeden **seine** Lehrstelle vorhanden war. So war meine Mutter der Meinung, ich wäre nicht glücklich, mich mit fremder Leuten Kinder abzuplagen. Immer den Ärger mit Kindern und deren Eltern ertragen zu müssen, könne doch nicht mein wirklicher Wunsch sein. Dies waren ihre Worte, die verdeutlichten, wie wenig sie für Kinder übrig hatte. Immer und immer wieder beeinflusste sie mich in meiner Berufswahl. Sie musste keine langen Gegenargumente suchen, denn ich nahm ihre Ansage für wahr und richtig. Sie war meine Mutter und musste wissen, was für mich gut ist. So unselbstständig in so wichtigen Entscheidungen, die mein und nicht ihr Leben betrafen?

Dann wiederum wollte ich Unterstufenlehrerin werden, was aber nur mit Abitur möglich gewesen wäre und eine Berufsausbildung mit Abitur nach der 10. Klasse zur Folge gehabt hätte. Doch dies passte ihr schon gar nicht. Ich hätte dann ja noch länger zu Hause wohnen müssen.

Mein mangelndes Selbstvertrauen stand mir immer im Weg. So war ich im ganzen Wesen, dass es mir heute manchmal noch schwer fällt, meinen beruflichen Werdegang in der DDR als den meinen anzusehen. Meine Mutter konnte mich immer wieder umstimmen und ich war ohne Zutrauen zu mir selbst. Meine Mitschüler hatten schon lange ihre Lehrverträge und ich mit einer Abschlussnote von sehr gut, wusste noch immer nicht, welchen Beruf ich erlernen sollte. Aber damit ließ mich meine Mutter erst einmal allein. Als ich dann jedoch unter Zeitdruck geriet und mir meine Klassenlehrerin mit Unverständnis begegnete, dass **ich** noch keine Lehrstelle hatte, erzählte ich zu Hause davon. Ich schämte mich so sehr, dass ich trotz meiner sehr guten Leistungen noch immer keine Lehrstelle hatte. Dabei war es doch nicht meine Schuld, dass ich nicht mehr wusste, was ich lernen sollte. Ich fühlte mich irgendwie leer und wertlos. Dann *beriet* mich meine Mutter, ich solle doch Fernschreiberin lernen, den Beruf, den sie jahrzehntelang als Tätigkeit ausübte und damit alles andere als glücklich war. Mir machte sie diesen Lehrberuf schmackhaft, denn in der DDR war es der einzige Beruf mit lediglich 1 ½ Jahre Lehrzeit. Ihr weiteres Argument war, dass ich dann bald mit meinem Freund zusammenziehen könne. Er hatte bereits eine Wohnung, die wir gemeinsam ausgebaut und gemalert hatten und beim Einrichten der beiden Zimmer waren. Das war eine klare Ansage von ihr und für mich schon ein gutes Argument, denn ich wollte, dass der ständige Ärger mit meinen Eltern bezüglich meines Freundes endlich sein Ende nahm. Ich ging auf Anraten meiner Mutter zur Deutschen Post ins Fernamt Berlin und wurde dort mit Kusshand genommen. Ich war mir nicht bewusst, dass mich diese Tätigkeit mit meinen Fähigkeiten, die ich mir im harten Kampf meines Schullebens angeeignet hatte, unterfordern würde. Leistungsmäßig hätte ich doch locker eine Berufsausbildung mit Abitur geschafft.

Heute glaube ich, dass es für meine Mutter sehr wichtig gewesen war, mich schnellstmöglich aus dem Haus zu bekommen. Ich erinnere mich noch sehr gut daran, dass mich meine Mutter kurz vor Abschluss meiner Lehre, da war ich erst 17 Jahre alt, fragte, wann ich denn zu Erhard ziehen wolle und wann wir heiraten würden. Ich war sehr verwundert über diese Frage. Ich selbst traute mich auf Grund des ständigen

Ärgers meiner Eltern bezüglich unserer Beziehung gar nicht erst, diese Frage einer baldigen Heirat zu stellen.

Ja, sie wundern sich darüber, dass ich von einer Erlaubnis zur Hochzeit rede? Dies wird mir gerade eben beim Schreiben bewusst und ich dachte etwas darüber nach. Ja, ich war nicht wirklich in der Lage meine Wünsche auszusprechen und schon gar nicht, wenn meine Eltern etwas dagegen haben könnten.

Jedenfalls hatten Erhard und ich darüber noch nicht einmal nachgedacht, denn wir wollten einfach nur raus aus der elterlichen Wohnung und zusammenziehen. Ich verstand den Sinn ihrer Frage erst viel später.

Aber dieser Gedanke gefiel mir schon und so berichtete ich Erhard brav, aber auch freudig von diesem Vorschlag meiner Mutter. So planten wir nicht nur meinen Auszug, sondern auch unsere Hochzeit, ohne dass ich von meinem Freund je einen Antrag bekam oder ich ihm einen machte. Bereits eineinhalb Monate nach Beendigung meiner Lehre wurde unsere Ehe am 30. März 1979 geschlossen. Da war ich erst 18 Jahre. Ich bin kurz vor unserer Eheschließung bereits zu ihm gezogen und war so glücklich, endlich in den eigenen vier Wänden mit einem Mann leben zu dürfen, von dem ich glaubte, dass er mich über alles liebte.

Wir waren sehr jung und unerfahren in der Frage, wie wir einen gemeinsamen Haushalt führen. Ich selbst hatte gerade erst ausgelernt und war als Fernschreiberin bei der Deutschen Post beschäftigt. Dort arbeitete ich im Drei-Schicht-System mit einem täglichen Wechsel von Früh- in Spätschicht und jeden elften Tag hatte ich zwölf Stunden Nachtdienst. Vor allem der Nachtdienst kostete mich viel Kraft und ich konnte mich an diesen Schichtwechsel einfach nicht gewöhnen. Wenn ich aus dem Nachtdienst nach Hause kam, ging ich gleich ins Bett und schlief bis 16 Uhr durch. So kaputt war ich von dieser Nachtschicht. Damals glaubte ich, dass acht Stunden Schlaf zu viel wären, da ich weder Essen vorbereiten, noch häusliche Arbeiten machen konnte. Als mein Ehemann kurze Zeit später nach Hause kam, gab es schon die ersten Probleme, weil ich an diesem Tag nichts mehr im Haushalt machen konnte. Immer wieder gab es Reibungspunkte, weil ich mit dem Schichtdienst Probleme hatte.

So kam es, dass meine Mutter mich für den Dienst als Zivilbeschäftigte bei der Kriminalpolizei werben konnte, den sie vermutlich ohnehin schon für mich geplant hatte. Denn damit war ihr Problem mit den Westkontakten, die ich seit meinem Auszug aus der elterlichen Wohnung hätte aufnehmen können, gelöst. So unterlag auch ich als Zivilbeschäftigte der Kriminalpolizei demselben strengen Regelwerk hinsichtlich des eindeutigen Kontaktverbotes zu Personen aus dem nichtsozialistischen Ausland, wie sie. Sie vereinbarte mit dem Dienststellenleiter der Zentralstelle für Kriminalistische Registrierung meinen ersten Vorstellungstermin im Frühsommer 1979. Ich gebe zu, dass ich diese Stelle gern angenommen habe, weil sie mir deutlich bessere Arbeitsbedingungen, keinen Schicht- und Wochenenddienst und eine gute Bezahlung einbrachten. Während ich im Drei-Schicht-System, inklusive Sonn- und Feiertagsarbeit bei der Deutschen Post nur 450 Mark verdiente, bekam ich bei der Kriminalpolizei ein Anfangsgehalt in Höhe von 600 Mark monatlich mit dem Ausblick eines ständig steigenden Gehaltes.

So wechselte ich am 01. Januar 1980 nach fast einem Dreivierteljahr Bearbeitungszeit für meinen Werbungsvorgang von der Deutschen Post zur Kriminalpolizei. Ich dachte schon, dass ich diese Stelle nicht bekommen würde und fragte nach etwa einem halben Jahr nach dem Sachstand der Bearbeitung. Es gab einen kurzen

Rückruf, ich solle mich noch gedulden, die Überprüfung würde noch eine Weile dauern. Damals wunderte ich mich nicht so sehr darüber, denn schließlich wollte ich zur Kriminalpolizei und somit Angestellte im Staatsdienst werden.

Im Januar 2013 konnte ich in meiner eigenen Akte, die das Ministerium für Staatssicherheit angelegt hatte, eine Menge an Unterlagen aus der Kaderakte, sprich Personalakte meines Ausbildungsbetriebes, der Betriebsberufsschule und meiner Arbeitsstelle, des Fernamtes Berlin finden.

Ich war fassungslos über so viel Sammelleidenschaft der Stasi und ihr krankhaft wirkendes Vorgehen bei ihren Ermittlungen, die sie eigens der Eignungsfeststellung für eine Übernahme in Dienststellen der Deutschen Volkspolizei führte. Es war natürlich auch interessant für mich, lesen zu können, was so alles über mich in meinen Personalakten geschrieben wurde.

Als ich dann jedoch den Ermittlungsbericht des MfS über meine Person las, kochte es in mir. Ich fragte mich, weshalb es notwendig war, so viel über mein Auftreten nicht nur in meiner bisherigen Arbeitsstelle, sondern auch tatsächlich Befragungen im Wohngebiet angestellt wurden. Hier einen Auszug zum besseren Verständnis aus dem Ermittlungsbericht, der infolge einer Befragung in meinem Wohngebiet über mich gefertigt wurde: „Über die schulische Entwicklung der Ermittelten (also mich) wurde nichts bekannt. Die M. ist von Beruf Fernschreiberin und arbeitet im Fernamt Berlin, Stellvertreterbereich Fernschreibverkehr... Da sie über ihre berufliche Tätigkeit nicht spricht, ist hinsichtlich ihrer beruflichen Perspektive nichts bekannt. Die Arbeit verläuft im Schichtsystem. Zur politischen Entwicklung der M. gibt es keine Anhaltspunkte. Die Mitgliedschaft in der SED ist im Hause bekannt.... Die Ermittelte ist gesellschaftspolitischen Belangen gegenüber aufgeschlossen. Im Hause und Wohngebiet übt sie selbst keine gesellschaftlichen Funktionen aus. Ihr Ehemann gehört der HGL (Hausgemeinschaftsleitung) an. Bei Gesprächen mit ihr kommt zum Ausdruck, dass sie eine politisch positive Grundeinstellung zur Politik unseres Staates hat. Über politisch negative Äußerungen oder Handlungen gibt es keine Hinweise. Eine politische Unzuverlässigkeit ist von ihr nicht bekannt. Ob die M. oder ihr Ehemann dem Einfluss westlicher Massenmedien unterliegen, war nicht festzustellen. Anlässlich politischer Höhepunkte ist keine gesellschaftliche

• • •

Aktivität von ihr zu verzeichnen. Negative Charakterzüge sind von der Ermittelten nicht bekannt. Sie tritt weder schwatzhaft, noch besonders geltungsbedürftig in Erscheinung. Ihr Leumund ist gut. Der moralische Lebenswandel der M. ist einwandfrei. Die Ermittelte ist reserviert und wenig kontaktfreudig. Es ist nicht bekannt, ob sie auf bestimmten Gebieten besonders ansprechbar ist, zumal von ihr keine persönlichen Meinungen, Interessen oder Hobbys festzustellen waren. Die M. ist in erster Ehe verheiratet mit dem im selben Haushalt lebenden Ehemann (es folgen sämtliche persönliche Daten von ihm) ...

Der Ehemann der M. ist zugänglicher und kontaktfreudiger als die Ermittelte. Der Ehemann ist fleißig und häuslich. Er unterstützt die M. tatkräftig im Haushalt und führt die Treppenreinigung durch. Sein moralisches Verhalten ist anständig. Dem Eindruck zufolge ordnet sich der Ehemann in vielen Belangen und Pflichten des täglichen Lebens der Ermittelten unter. Das Eheverhältnis ist harmonisch. Die Ehe ist bisher kinderlos."

Im Weiteren geht es in diesem Ermittlungsbericht noch um meine Eltern, die Schwiegereltern, meine Geschwister und die meines Ehemannes. Hierbei wurde ihre politische Haltung, aber auch ihr Lebenswandel in die Überprüfungen einbezogen.

In einem weiteren Teil dieses Berichtes wurde festgestellt, dass ich mit meinem Ehemann in gesicherten Verhältnissen lebe und der Lebensstandard durchschnittlich sei. Aber noch nicht genug, es ist kaum zu glauben, was alles für meine Übernahme in den Staatsdienst als Zivilbeschäftigte der Stasi wichtig erschien.

Es geht weiter in diesem Bericht: „Es existieren keine größeren Besitztümer, wie Wohnungen und anderes. Ein Wochenendgrundstück ist nicht vorhanden. Die Eheleute wohnen in einem Hinterhaus des Altbaus gelegene 1 ½ Zimmerwohnung mit Küche, Kammer und Toilette. Die Wohnung ist mit modernen Möbeln ausgestattet. Zur Gestaltung einer behaglichen Wohnatmosphäre hat der Ehemann der Ermittelten in dem sehr langen Korridor eine Zwischendecke eingebaut. Er beabsichtigt eine Duschecke zu installieren. Die Wohnung ist sauber und gepflegt. Die M. und ihr Ehemann unterhalten keine weiteren Kontakte. Die Verbindungen bestehen im Grüßen und belanglosen Gesprächen. Über Besucher sowie über einen Umgang zu anderen war nichts in Erfahrung zu bringen. Es sind keine Anhaltspunkte darüber vorhanden, dass Beziehungen zu Personen bestehen, welche die DDR verlassen haben. Verbindungen nach Westberlin, in die BRD oder in andere kapitalistische Länder werden nicht bemerkt. Über Westbesucher gibt es keine Hinweise."

Ich weiß nicht genau, wozu diese ganze Überprüfung dienen sollte und so suchte ich auch hier nach weiteren Antworten.

Somit war ich seit dem 01. Januar 1980 bis zur Abwicklung nach der friedlichen Revolution nicht nur eine Zivilbeschäftigte bei der Kriminalpolizei, sondern stand allein dadurch unter ständiger Beobachtung des Ministeriums für Staatssicherheit der DDR. Ich unterlag ebenso wie meine Mutter des eindeutigen Verbots bezüglich der Kontakte zu Personen des westlichen Auslandes. Nicht einmal meine Mutter durfte ihren Bruder, der seit 1947 in Westberlin lebte, kontaktieren.

Meine Freundin Trude

Mein erster Arbeitstag in der neuen Arbeitsstelle machte mir wie erwartet große Bauchschmerzen. Ich hatte immer eine gewisse Angst vor neuen Kollegen und Vorgesetzten. Auch eine völlig neue Arbeitsaufgabe ließ in mir eine

gewohnte Angst aufkommen. Der Grund hier-
für ist vermutlich in dem mangelnden Selbstvertrauen zu suchen, welches mich schon seit
meiner Kindheit begleitete.

In dieser Dienststelle arbeiteten bereits drei
Frauen als Zivilbeschäftigte, die kurze Zeit vor
mir eingestellt wurden. Meine Ausbildung zur
Codierkraft in der Daktyloskopie, dauerte ein
ganzes Jahr und wurde von den leitenden VP-
Angehörigen übernommen. Es war eine angenehme, fast familiär erscheinende Gruppe, in
der ich mich anders als erwartet, von Beginn
an gut aufgehoben fühlte. Besonders mit Trude
habe ich mich auf Anhieb gut verstanden. Sehr
schnell wurde sie zu meiner engen Vertrauten,
der ich alles erzählen konnte. Ihre Art, mit Menschen umzugehen, jeden mit seinen Problemen
ernst zu nehmen und stets ihre Hilfe anzubieten, wo sie gefragt war, imponierte mir und
machte es mir sehr leicht, ein Vertrauen zu ihr
aufzubauen. Es war sehr wichtig für mich, in ihr
die neue Bezugsperson zu haben, die ich für
mein Selbstvertrauen immer benötigte. Trude
hatte für mich immer gute Ratschläge und
brachte mir eine besonders angenehme Empathie entgegen. Sie war einfühlsam, strahlte eine
besondere, angenehme Vertrautheit aus, die es

mir leichtmachte, ihr sehr bald auch meine privaten Probleme anzuvertrauen. Es dauerte nicht lang und ich bedurfte schon sehr bald ihrer Hilfe. Es kriselte schon einige Zeit in meinem noch sehr kurzem Eheleben und die Probleme wurden ernster. Meine Ehe wackelte sehr. Ich wusste nicht, wie ich damit allein fertig werden sollte. Ich hatte Angst meinen Ehemann zu verlieren, ich hatte Angst verlassen zu werden und ... wieder war ich von einer tiefen Traurigkeit gefangen, die mich in meiner ersten Ehe sehr einsam werden ließ.

Trude hatte einen Sohn, der damals knapp 3 Jahre alt war. Er war noch sehr infektanfällig und Trude musste oft wegen seiner Pflegebedürftigkeit zu Hause bleiben. Da ich selbst oft mit grippalen Infekten oder Atemwegsprobleme krankgeschrieben war, bot ich ihr an, wenn ihr Sohn ebenfalls erkrankt war, ihn zu pflegen. So konnte Trude ihrer Arbeit nachgehen. Somit fehlte nur eine statt zwei Codierkräfte.

Da ich schon seit gut einem Jahr versuchte, schwanger zu werden und zahlreiche Sterilitätsbehandlungen ohne Erfolg blieben, freute es mich riesig, dass Trude mir ihren Sohn zur Betreuung anvertraute. So entwickelte sich eine sehr enge freundschaftliche Beziehung zwischen uns und oft war ich auch bei ihr über Nacht, wenn ihr Sohn der häuslichen Pflege bedurfte. Auch in unseren gesellschaftlichen Aktivitäten waren wir uns sehr ähnlich. So kam es auch, dass wir beide ein enges Gespann von Vorsitzender und stellvertretender Gewerkschaftsfunktionärin wurden.

Zwei schwere Schicksalsschläge

Wie schon gesagt, bekam meine junge Ehe sehr bald ernsthafte Probleme. Zunächst wollten wir beide sehr bald Kinder haben, doch ich wurde einfach nicht schwanger, obwohl ich nie die Antibabypille nahm und wir auch sonst keinerlei Verhütungsmittel einsetzten. Getrieben von einem starken Kinderwunsch, besuchte ich schon mit 19 Jahren zahlreiche Sterilitätssprechstunden, ließ verschiedenste Untersuchungen über mich ergehen, doch es wurde keine Ursache für meine Kinderlosigkeit festgestellt. Nun sollte mein Mann zur Untersuchung kommen, um feststellen zu lassen, ob möglicherweise die Ursachen dafür bei ihm zu finden seien. Doch er schob es immer wieder raus und wollte aus irgendwelchen Gründen nicht dorthin gehen. Er hielt meine Unternehmungen für übertrieben und meinte, dass es irgendwann schon klappen würde. Also wurde weiterhin

Temperatur gemessen, Kurven gezeichnet und immer wieder mit Hormonen behandelt. Doch ich wurde einfach nicht schwanger und es gab keine Antwort darauf, wo die Ursache liegt.

Heute weiß ich, dass die Ursachen sehr wahrscheinlich auch in meinen frühkindlichen, sexuellen Missbräuchen zu suchen waren. Doch dies zog ich damals überhaupt nicht in Betracht. Dazu hatte ich diese Handlungen zu sehr verdrängt, als mich daran erinnern zu wollen. So gab es immer wieder neue Reibungspunkte zwischen uns. Intime Beziehungen wurden immer seltener und kamen nur noch an den bestimmten Tagen zum Zweck der Zeugung eines von mir so heiß ersehnten Kindes vor. Dies befriedigte meinen Mann überhaupt nicht, nur versäumte er, über seine Unzufriedenheit mit mir zu reden. Aber über Intimitäten reden, konnten wir wohl beide nicht. Schon sehr bald dachte ich über eine Adoption eines Kindes nach und sprach mit ihm darüber. Doch dies lehnte er kategorisch ab. So war ich sehr allein mit meinem Kinderwunsch und war nicht mehr sicher, wie wichtig es ihm war. Denn immerhin ist er nie zum Arzt gegangen, um sich selbst wenigstens Mal untersuchen zu lassen.

Nach vielen Monaten eifrigen Probierens, ein Kind zu bekommen, kam es dazu, dass Erhard eine Beziehung zu einer anderen Frau suchte, die seine Kollegin war und schon sehr bald von ihm schwanger wurde. Offensichtlich war ihm der Weg über eine andere Frau einfacher, als sich vom Arzt wegen unserer Kinderlosigkeit untersuchen zu lassen. So ließ er mich noch lange im Glauben, dass er mit mir ein gemeinsames Kind haben wollte. Er hielt seine Beziehung zu der anderen Frau, sie hieß Claudia, noch eine ganze Weile geheim und plötzlich sprach er wie von selbst über eine unbefriedigte Liebe ohne auch nur ein Wort von seiner Neuen zu sagen. Ich bemühte mich so sehr um ihn, wollte doch nicht riskieren, dass er mich mangels Liebe verlassen würde. So tat ich alles, was er sich diesbezüglich wünschte und überschritt hierbei oft meine eigenen Grenzen.

Auch wenn es nicht meinen Vorstellungen von angenehmem Sex entsprach, erfüllte ich jeden seiner abartigen Wünsche, die mir oft auch zuwider waren. Für mich zählte nur, *ihn* glücklich zu machen. Die Angst vor dem Alleinsein wurde immer größer und so begann ich auch in meiner Ehe zu funktionieren. Er sagte, was er wollte und ich tat es. Aber meine Gefühle bei intimen Begegnungen blieben trotz aller Anstrengung kalt, was in mir einen gewissen Hass auf meinem Körper auslöste, der einfach nicht das tat, was ich wollte. Und so kam, was kommen musste. Ich fand mal fremde Damenschuhe, mal ein Nachthemd in unserer Wohnung und fragte ihn sehr offen, ob er ein Verhältnis habe. Er verneinte und log mir einfach ins Gesicht. Meine Freundin Trude stand mir zur Seite und hatte immer einen guten Rat. Sie schlug vor, ihn mal am Vormittag zu überraschen, wenn er aus dem Nachtdienst kommt, denn nur so könne ich ganz sicher sein, ob er mich wirklich hintergeht. Ich ertappte seine Freundin in meinem Bett. Mir blieb die Spucke weg. Ich sagte zu ihr, sie möge ihre Sachen nehmen und aus meiner Wohnung verschwinden. Dann wandte ich mich an meinen Mann und fragte ihn noch in Gegenwart seiner Freundin, was das zu bedeuten habe. Er wolle mit mir neu anfangen und habe erst gestern noch mit mir geschlafen und heute gehe er mit einer anderen Frau in mein Bett. Ich verlangte von ihm, sich zu entscheiden. Er meinte nur, es wäre ein Ausrutscher. Dies zog sich noch etwa bis in den November hin, als er in den Urlaub fuhr und sich dort angeblich allein den Kopf freimachen und über ein Fortbestehen unserer Ehe in Ruhe nachdenken wollte. Ich war einverstanden, nach dem Trude dies für keine schlechte Idee hielt. Sie meinte dann würde ich endlich Klarheit bekommen, was mich dann auch überzeugte. Als er mir jedoch eine derart romantische Karte aus dem Urlaub schickte, wie schön die Natur sei und wie die Eiszapfen am Dach vor seinem Fenster hängen würden, wusste ich, dass er nicht allein in den Urlaub gefahren war. Noch nie zuvor hatte er so romantisch die Natur wahrgenommen, geschweige denn so beschrieben. Ich musste nur sehr kurz überlegen, wie ich diese Karte hinsichtlich seiner Aufrichtigkeit mir gegenüber zu interpretieren hatte. Dabei kam mir der Spruch von Tante Käthe, in den Sinn: „Der Verräter schläft nie" und seine Karte mit diesen Formulierungen, die nicht die seinen waren, verrieten ihn. Ich rief sofort das Ferienheim an und versuchte herauszubekommen, ob er dort allein im Urlaub war. Nach vielem Reden bekam ich eine indirekte Antwort, dass er nicht allein dort Urlaub macht. Dies reichte mir aus und ich fand mich in meiner Vermutung bestätigt. Schamlos hintergangen fühlte ich mich und suchte nach seiner Rückkehr die Aussprache. Ich forderte ihn auf, sich endgültig zwischen ihr und mir zu entscheiden. So reichte er die Scheidung ein und ließ von seinem Anwalt ein Klageschreiben aufsetzen, dass mir die Spucke und den Atem nahm. Tief verletzt und ohnmächtig über so viel schmutziges Verhalten mir gegenüber, zog mir den Boden unter den Füßen weg. Nach einem von ihm sehr schmutzigen Auftritt selbst vor Gericht im März 1981 wurden wir dann geschieden. Jedoch fiel das Urteil in allen Punkten, die ich in meiner Nebenklage mit Hilfe meines Anwaltes formulierte, zu meinem Gunsten aus. Der ganze Prozess, vom Bekanntwerden des Verhältnisses bis zum Ende der Ehe, zog sich vom Sommer 1980 bis März 1981 hin und die ständigen Demütigungen, die ich in dieser Zeit erlitt, zerrten sehr an meinem Gesundheitszustand. Ich wurde seelisch krank und konnte dies nur sehr schwer verdauen. Ich war so froh, Trude an meiner Seite zu haben, die mich in diesen schweren Stunden bei sich aufnahm. So blieb ich einige Zeit bei ihr und fand nach und nach den Halt wieder.

Dies sollte nicht der einzige Schicksalsschlag zu dieser Zeit gewesen sein.

Viel härter noch traf mich der tödliche Verkehrsunfall meines leiblichen Bruders Mario. Er wurde von einem unachtsamen Lkw-Fahrer ganz plötzlich aus dem Leben gerissen als er gerade mal 16 Jahre alt war.

Es war an einem Tag als es mir nicht so gut ging, weil ich wieder diese Probleme mit meinem Ehemann hatte und gerade erfuhr, dass er mit seiner Freundin in den Urlaub gefahren war. Ich erzählte meiner Mutter auf ihr Drängen alles über meine Ehe und ihr unvermeidliches Ende. Ich übernachtete in dieser Zeit öfter im Wohnzimmer meiner Eltern oder bei Trude, weil ich einfach keine Konfrontation mit meinem Ehemann wollte. Ich war so sehr verletzt als ich erfuhr, dass sie von ihm schwanger war und glaubte nun daran, dass ich auch die Schuld an unserer Kinderlosigkeit trage. Wieder überkam mich das Gefühl, wertlos zu sein und ich begann meinen Körper mehr und mehr zu hassen.

Am 17. Dezember 1980, ich war krankgeschrieben und bei meiner Mutter zu Hause, bot mir Mario an, mich mit dem Moped seines Freundes vorher bei mir zu Hause abzusetzen. Er wollte seinem Freund einen Gefallen tun und hatte das Moped vom Flughafen abgeholt und sollte es zu ihm nach Hause fahren. Ich lehnte sein Angebot dankend ab, weil ich nicht gern mit Mopeds fahre. Und dies war der Grund, dass ich mich noch viele Jahre mit Selbstvorwürfen quälte. So glaubte ich fest daran, dass wenn ich doch nur mitgefahren wäre, es diesen schrecklichen Unfall nie gegeben hätte. Ich wollte damals gerade nach Hause fahren, als die Verkehrspolizei an der Wohnungstür klingelte und ich öffnete. Sie fragten nach meinen Eltern und ich sagte, dass mein Vater noch auf Arbeit und meine Mutter zu Schießübungen auf dem Schießplatz und sie nicht erreichbar sei. Sie baten um Einlass und erzählten mir, dass mein Bruder einen Unfall mit seinem Moped und einem Lkw hatte und er in die Rettungsstelle des Krankenhauses Berlin Friedrichshain gebracht wurde. Sie riefen meinen Vater auf Arbeit an und informierten ihn kurz vom Unfall und sagten, er möge sich sofort auf den Weg dorthin machen. Ich erschrak, so dass mir ganz übel wurde. Mit zitternder Stimme verabredete ich mich mit meinem Vater vor der Rettungsstelle. Ich rannte so schnell ich konnte durch den Friedrichshain direkt zur Rettungsstelle. Mein Herz pochte schon ganz laut und als ich dort ankam, wartete ich wie verabredet auf meinen Vater draußen vor dem Eingang. Er brauchte nur eine halbe Stunde von seiner Arbeitsstelle und dies war die längste halbe Stunde meines Lebens. Endlich kam mein Vater nach etwa 30 Minuten an. Wir gingen beide gemeinsam in die Rettungsstelle. Dort meldeten wir uns an und man bat uns, noch eine Weile zu warten bis der Arzt uns aufruft. Mir war ganz schlecht und schummrig im Magen als hätte ich schon eine Vorahnung gehabt. mein Vater wirkte kreidebleich. Ich werde diesen Anblick meines Vaters nie vergessen als der Arzt zu uns sagte, dass Mario bereits an den Folgen des Unfalles in der Rettungsstelle verstorben war. Sein Blick wurde finster, seine Augen hatten einen ganz starren Blick und sein Gesicht wurde von jetzt auf gleich aschfahl. Für einen Moment glaubte ich, er würde zusammenbrechen und so hielt ich ihn ganz fest an seiner Hand. Der Arzt drückte uns sehr lieblos den Beutel mit den persönlichen Sachen von Mario in die Hand und wir gingen wieder nach draußen. Ich erinnere mich nicht, dass uns je irgendjemand psychologische Hilfe angeboten hätte. Niemand fragte danach, wie es mir damit ging. Dabei mussten sie doch wissen, wie sehr ich mit meinem Bruder Mario verbunden war und das zwischen uns beiden ein dickes Band der Verbundenheit bestand. Ich wusste nur, dass ich nun ganz stark sein musste. Denn wie sollten wir es meiner Mutter beibringen, dass sie ihren jüngsten Sohn im Alter von 16 Jahren nie mehr in die Arme nehmen kann? Ich war sehr verzweifelt, als ich in die verzweifelten, hilflosen Augen meines Vaters schaute. Nach einem Moment des Wartens sagte ich ihm, wir müssten doch Mutti verständigen. Mein Vater sagte nur, dass Mutti auf dem Schießplatz sei und nicht erreichbar wäre. „Sie muss doch von diesem verdammten Scheiß-Schießplatz geholt werden", schrie ich meinen Vater mit eben der gleichen Verzweiflung an. Erst auf mein Drängen hin, rief er auf der Arbeitsstelle an und teilte ihnen mit, dass Mario tödlich verunglückt sei und sie mögen veranlassen, dass seine Frau unverzüglich nach Hause gebracht werde. Man solle ihr aber nichts davon erzählen, was passiert ist. Das wollte er wohl selbst übernehmen und ich fühlte mich verpflichtet, ihn dabei zu unterstützen. Ich konnte ihn doch damit nicht allein lassen. Als meine Mutter endlich nach Hause kam, wusste sie schon, dass irgendetwas Schlimmes passiert sein musste. Als mein Vater ihr von diesem Unfall erzählte, hielt er sie fest in seinem Arm. Sie setzten sich beide auf die Couch mir gegenüber und ich sah beide mit den eigenen Tränen ringend schweigend an. Ich durfte doch nun nicht auch noch weinen. Ich kämpfte gegen jede Emotion an. Es gelang mir, die Tränen vor meiner Mutter zu verbergen. So heulte ich nur kurze Zeit und meist, wenn ich ganz für mich allein war. Ich zog mich zurück in unser damaliges gemeinsames Kinderzimmer und weinte still in die Nacht hinein, wohl wissend, dass sein Bett für immer leer bleiben würde. Ich hatte keine Kraft mehr für mich übrig und so verdrängte ich auch meine Trauer um ihn.

Aus Einsamkeit wird Liebe

Im Dezember 1980 brach ich zusammen und war den ganzen Monat arbeitsunfähig. Der psychische Druck durch die zerrüttete Ehe, die Kinderlosigkeit und die Tatsache, dass ich offensichtlich die Ursache dafür sein musste, sowie der tödliche Unfall meines geliebten Bruders ließen mich so kraftlos werden, dass ich einfach nur im Bett blieb. Ich war leer und ausgelaugt und hatte absolut keine Lebensenergie mehr. Ich wollte weder irgendwelche Kontakte, noch gutgemeinte Ratschläge der Kollegen. Doch war da wieder Trude, die mich zu sich holte, um auf ihren kleinen Dirk aufzupassen. Dies verschaffte mir die Ablenkung, die ich dringend nötig hatte. Vor allem auch deshalb, weil ich Angst bekam, mit der S-Bahn zu fahren. Ich stand oft am Bahnsteig und es kamen Gedanken wie, wenn ich doch nur mal kurz stolpern würde und dann ein Zug käme, müsste ich diesen Schmerz nicht mehr fühlen. Trude schaffte es, mich auf andere Gedanken zu bringen und hielt mir immer wieder vor Augen, wie jung ich doch noch sei und tausend andere Männer bekommen könne. Sie redete auf mich ein und versuchte mein Selbstwertgefühl zu stärken.

Irgendwann erholte ich mich durch die Ablenkung ihres Sohnes, der mir über meine Traurigkeit hinweg half. Kinder haben sehr empfindliche Antennen und merken, wenn es ihnen liebgewordenen Menschen nicht gut geht. Dieser kleine Junge von 3 Jahren verspürte meine Traurigkeit, die von meinen Eltern in ihrem großen Schmerz nicht wahrnehmbar waren. Doch Trudes Kind stellte immer wieder seine Warum-Fragen. „Tante Manuela warum bist du so traurig, warum weinst du, warum ist dein Bruder jetzt tot, wo ist er jetzt...".

Obwohl seine Fragen, meine Emotionen wachriefen, schien es für meine stille Trauer hilfreich zu sein. Ich war gezwungen, auf seine Fragen kindliche Antworten zu formulieren und genau dies verhalf mir, meine Arbeit und die Kollegen aufzusuchen. Es tat mir inzwischen wieder gut unter meinen Arbeitskolleginnen sein zu können. Denn hier hatte ich nette Kollegen, die mir zur Seite standen und mir halfen, neuen Mut zum Leben zu finden.

Da meine erste Ehe bereits geschieden war, wir aber noch in der gemeinsamen Wohnung lebten, musste ich aus meinen vier Wänden, aber allein irgendwo hingehen? Ich war nicht gerade kontaktfreudig und wusste nicht, wie ich einen neuen Mann finden sollte. Anstatt erst einmal mit der neuen Situation allein klar zu kommen, trieb mich ein Gefühl Alleingelassen zu sein, viel zu schnell in die Suche nach einer neuen Beziehung.

Zum einen war es für mich so wichtig, weil ich diese schmerzende Einsamkeit, die mir allzu bekannt war, erneut spürte. Es fühlte sich nicht gut an und meine Angst kam zurück, wieder in eine tiefe Traurigkeit zu fallen. Plötzlich sah ich die vielen glücklichen Paare im Park oder die Arbeitskollegen mit ihren Ehepartnern mit anderen Augen. Ich konnte diesen Anblick nicht wirklich ertragen und es stimmte mich traurig. Zum anderen fürchtete ich, wenn ich in meine Wohnung ging, meinen Noch - Ehemann mit seiner Freundin dort anzutreffen. Dass sie jetzt überglücklich auf ihr gemeinsames Kind warteten, dass ich mir so sehr wünschte, konnte ich nicht ertragen. Aber war ich allein in der Wohnung, ging es mir damit auch nicht gut. Es war alles so furchtbar still geworden, niemand wartete auf mein Heimkommen und ich selbst fühlte eine so tiefe Einsamkeit, wie sie mir aus meiner Kindheit schon bekannt war. Ich erinnerte meine Verlustangst aus der Wochenheimzeit und hatte mit der ersten Ehescheidung und dem frühen plötzlichen Tod meines geliebten Bruders zeitgleich zwei Verluste zu verarbeiten. Doch den Tod meines Bruders habe ich viele Jahre nicht betrauern können, da ich doch meine Eltern trösten musste. So verdrängte ich meine eigene Trauer.

Dann fiel mir plötzlich ein, dass ganz in meiner Nähe ein Bekannter aus meiner Lehrzeit wohnte. Er ließ sich von mir, aber auch von allen Kollegen der Telegrammaufnahme früh morgens telefonisch wecken. Er war humorvoll, hartnäckig im Durchsetzen seiner Interessen und im Nachtdienst war er auch sehr unterhaltsam. Da Verena, ein Lehrling meiner Klasse, ihn persönlich kennenlernen wollte, begleitete ich sie mal und wir besuchten ihn zu Hause. Er war sehr sympathisch, hatte eine stattliche Figur und seine Art zu reden, gefiel mir. In meinem Leben war dies der zweite Mann, an dem ich ein ernstes Interesse hatte. Aber da ich damals frisch verheiratet war, blieb er nur ein Bekannter, der mich, solange ich dort in der Telegrammaufnahme gearbeitet hatte, immer wieder des Nachts unterhielt. So vergingen die unendlich langen Nachtschichten, die mir immer schwergefallen sind, wie im Fluge. Unsere Kontakte verliefen mit der Zeit im Sand, als ich zur Kriminalpolizei wechselte. Ab und zu traf ich ihn rein zufällig, wenn ich im Wohngebiet unterwegs war. Er wohnte ein paar Querstraßen weiter. Wir unterhielten uns immer nur kurz. Immer wieder begann er, mit mir zu flirten, besonders, wenn er angeschwipst war. Ich musste ihn immer wieder darauf aufmerksam machen, dass ich bereits vergeben war. Weil er aber einfach nicht aufhörte, mich anzumachen und zu umwerben, was mir schon sehr gefiel, schenkte ich ihm ein kleines bedrucktes Tuch mit einer hübschen Frau, worauf geschrieben stand: „Bin leider schon vergeben." Ich fand es passte zu dieser Zeit, als ich selbst noch verheiratet, um das Fortbestehen meiner Ehe kämpfte. Auch das Wörtchen *leider* fand ich zutreffend.

Am Tag der Beerdigung meines Bruders traf ich ihn, ich trug schwarz und befand mich auf dem Weg zum Friedhof. Er sprach mich sehr mitfühlend an und fragte, wer gestorben sei. Ich erzählte ihm von dem Unfall und auch gleich noch davon, dass mich mein Mann betrogen hatte und wir in Scheidung leben würden. Er lud mich daraufhin ein, ich solle doch vorbeikommen, er würde uns auch was Schönes kochen. Ich meinte, dass ich erst einmal zur

Ruhe kommen wolle und mich dann bei ihm melden würde. Es dauerte nicht sehr lange, denn ich sah eine Chance auf eine neue Beziehung und müsste so auch nicht mehr allein wohnen. Als ich eines Tages an seiner Tür in der Heidenfeldstraße in Berlin Friedrichshain klingelte, öffnete er die Tür mit einem freundlichen Lächeln. Er bat mich herein und nahm mir meinen Mantel ab. Man sah sofort, dass er viel handwerkliches Geschick und eine besondere Liebe zu Holzarbeiten besaß. Der zweite Blick ließ noch eine angenehme Eigenschaft deutlich werden. Er kochte wunderbar, aber immer sehr reichlich. An dem Tag hatte er eine riesengroße Bratenpfanne, in der bequem ein großer Puter Platz gehabt hätte, voll mit vielen Kohlrouladen und ganz viel Schmorkohl darin. Es schmeckte phantastisch. Ich fragte ihn, ob er noch Besuch bekäme und da lachte er und meinte, dass er das nur für sich koche und es in zwei Tagen aufgegessen sei. Mir blieb die Spucke weg und ich konnte es nicht glauben. Nach dem wir den ganzen Tag geredet und am Abend eine Flasche Wein getrunken hatten, brachte er mich noch nach Hause. Ich bat ihn, mich mal zu besuchen, damit ich ihm auch meine Kochkünste vorstellen könnte. Er willigte ein und kam auch gleich am darauffolgenden Wochenende vorbei. Er brachte mir einen Aal aus dem Spreewald mit und ich erschrak, weil ich dachte, er drückt mir eine Schlange in die Hand. Ich hatte einen ganzen Aal zuvor noch nicht gesehen. Wir verspeisten ihn zum Abendbrot und ich meinte, dass er auch bei mir übernachten könne. Zu der Zeit war ich bereits geschieden, die Zweiraumwohnung wurde mir zugesprochen und ich hatte mein Wohnzimmer als Wohn- und Schlafraum hergerichtet. Das kleine Zimmer bewohnte mein Exmann noch einige Zeit, war aber nur sehr selten da. Klaus ist mir an diesem wunderschönen Abend sehr nahegekommen und es war um mich geschehen. Nun konnte ich mir nichts Anderes mehr vorstellen, als mit ihm zusammenzuziehen. Er war zu diesem Zeitpunkt 29 Jahre alt und immer noch Junggeselle, der aber schon mit 18 Jahren in einer eigenen Wohnung allein lebte. Er lud mich ein, ihn mal in den Spreewald zu begleiten, da würde er immer zum Zelten hinfahren. Ich freute mich über diese Einladung und wusste fortan, dass ich gern mit ihm zusammen sein wollte. Am Tag als meine Mutter Geburtstag hatte, es war der 22. September, waren wir im Spreewald geblieben und ich wollte einfach nicht zur Feier nach Hause fahren. Ich wagte es nicht, meiner Mutter die Wahrheit zu sagen, dass ich bereits ein halbes Jahr nach meiner Scheidung mit einem neuen Freund noch im Spreewald bleiben und nicht zur Geburtstagsfeier kommen würde. Also musste eine Notlüge aushelfen.

Ich rief sie an und meinte, ich sei aus dem Kahn gefallen und meine Kleidung sei dabei nass geworden und ich müsse deshalb eine Nacht dableiben. Warum ich diese Notlüge gebrauchte, kann ich mir nur noch so erklären: Meine Mutter war sehr herrisch und bestimmend auch nach meinem Auszug zu Hause. Sie an ihrem Geburtstag nicht zu besuchen, würde sie mir sehr übelnehmen. Zumal doch auch alles vorbereitet war und sie auf meine Hilfe hoffte. Ich hatte einfach Angst, sie könnte mit mir böse sein und dies würde ich nicht aushalten können. Schließlich war ich immer an ihrem Geburtstag bei ihr.

Wir fuhren gemeinsam fast jedes Wochenende in den Spreewald zum Zelten. Es war schon immer eine beschwerliche Tour nach Lübbenau, denn wir hatten kein Auto und Klaus wartete schon 3 Jahre auf sein bestelltes Auto. Heute ist dies kaum vorstellbar, aber zu diesem Zeitpunkt hätte er noch ungefähr 7 bis 8 Jahre auf das Auto warten müssen.

Mit dem ganzen Gepäck, Zelt, Matratzen, Kleidung, Kochgeschirr und Kocher zogen wir los und fuhren im vollen Zug bis nach Lübbenau und dann mit voller Montur zu Fuß ca. zwei Kilometer nach Lehde zum Campingplatz. Erst dann machten wir uns auf den Weg ins Restaurant „Zum kleinen Hecht", wo wir schon wie Einheimische aufgenommen wurden. Da wir aus Berlin kamen, brachten wir natürlich viele Dinge mit, wie Zigaretten der beliebtesten Sorte „Cabinet" und Obst, wie Bananen und Südfrüchte, die es hier überhaupt nicht zu kaufen gab. Später wurde die Liste der Lebensmittel immer länger, weil die Versorgung außerhalb Berlins immer schlechter wurde. Der ganztägige Aufenthalt in der Natur erinnerte mich an meine Kindheit bei Onkel Erich in Zittau. Wir unternahmen Kahnfahrten bei Mondschein, fuhren zum Schlachtfest mit Musik und Tanz zu einem wunderschön gelegenen Wirtshaus „Wotschofska" im tiefen Spreewald. Die Kahnfahrten nach Mitternacht zurück nach Lehde waren oft sehr unterhaltsam. Es war stockfinster, der Mond schien ganz hell und wirkte auf mich sehr romantisch. Wir liehen uns immer einen Kahn aus und Klaus stakte mich durch die abgelegenen Routen des Spreewaldes. Wir sahen dort viele Storchenwiesen, schleusten uns selbst durch einige kleine Schleusen und badeten auch darin. So verbrachten wir gemeinsam den ganzen schönen goldenen Herbst 1981 und waren in dieser Zeit überaus glücklich. Wir sind uns hier auch immer nähergekommen und oft weinte ich leise vor mich hin, wenn er mit mir zusammen war. Ich war traurig, wenn ich bemerkte, dass ich nicht fähig war, meinen Partner vollends zufriedenzustellen.

Ich spürte anfangs den großen inneren Drang nach Nähe und Sexualität, stellte mir vor, wie schön es sein würde und wenn es dann soweit war, verkrampfte es sich oft ganz plötzlich in mir und es überwältigte mich immer wieder ein Gefühl von eisiger Kälte. Damals hatte ich keine Erklärung dafür. Doch anstatt darüber endlich zu reden, überspielte ich dieses Gefühl. Ich hatte Angst, dass er mich deshalb auch verlassen würde, wenn es mir nicht gelang, ihn glücklich zu machen. Also täuschte ich ihm einen Höhepunkt vor, von dem ich nicht einmal eine Ahnung hatte, wie sich so etwas anfühlte.

Mangelnde Kommunikation über Gefühle und Empfindungen waren für uns beide die Ursache vieler Probleme. Denn auch er konnte nicht darüber reden, sonst hätte er es doch hinterfragen müssen, was auch er nie tat.

Endlich schwanger und doch kein Kind

Dennoch kam es im November 1981 zu einem unvorhersehbaren, wundervollen Ereignis. Ich wurde doch schwanger. Einfach mal so und war voller Glücksgefühl. Den ganzen Tag war ich aufgeregt, als ich die sichere Nachricht vom Arzt bekam. Ich war sehr aufgeregt, überschwänglich und überlegte, wann und wie ich es Klaus, meiner zweite große Liebe und Vater meines zukünftigen Kindes, erzählen wollte. Ich machte es uns schön, schenkte Sekt ein und sagte ganz aufgeregt zu ihm: „Ich habe dir etwas Schönes zu berichten."

Ich sagte, dass ich doch tatsächlich schwanger sei und er Vater werden würde und wartete voller Sehnsucht auf eine hoffentlich positive Reaktion. Natürlich freute er sich genau wie ich und ich fragte ihn, ob wir nicht vorher heiraten sollten oder ob er noch warten wolle. Er meinte, dass er sich eine Ehe mit mir gut vorstellen könnte und so planten wir unsere Hochzeit im April 1982. Doch schon endete völlig überraschend die erste Schwangerschaft im Februar 1982. Ich bekam plötzlich einen Blutsturz und wurde ins Krankenhaus Friedrichshain gebracht. Der Arzt, der mich untersuchte sagte gleich zu mir: „Es tut mir leid, aber sie werden ihr Kind verlieren." Doch einen Tag später erfuhr ich, dass es gleich zwei Kinder waren, die ich noch am Ende des vierten Monats verlor. Zwillinge wie schön wäre es gewesen. Tief betrübt war ich und so schockiert, dass ich mir selbst die Schuld dafür gab. Immer wenn etwas Schlimmes passierte, suchte ich nach einer Schuld und fand sie immer wieder bei mir. Weil ich Kopfschmerztabletten genommen hatte, glaubte ich, deswegen mein Kind bzw. die Zwillinge verloren zu haben. Nun begleitete mich eine Angst, über die ich heute lächeln muss. Wie naiv ich doch gedacht hatte. Ich fragte Klaus bei seinem Besuch im Krankenhaus ernsthaft, ob er mich dennoch im April heiraten würde. Er musste lachen und sagte natürlich, warum denn nicht. Er verstand meine Frage nicht und ich erklärte ihm, dass wir doch die Hochzeit nur planten, weil ein Kind unterwegs war. Trotz aller Traurigkeit über diese Fehlgeburt war ich dennoch zuversichtlich. Ich wusste endlich, dass ich schwanger werden kann, weil keine Sterilität bei mir vorlag. Also rückte dieser Gedanke erst einmal in den Hintergrund, ich verhütete weiterhin nicht und wir waren ungeschützt ständig zusammen. Wir genossen unser Zusammensein und heirateten zu Ostern am 08. April 1982. Es war eine kleine

Hochzeitsfeier von ca. 16 Personen. Zum Standesamt kam auch meine Freundin Trude, der ich so viel zu verdanken hatte. Sie war meine einzige Freundin, die ich hatte. Zumindest bis 2014 war sie es. Nach der Trauung gingen wir mit unseren Gästen gemeinsam ins Restaurant „Baikal" am Leninplatz zum Hochzeitsessen und ließen danach alle Gäste allein zurück. Denn nun traten wir unsere Hochzeitsreise an, fuhren nach Dresden und hatten eine sehr schöne erinnerungsreiche Hochzeitsreise. Unser Quartier in Dresden war eine Pension, wunderschön gelegen auf dem „Weißen Hirsch", wo uns die ganze Stadt zu Füßen lag. Wir besuchten den Dresdner Zwinger, waren im Grünen Gewölbe und im Verkehrsmuseum. Die Ruine der Frauenkirche ließ uns ahnen, wieviel Zerstörung der sinnlose Zweite Weltkrieg mit sich brachte. Nach einer Woche fuhren wir von dort aus nach Bad Schandau und durchwanderten das Elbsandsteingebirge. Wir nahmen unsere Koffer und gingen zur Anlegestelle der Schaufelraddampfer in Dresden, denn unsere Hochzeitsreise setzten wir mit dem Schaufelraddampfer fort. Wir sind auf die Bastei geklettert, haben die Festung Königsstein besucht und machten einen Abstecher nach Karlovy

Vary. Es war eine wunderschöne Reise mit bleibenden Erinnerungen, die uns später immer wieder mal nach Dresden zogen.

Meine berufliche Entwicklung bis 1990

Als ich am 8. April 1982 das zweite Mal geheiratet hatte, arbeitete ich schon zweieinhalb Jahre in der Codierungsgruppe bei der Kriminalpolizei und kämpfte gemeinsam mit Trude als aktive Gewerkschaftsfunktionärin im Arbeitskollektiv der Daktyloskopie um den Titel „Kollektiv der sozialistischen Arbeit". Dabei handelte es sich um eine kollektive Auszeichnung der DDR, die bestimmte Arbeitsgruppen, Brigaden oder auch Abteilungen in Wirtschaft, Landwirtschaft, aber eben auch in den Staatsorganen der DDR erhielten. Dafür waren hohe Maßstäbe an die Kollektivität gesetzt. Um diesen Titel zu erhalten, mussten neben den fachlichen Aufgaben, auch kulturelle und politische Veranstaltungen *kollektiv* besucht werden. Zu Beginn eines jeden Jahres wurden die Aufgaben in einem Programm klar definiert und mussten von der SED-Parteileitung abgesegnet werden. Am Ende des Jahres musste über die Aktivitäten und die einzelnen Programmpunkte Rechenschaft abgelegt werden. Dieser

Bericht wurde immer auch in der SED-Mitgliederversammlung vorgetragen. Trude war damals Vertrauensfrau und ich fungierte an ihrer Seite als Stellvertreterin. Wir waren ein gut eingespieltes Team und genossen die Anerkennung, die uns durch die Dienststellen- und Parteileitung zuteilwurde. Trude und ich, wir saßen lange, gemeinsame Abende zusammen und arbeiteten gemeinsam an den jährlichen Rechenschaftsberichten, in denen viel Wert auf den *sogenannten Klassenstandpunkt der Arbeiterklasse* gelegt wurde. Aber wir organisierten auch liebgewordene Veranstaltungen, wie z. B. im Quartal einen Theater- oder Museumsbesuch und sehr beliebt waren Kinobesuche. Kegelabende und Bowlingveranstaltungen, die immer im Kollektiv direkt nach Dienstschluss oder auch am Abend stattfanden, zählten zu den Standards. Natürlich mussten wir dabei schon auch auf bestimmte Themen bei den Kino- oder Theaterbesuchen achten, die dann eher einem Bildungsabend gleich kamen. Die Teilnahme eines jeden Zivilbeschäftigten am jährlichen Dienstsportfest war eine Pflichtveranstaltung. So waren viele abendliche Veranstaltungen kollektiv besucht und auch einige Veranstaltungen mit den Ehepartnern erwünscht. Ob es nicht auch einer gewissen Kontrolle der Freizeitgestaltung der Familien geschuldet war, weiß ich nicht. Fakt jedoch war es, dass wir ein sehr gefülltes Programm hatten, welches es einzuhalten galt und wir immer um eine bestmögliche Beteiligung aller kämpfen mussten.

Wenig Zeit blieb da noch übrig für den Einzelnen, denn nach der streng organisierten kollektiven Arbeit während und nach den Diensten, wartete vor allem auf uns Frauen die zweite Schicht als Mutter und Ehefrau. Zu keiner Zeit dachte ich darüber nach, was ich mit meiner Freizeit anstellen sollte. Sie war für mich ausgefüllt mit der Verrichtung meiner dienstlichen Pflichten, meiner gesellschaftlichen Aktivitäten als Gewerkschaftsfunktionärin und dem Kümmern um die häuslichen Pflichten. Im Jahr 1982 gelang es uns erstmals, den Titel „Kollektiv der sozialistischen Arbeit" zu erringen. Wichtig war für den Erhalt dieses Titels, dass alle Mitglieder des Kollektivs in die Gesellschaft für Deutsch-Sowjetische Freundschaft (DSF) eintreten mussten. Es gelang uns, diesen Titel für fünf weitere Jahre zu verteidigen bis wir eine hohe staatliche Auszeichnung erhielten. Am 01. Mai 1986 erhielt unsere Arbeitsgruppe die hohe staatliche Auszeichnung

„Banner der Arbeit Stufe III" als kollektive Auszeichnung und es erfüllte uns alle mit Stolz. Sicher war diese Auszeichnung auch für den Einzelnen erstrebenswert, weil damit eine satte Geldprämie verbunden war.

Mein beruflicher Werdegang ging ebenso zügig voran, wie meine gesellschaftliche Entwicklung in der Kriminalpolizei. Während ich 1980 als Hauptsachbearbeiterin eingestellt wurde, stieg ich bis 1982 zwei höhere Dienstposition auf. Als Oberreferentin war ich nun auch stellvertretende Arbeitsgruppenleiterin. So folgte ich Trude immer einen Schritt hinterher und übernahm ihre dienstliche Stelle, wenn sie einen Schritt weiterkam. So spielten wir uns auch als dienstliches Team sehr gut ein.

Sie war bis 1986 Arbeitsgruppenleiterin und ich ihre Stellvertreterin bei Abwesenheit. Dann wurde sie Befehlsempfängerin und wurde VP-Angehörige und ich übernahm ihre Dienststellung als Arbeitsgruppenleiterin eines reinen Frauenkollektivs von insgesamt 13 Frauen. Diese Funktion hatte ich bis zur friedlichen Revolution und Abwicklung meiner Dienststelle inne und erfüllte sie mit einem sehr ausgeprägten parteilichen Standpunkt.

In der Nacht des Mauerfalls

Zum zweiten Mal in meinem Leben passierten zwei Ereignisse zeitgleich. Nur dieses Mal sind es Ereignisse, die mein ganzes künftiges Leben verändern sollten.

Die Mauer fiel genau in der Nacht, als ich mein einziges Kind auf die Welt brachte. Da ich im letzten Drittel meiner Schwangerschaft eine Schwangerendiabetes bekam, war ich schon lange vor der Geburt arbeitsunfähig geschrieben und befand mich oft im Krankenhaus. Die Kontakte zur Arbeitsstelle waren seit ca. zwei Monaten fast abgebrochen. Nur Trude hielt noch Kontakt zu mir. Somit war ich für diese Zeit auch abseits jedweder politischer Beeinflussung und ich verfolgte die Bemühungen um die Reiseerleichterungen im Fernsehen bzw. Radio. Es interessierte mich inzwischen, wann die Partei- und Staatsführung der DDR endlich das Reisen für alle DDR-Bürger ermöglichen würde. Ich fand, es war an der Zeit, jene Bürger reisen zu lassen, die es sich wünschten und vor allem im Sinne von Familienzusammenführungen musste doch endlich etwas geschehen.

Anfang November 1989 musste ich zur Kontrolluntersuchung ins Oskar-Ziethen-Krankenhaus. Da die Herztöne meines zu erwartenden Kindes sehr unregelmäßig und auch meine

Blutzuckerwerte nicht so gut waren, musste ich zur Überwachung im Krankenhaus verbleiben.

Am 09. November 1989 war es soweit. Meine Tochter wollte nicht länger warten und ich musste gegen 19 Uhr in den Kreißsaal. Die Vorbereitung auf die Geburt war in vollem Gang und die Fruchtblase platzte gegen 21 Uhr.

Dann gab es plötzlich eine große Unruhe unter dem Krankenhauspersonal. Ich nahm nur einige Wortfetzen wahr, die ich nicht richtig einordnen konnte. Die Hebammen unterhielten sich und stritten, wer zur Friedrichstraße fahren darf und wer dableiben muss. Wir waren zwei Frauen in den Wehen und nur eine Hebamme da.

Ich hatte die Uhr direkt vor mir, während ich in den Wehen lag.

So weiß ich noch sehr genau, dass meine Tochter Sandra kurz vor 24 Uhr den Kopf bereits draußen hatte und genau um 00.01 Uhr der Rest ihres kleinen winzigen Körpers auf die Welt kam. Ich war der glücklichste Mensch auf Erden und konnte mein lang ersehntes Glück nicht fassen.

Als das winzige Wesen, meine Tochter, noch voller Blut auf meinen Bauch lag, wagte ich es nicht, sie an mich zu drücken und so genoss ich es, ihr kleines Köpfchen sanft zu berühren. Dabei liefen mir ein paar Tränen der Freude über meine Wangen und ich fühlte ein unbeschreibliches Glücksgefühl.

Gegen 02.30 Uhr wurde ich vom Kreißsaal wieder zurück auf meine Station gebracht, während meine Tochter auf der Säuglingsstation verbleiben musste. Ich war sehr traurig darüber, dass es mangels fehlender Fachkräfte für uns Diabetikerinnen keine Möglichkeit gab, mit dem Kind in einem Zimmer untergebracht zu sein. *Es war nicht einmal möglich, unser Kind bis auf die Stillzeiten länger bei uns zu haben.* So wartete ich immer sehr ungeduldig auf die nächste Stillzeit. Denn als insulinpflichtige Diabetikerin durfte ich meine Tochter immer nur zu den Stillzeiten auf der Säuglingsstation besuchen.

Die Hebammen dort waren sehr ruppig im Umgang mit uns Diabetikerinnen. Immer wenn ich mein Kind holte, musste ich mit ihr und vier weiteren Müttern mit Diabetes in eine Wäschekammer gehen, während die anderen Mütter mit ihren Kindern auf einer Station lagen und ihre Kinder immer sehen konnten. Hier sollten wir unsere Kinder stillen und dies in einem Raum, wo Handtücher gewechselt wurden und sogar einige Schwestern sich umzogen. Sandra ist mein erstes Kind und ich war sehr hilflos, da ich eingezogene Brustwarzen hatte, die mir ein Stillen unmöglich machten. Die Hebamme kam irgendwann mal in die Wäschekammer, um nach uns zu schauen. Sehr ruppig drückte sie mir mein Neugeborenes, dass erst einen Tag auf dieser Welt war, so stark gegen die Brust, dass es keine Luft bekam. Ich stieß ihren Unterarm weg und mein kleines Mädchen schnappte nach Luft und dann schrie sie nur noch. Ich war wütend über dieses Ungeheuer von Hebamme und zugleich fühlte ich mich ohnmächtig ausgeliefert diesem ungebührenden Verhalten der Hebamme. Unverständlich wie man mit uns an Schwangerendiabetes erkrankten jungen Muttis umging, die schon unglücklich genug waren, weil wir unsere Neugeborenen nur zu den vorgeschriebenen Stillzeiten zu Gesicht bekamen und das nur, weil man uns auf der Neugeborenenstation nicht fachgerecht betreuen konnte. Ich hatte keine Ahnung, wie ich dem Ganzen hätte begegnen sollen. Also hoffte ich so sehr, dass ich schon bald mit unserer kleinen Sandra nach Hause konnte. Jeden Tag bettelte ich um Entlassung und bekam immer die gleiche Antwort: „Vor einer Woche kommen Sie hier nicht raus." In dieser einen Woche durften wir nur zum Stillen zu unseren

Kindern und hatten zwischendurch keine Möglichkeit, unseren Kindern Nähe und Geborgenheit zu geben. Auch Pflegearbeiten, wie Windeln oder Hautpflege selbst übernehmen, durften wir die ganze Woche nicht. Es hätte gerade den Erstgebärenden geholfen, unter Anleitung die eine oder andere Arbeit am Kind selbst mal zu tun. Dies war eine der schlimmsten Zeiten, die ich je in einem Krankenhaus verbringen musste.

Am nächsten Morgen versuchte ich meine Mutter anzurufen, um ihr mitzuteilen, dass sie eine kleine Enkelin bekommen hat. Es gelang mir nicht und ich verstand nicht, warum sie so früh nicht ans Telefon ging. Meinen Vater hatte ich gleich um 8 Uhr angerufen und er war riesig stolz, eine kleine Enkelin bekommen zu haben. Ich rief meinen Mann an und fragte ihn, was mit meiner Mutter los sei. Ich würde sie nicht erreichen. Da erzählte er mir, dass die Grenzen geöffnet seien. Ich habe dies gar nicht richtig verstanden und dachte, das ist doch schön, dass endlich die Reiseerleichterungen durchgewinkt wurden. Ich fragte ihn wieder, was dies mit meiner Mutter zu tun habe, da sagte er: „Na die wird wohl im Westen sein und ihre Brüder besuchen." Ich sagte: „Na das kann nicht sein, sie darf mit Sicherheit nicht in den Westen gehen."

Ich begriff es einfach nicht, was da in dieser Nacht geschehen war. Erst als ich meine Mutter endlich am Nachmittag erreicht hatte und ihr sagen konnte, dass sie Oma geworden war, hatte sie eine für mich sehr verletzende Antwort: „Musst du ausgerechnet in dieser Nacht dein Kind zur Welt bringen?" Ich fragte daraufhin, ob sie sich denn gar nicht freue und sie antwortete, „doch aber ausgerechnet jetzt, wo die Grenzen offen seien, musste sie doch ihre Brüder besuchen fahren". Erst jetzt begriff ich, was für ein Wunder geschehen war.

Mein Mann erzählte mir sehr ausführlich, wie es zur Grenzöffnung gekommen war. Nach einer Woche durfte ich endlich aus dem Krankenhaus und Trude erzählte mir am Telefon von der Grenzöffnung. Ich erfuhr, dass bereits viele aus unserer Abteilung im Westen waren und sich das *Begrüßungsgeld* abgeholt hatten. Ich konnte lange nicht diesen Schalter umlegen, wie meine Kollegen der Kriminalpolizei.

Das Begrüßungsgeld war eine Unterstützung, die in der Bundesrepublik Deutschland jedem einreisenden Bürger der Deutschen Demokratischen Republik sowie der damaligen Volksrepublik Polen, soweit eine deutsche Abstammung nachgewiesen werden konnte, aus Mitteln des Bundeshaushaltes gewährt wurde. Es wurde 1970 in Höhe von 30 Deutschen Mark eingeführt und konnte zweimal im Jahr in Anspruch genommen werden. 1988 wurde es auf 100 DM erhöht, jedoch auf eine einmalige jährliche Inanspruchnahme beschränkt. Besondere politische und wirtschaftliche Bedeutung erlangte das Begrüßungsgeld infolge der Öffnung der innerdeutschen Grenze am 9. November 1989.

Quelle: Wikipedia

Was war denn nun plötzlich mit der Sicherheit unseres Landes, wer sorgte denn nun für Ordnung und was war mit dem Feindbild? Wo war denn die Gesinnung der vielen Genossen geblieben? Mir wurde klar, dass all die Reden über den so genannten Klassenfeind von einem auf den anderen Tag vergessen waren. Ich verstand die Welt nicht mehr und mir wurde plötzlich bewusst, dass ich in meinem ganzen Leben nur belogen wurde. Ich bemerkte, dass ich mit dem Feindbild, welches ich immer und immer wieder eingeimpft bekam, nur betrogen wurde. Was mich im Nachhinein vielmehr schockierte, war die Feststellung, dass ich offensichtlich nur von sogenannten Wendehälsen umgeben war. Als ich mit meiner Tochter im Dezember meine Kollegen auf Arbeit besuchte, wurde ich von allen Genossinnen angehalten, ich müsse unbedingt noch dieses Jahr rüberfahren, mir *mein Geld* abholen und müsse die Sandra mitnehmen. Was für Genossen waren das eigentlich? Ich fragte, ob auch der Parteisekretär und der Dienststellenleiter schon drüben waren. Da meinten sie alle belustigt: „Na die waren als erste drüben." Ich kam mit diesem raschen Sinneswandel einfach nicht klar.

Was musste mein Mann mit mir reden, dass ich endlich mit Sandra und ihm in den Westen fuhr. Nach dem er mich genügend bearbeitet hatte und selbst mein Vater mehrfach im Westen war, wagte ich den Schritt und fuhr mit meiner kleinen Familie nach Westberlin. Wir fuhren zur Bernauer Straße und am Übergang hatte sich eine sehr lange Menschenschlange gebildet. So verdammt viele Menschen, die kurz vor Weihnachten nach Westberlin wollten. Ich war sprachlos und immer noch voller Anspannung, was gleich am Kontrollposten passieren würde. Als ich meinen Ausweis rübergab und dieser einen Eintrag in meinem Ausweis tätigte, wurde mir ganz schlecht. Ich bekam riesige Angst, dass ich deswegen auf Arbeit nun doch Ärger bekommen könnte. Zielgerichtet steuerte mein Mann mit uns die nächstgelegene Poststelle an, wo wir das Begrüßungsgeld für

Sandra und mich beantragten und auch bekamen. Doch irgendwie fühlte ich mich schlecht dabei, dieses Geld anzunehmen.

Als ich diese Prozedur am Grenzübergang und in der Poststelle überstanden hatte, reizte mich natürlich auch das viele Bunt in den Geschäften von Westberlin. Da ich ein großer Eis-Fan bin, kauften wir uns als allererstes ein Eis am Stiel. In dem Laden war die Auswahl so riesig, dass ich gar nicht wusste, welches Eis ich nehmen sollte. Ich genoss die dicke knackige Schokolade, die das Eis umhüllte und den sonderbar sahnigen Vanillegeschmack. Es störte auch nicht, dass meine Hände fast blau vor Kälte waren. Noch ein paar Tafeln Schokolade, sogar mit ganzen Nüssen und zwei Pakete Kaffee haben wir für das Weihnachtsfest mitgenommen. Aber das restliche Geld sparten wir auf, um es für Sandras wunden Popo zu verwenden. Sie hatte riesige Probleme mit den herkömmlichen Baumollwindeln. Immer große wunde Stellen in ihrer Leistengegend machten es notwendig, auf die westlichen Windelhosen und die gute Penatencreme zurück zu greifen. Damit heilten ihre Wunden sehr schnell ab.

Nach und nach füllten sich auch die Geschäfte in Ostberlin mit den Waren des Westens, die wir jedoch vorerst nur für teures „Ostgeld" erwerben konnten. Denn diese Windeln wurden hier für einen völlig überteuerten Betrag angeboten.

Sehr lange glaubte ich noch daran, dass dies nicht so bleiben würde und dass sie irgendwann die Grenzen zum Westen wieder schließen. Diese Meinung vertrat mein Vater noch viele Jahre später. Aber für mich änderte sich durch diese Grenzöffnung zunächst nicht sehr viel. Für mich war immer noch das Mutterglück weitaus wichtiger als diese Grenzöffnung, der ich nicht so offen gegenüberstand, wie die vielen Wendehälse auf meiner Arbeitsstelle. Ich muss eingestehen, dass es bei mir mehrere Jahre gebraucht hat, bis ich die deutsche Einheit für mich annehmen konnte.

Ganz plötzlich und unerwartet in einer Nacht wurden die Grenzen zum Westen geöffnet und mir wurde genauso plötzlich der Boden unter den Füßen wegzogen. *Genauso unerwartet*, schon nach einem knappen Jahr *wurde ich auch mit der Wiedervereinigung Deutschlands zur Bundesbürgerin, in deren Rolle ich mich noch sehr lange fremd fühlte.*

Nahezu von jetzt auf gleich verlor ich all meine Grundüberzeugungen und die Menschen, denen ich vertraute, wandelten sich für mein Verständnis viel zu schnell. Sie wechselten ihre Grundeinstellungen in einer Nacht, als hätte es dieses Feindbild nie gegeben. Alles woran ich bisher geglaubt hatte, stürzte wie ein Kartenhaus zusammen. Zulange stand ich unter der Feindpropaganda, der kommunistischen Erziehung und der diktatorischen Beeinflussung meiner Eltern und der Partei.

Heute, so glaube ich, begriff ich das alles erst, nachdem ich dieses ganze Thema in meiner tiefenpsychologischen Behandlung zum ersten Mal in meinem Leben hinterfragte. Rational habe ich es begriffen, wie „normal" mein Leben wirklich war. Emotional jedoch braucht es noch viel Zeit, die verborgenen und in mir wohnenden Gefühle zuzulassen und zu leben.

Gerade deshalb war die Geburt meiner Tochter, die in dieser historischen Nacht geboren wurde ein doppeltes Glück. Sie war für mich ein Gottesgeschenk, dass genau zu dieser Zeit meine Tochter zur Welt kam. Dieses kleine, schutzbedürftige Wesen, meine Tochter, gab mir, ihrer Mama wieder Boden unter den Füßen. Welch verdrehte Welt. Durch sie bekam mein Leben wieder Sinn und ich wollte alles besser machen. Niemals sollte sie sich allein gelassen fühlen.

Niemals sollte sie diese fortwährende Einsamkeit fühlen. Ich wollte einfach so viel Zeit wie nur möglich mit meiner Tochter verbringen und all die anderen Enttäuschungen vergessen. Ich nahm das Babyjahr in Anspruch und blieb mit meiner Tochter ein ganzes Jahr zu Hause. In dieser Zeit habe ich mich von der ideologischen Beeinflussung durch die Dienststellenleitung abwenden können und dies tat mir gut. So erfuhr ich nichts davon, wie die ganze revolutionäre Entwicklung in der DDR von Seiten der Dienststelle eingeordnet wurde. Ehrlich gesagt, ist es mir zu diesem Zeitpunkt egal geworden, weil ich mich von meinen Kollegen der Kriminalpolizei und der SED betrogen fühlte.

Ich war leidenschaftlich Mama und genoss ihr Dasein so sehr, weil ich mich so viele Jahre nach einem Kind gesehnt hatte. All meine Liebe, die ich mir als Kind so sehr wünschte, wollte ich nun meiner Tochter schenken. Nach meinem Mütterjahr trat ich meinen Dienst auf meiner Arbeitsstelle wieder an, übernahm auch sofort wieder die Arbeitsgruppenleitung meines Arbeitskollektivs von 13 Frauen und war fortan einer Doppelbelastung als vollberufstätige Mutter ausgesetzt. Erschwert war mir dies dadurch, dass sich meine Tochter in der Kinderkrippe nicht gut fühlte. Die Erzieherin musste mir mein Kind regelrecht von den Armen reißen. Das tat mir verdammt weh, weil es mich immer wieder an meine Wochenheimerlebnisse schmerzlich erinnerte. Aber ich sah keine Möglichkeit, weiterhin zu Hause zu bleiben. Sowohl mein Mann als auch die Kollegen meinten, die Rente würde dann sehr stark beschnitten werden, wenn ich nur in Teilzeit arbeiten würde. Obgleich dies bei der Kriminalpolizei ohnehin nicht gegangen wäre, da zu dieser Zeit keine Teilzeitbeschäftigung möglich war. Also suchte ich nach anderen Möglichkeiten. Oma Erika, die zweite Frau meines Vaters redete mir zu und meinte, dass sie sich um Sandra kümmern könne, wenn sie krank ist. So kann ich in Ruhe zur Arbeit gehen. Es fühlte sich für mich gut an, da ich wusste, dass Sandra für diese Zeit bei ihr gut versorgt sein würde. Besonders innig war ihr Verhältnis dadurch natürlich nur zu ihrer Oma Erika. Ich selbst spürte, wie sehr sich mein Vater und Erika um unsere Sandra bemühten und sah die Freude auf beiden Seiten. Sie beide gaben ihrer Enkelin all die Liebe, die ich als Kind nie spüren konnte. Obgleich ich mir der innigen Liebe meines Vaters sehr bewusst war. Bedauerlicherweise

● ● ●

konnte meine Mutter sich von Anfang an nie so herzlich, um Sandra kümmern. Erst viel später, wo sie schon lange laufen konnte und vor allem sauber war, da übernahm sie es auch mal, mit ihr allein zu Hause zu bleiben. Schade eigentlich. Sandra war sehr häufig krank und hatte sehr anfällige Bronchien. Das erste Mal bekam sie im Alter von sechs Monaten, kurz nach unserem ersten Umzug in die Dreiraumwohnung, eine heftige Lungenentzündung und ich besuchte sie täglich nach der Arbeit im Kinderkrankenhaus. Es fiel mir verdammt schwer, sie täglich dort zurück lassen zu müssen. Sie war doch noch so winzig, hilflos und liebebedürftig. Jede Nacht ohne sie, weinte ich mich in den Schlaf. Nach zweieinhalb Wochen durfte ich sie endlich wieder nach Hause holen. Ich bemerkte an ihr, dass sie mit mir, ihrer Mama fremdelte und ich spürte ein furchtbares Gefühl, dass sie mich nicht mehr als ihre Mama erkennen würde. Das tat mir bitter weh. Sie erkrankte noch mal an einer Lungenentzündung und ich musste sie wieder ins Kinderkrankenhaus in der Hansastraße bringen. Ich wehrte mich so sehr dagegen, aber es half nichts. Die Kinderärztin sprach sehr lange mit mir und sie verstand meine Ängste. Sie bot mir an, dass ich mit ins Krankenhaus gehen könnte und sie ein

Bett für mich im Zimmer meiner Tochter aufstellen könne. So etwas gab es in DDR überhaupt nicht. Ohne auch nur einen Moment zu zögern, sagte ich zu. Ohne irgendjemanden zu fragen, ob es vom Arbeitgeber genehmigt werden würde. Ich fuhr sofort zur Arbeit und erklärte meine Situation und meine Sorge um die psychische Gesundheit meiner Tochter, wenn ich sie im Krankenhaus wieder allein lassen würde. Ich hatte einige Probleme mit der Durchsetzung um einen *unbezahlten Urlaub* für die Zeit des Krankenhausaufenthaltes. Es war schon ein Kampf. Ich war sogar bereit, meinen Job aufzugeben, wenn sie mir diese unbezahlte Freistellung nicht gewähren würden. Noch einmal wollte ich es nicht riskieren, dass mein eigenes Kind mich als ihre Mama nicht wiedererkennt.

Zu schmerzlich war diese Erfahrung für uns beide. Ich bekam mein Bett in ihrem Krankenzimmer und ich fühlte mich viel wohler, in der Nähe meiner unter starker Atemnot leidenden Tochter zu sein. Hier wachte ich Tag und Nacht über ihren unruhigen Schlaf und konnte ihr das Gefühl von Geborgenheit und mütterlicher Zuwendung geben. Während den ganzen Behandlungen durfte ich sie immer begleiten und oft sogar selbst mit Hand anlegen. Der zähe

Schleim in ihren Bronchien musste aus ihrem Körper herausgeklopft werden und auch die vielen Dampfkammerbehandlungen waren für sie sehr unangenehm, aber da ich, ihre Mama, bei ihr war, fühlte sie sich ein ganzes Stück sicherer. Später wurde sie auf mehrere Allergien getestet und durchlief noch einige Jahre etliche Facharztbesuche wegen ihrer häufigen Atemwegsinfekte. Erst als Sandra im Alter von drei Jahren in den Kindergarten wechselte, nahmen ihre häufigen Erkrankungen der oberen Luftwege ab.

Heute meine ich zu wissen, dass auch sie mit nur einem Jahr viel zu früh in die Krippe gegeben wurde. Sehr lange fühlte sie sich dort unwohl und begann sogar zeitweise das Mittag wieder herauszuwürgen. Heute bedaure ich es sehr, dass ich mich für eine Verlängerung unbezahlter Freistellung nicht stark genug gemacht habe, obwohl doch mein Bauchgefühl mir anderes angezeigt hatte. Doch da alle Vertrauenspersonen in meinem privaten Umfeld mir immer wieder klar machten, dass sie sich nur eingewöhnen muss, folgte ich diesen Bedenken und ging wieder arbeiten.

Ich selbst versuchte meine Dienstzeiten so zu legen, dass ich sie spätestens nach dem Mittagschlaf abholen konnte und fand ein Einvernehmen mit der Dienststelle eine Stunde früher meinen Dienst zu beginnen. Besonderen Dank gilt Oma Erika, die sich immer um Sandra kümmerte, wenn sie krank war und so wusste ich, dass sie wenigstens eine feste und vor allem liebevolle Bezugsperson hatte. So holten sie Sandra auch schon mal am Vormittag ab und als ich nach Hause kam, krabbelte Sandra mit ihren Großeltern am Boden herum und wir waren alle sehr glücklich. Oft schaute ich ihnen beneidenswert zu, denn allzu gern wäre ich einfach 3 Jahre mit ihr zu Hause geblieben und hätte so sicher selbst ein innigeres Verhältnis zu meinem Kind bekommen. Dies war mir nicht vergönnt, da man mir schon die erste Lebenswoche mein Kind auf der Neugeborenen Station bis auf wenige kurze Momente zu den Stillzeiten entzog nur weil ich an Diabetes erkrankt war.

Reisefreuden

Wir waren noch sehr viele Jahre nach unserer Hochzeit reiselustig und verreisten im Jahr zwei- bis dreimal in viele Privatquartiere über den Freien Deutschen Gewerkschaftsbund (FDGB). So kannten wir schon bald alle Ecken des Harzes, der unser bevorzugtes Urlaubsgebiet war. Weil wir beide uns in der Natur wohlfühlten, gern und viel wanderten, reisten wir auch noch sehr lange zu dritt mit unserer Tochter durch die DDR, in die ČSSR und einmal auch nach Österreich. Der schöne Landstrich rund um Goldegg tat uns gut und er lag in der Nähe von Salzburg. Einmal sind wir zum Groß Glockner gefahren und trafen dort auf Schnee mitten im Sommer. Es gefiel unserer Tochter Sandra, kurzärmlig und ohne Socken eine Schneeballschlacht zu veranstalten. So verbrachten wir nach der Öffnung der innerdeutschen Grenze noch einige Urlaube im westlichen Harz, der Lüneburger Heide und in Bayern. Sehr schöne Erinnerungen aus dieser gemeinsamen Zeit, die mir geblieben sind. Schöne Urlaubsziele, in denen wir ausgiebig und viel gewandert sind. Urlaub, der unserer Gesundheit und der Erholung vom Arbeitsstress gut getan haben.

Wir sehnten uns danach, jedes Wochenende im Grünen zu sein und so suchten wir lange nach ein Gartengrundstück zur Pacht. Dies versuchten wir schon früher zu DDR-Zeiten, aber da wir zu dieser Zeit noch kein Kind hatten, bekamen wir ein solches Grundstück nicht. Denn diese waren in der DDR vor allem kinderreichen Familien vorbehalten, was ja so auch verständlich und in Ordnung war.

Denn Ferienplätze für die dringende Erholung von der Vollbeschäftigung und der Doppelrolle der Mütter waren in der DDR einfach rar. Das Land mit seiner Mauer war auch sehr begrenzt und Urlaub in den sozialistischen Bruderländern war für viele einfach nicht bezahlbar. Unsere Tochter war damals etwa neun Jahre alt, als wir endlich über eine Annonce ein kleines Pachtgrundstück in einer sehr kleinen Anlage gefunden hatten, was wir lange als Wochenend- und Urlaubsgrundstück nutzten. Es ist wunderschön gelegen und befindet sich in Finowfurt, ganz in der Nähe vom alten Finowkanal. Hier lernte Sandra Fahrrad fahren und wir hatten sehr viele Bademöglichkeiten in der Nähe. Oft fuhren wir zum Werbellinsee, sammelten in der Schorfheide viele Pilze und machten Ausflüge nach Polen und zum Schiffshebewerk in Niederfinow. Wir genossen hier die Ruhe, die aktive Erholung in den Beeten und letztlich fuhren wir fortan nicht mehr in den Urlaub, weil wir uns dem Garten verschrieben hatten und die Gegend viele Möglichkeiten des Wanderns gab. Dennoch kam irgendwann der Wunsch in mir hoch, mal wieder zu verreisen, um auch mal wieder auf andere Menschen zu treffen und etwas Anderes zu erleben. Leider ist es uns als Familie nicht gelungen, an den schönen Dingen festzuhalten und uns an dieser wald- und wasserreichen Gegend zu erfreuen. Nach und nach ging so vieles verloren, an dem ich so viel Freude hatte. Wir stellten einen großen Swimmingpool auf, damit Sandra und auch wir uns abkühlen konnten, wann immer es zu heiß war. Nur noch sehr wenige Fahrten zum See und auch nur kleine Spaziergänge mit den Hunden. Wie schade, dass mit dem Garten so viel an Unternehmungen verlorenging.

Die Depression schlug zu

In dieser Zeit, in der ich immer häufiger wegen der Erkrankungen meiner Tochter zu Hause bleiben musste, bekam ich die Entwicklungen, die sich auch in den Dienststellen der alten Staatsmacht vollzogen, nicht richtig mit. Von November 1990 bis ca. September 1991 war ich immer nur Gast auf Arbeit und die 20 Tage bezahlte Freistellung für die Pflege meiner kranken Tochter reichten bei weitem nicht aus. Ungefähr zu dieser Zeit gegen Ende des Jahres 1991 kamen die Kündigungen für alle Beschäftigten unserer Dienststelle. Wir wurden einfach nicht mehr gebraucht und es hieß, man könne in Wiesbaden im Bundeskriminalamt oder in Basdorf bei Wandlitz eine neue Stelle bekommen. Dies waren beides keine Optionen für mich. Ich ging auf einen Deal mit dem Arbeitgeber ein und tauschte die Kündigung gegen eine Abfindung von drei Monatsgehältern ein, was sich später als Fehler herausstellte. Aber wie konnte ich annehmen, dass dieser westliche öffentliche Dienst einer Mutter, die ständig wegen der Pflegebedürftigkeit ihres Kindes ausfiel, einfach kündigen kann. Schließlich lebten wir jetzt im Kapitalismus, dem bösen „Westen" und da ist doch alles gegen eine Berufstätigkeit von Müttern. Es hieß immer: „Im Westen gibt es die drei K für Mütter, also Kinder, Kirche und Kochtopf." Da dachte ich, dass ich ohnehin bald die Kündigung bekäme, da ich oft zu Hause bleiben wollte, wenn meine Tochter erkrankte.

Aber zu Zeit war ich schon über 6 Jahre Gruppenleiterin von 13 Frauen und somit auch selbstbewusster im Bezug darauf, eine andere Arbeitsstelle finden zu können. Ich glaubte, dass ich so die Zeit der Arbeitslosigkeit noch gut nutzen könnte, um mich intensiver um Sandra kümmern zu können und gleichzeitig eine berufliche Neuorientierung anzugehen. Im Januar 1992 war ich arbeitslos gemeldet, habe eine dreiwöchige Mutter-Kind-Kur im März 1992 bekommen und begann schon im August 1992 die Umschulung zur Kauffrau für Bürokommunikation, die vom Arbeitsamt finanziert wurde. Für insgesamt zweieinhalb Jahre, inklusive Praktikumszeit hatte ich von nun an ab 14:30 Uhr Zeit für meine Tochter. Ich brachte sie am Vormittag in die Kinderkrippe und holte sie gleich nach meiner Schule wieder ab. Es war eine wunderbare Zeit, die ich sehr genossen habe. Denn in dieser Zeit hatte ich keinen Arbeitsstress, keine ständige Bevormundung seitens der Dienststelle und ganz viel gemeinsame Zeit mit meiner Tochter. Dies tat meiner Seele unheimlich viel Gutes. Die Umschulung habe ich mit erfolgreichem IHK-Abschluss 1994 beendet. Bis zu diesem Zeitpunkt hatte ich nach und nach eine optimistische Einstellung zum Leben in dieser neuen Gesellschaft gefunden, die ich bis zur friedlichen Revolution nur mit den Augen einer feindlichen Propaganda sah.

Ich hatte keine Angst vor Herausforderungen und war mir sicher, sehr bald auch eine Arbeitsstelle zu finden, in der ich meine erworbenen Kenntnisse unter Beweis stellen kann. Ich wusste, dass ich etwas leisten kann. So wurde ich von meinem Praktikumsbetrieb, einem Einzelunternehmen, das fast ausschließlich für die Elektroinstallationen von Wohnräumen im Raum Berlin-Köpenick zuständig war, übernommen. Hier durfte ich mein Wissen und Können im Büroalltag voll entfalten und zur Zufriedenheit des Elektromeisters über zwei Jahre in Teilzeit bei ihm unter Beweis stellen. Nur war es ein Einzelunternehmen, das nach der Maueröffnung große Probleme mit der Auftragslage bekam. Ich erkannte dies ziemlich schnell, sodass ich mich rechtzeitig um eine neue Stelle bemühte. Mein Arbeitsplatz in diesem Unternehmen war nur über eine dreijährige Finanzierung durch das Arbeitsamt möglich gewesen und mir war bewusst, dass ich vermutlich wegen der Auftragslage nach Ablauf dieser Finanzierung gekündigt werden würde. Darauf wollte ich nicht warten. Die Suche auf dem Arbeitsmarkt war sehr niederschmetternd und grauenhaft. Niemand wollte mich letztlich einstellen, obwohl ich es sehr oft schaffte, von sehr vielen Unternehmen zum Vorstellungsgespräch eingeladen zu werden. Es war immer wieder deprimierend zu erfahren, dass sie mir meine Fähigkeiten, in der Wirtschaft erfolgreich tätig sein zu können, absprachen. So jedenfalls schwand mit jeder Bewerbung mehr Selbstvertrauen und ich wusste nicht mehr, warum ich mich zweieinhalb Jahre mühte, einen neuen Beruf zu erlernen, wenn der Arbeitsmarkt nicht bereit war, auch Umschülern mit guten Lernergebnissen eine Chance zu geben. Schnell wurde mir klar, dass ich wohl nicht umhinkäme, wieder in den öffentlichen Dienst zu treten. Dies war mir zwar zu wider, denn ich wollte doch eigentlich nie wieder, eine Staatsbedienstete werden. Aber mir blieb nichts Anderes übrig und ich bewarb mich nun auch wieder in mehreren Berliner Dienststellen des Öffentlichen Dienstes. Hier kam mir meine Umschulung zur Kauffrau für Bürokommunikation entgegen. Hier zählte allein der abgeschlossene IHK-Abschluss für eine Sachbearbeiterstelle in der Bußgeldstelle. Zunächst war es nur eine befristete Stelle als Verwaltungsangestellte im Schreibdienst für maximal ein Jahr als Vertretung für eine junge Frau, die in Schwangerschaftsurlaub und anschließende Mutterzeit gegangen ist, eingesetzt und der Vertrag würde enden, sobald diese Kollegin ihr Mütterjahr beendet. Es war eine Anlerntätigkeit als Mitarbeiterin in der Aktenbearbeitung der Kfz-Umsetzung der Bußgeldstelle. Es war mir völlig egal geworden, dass es eine der untersten Gehaltsgruppe war und ich als „Aktenmaus" völlig überqualifiziert war. Die Tätigkeit ließ keinen eigenständigen Entscheidungsspielraum und war nur eine einfache Aktenvorbereitung für die Sachbearbeiter. So war ich verantwortlich für die Überwachung der Wiedervorlagen der Sachbearbeiter, was bedeutete, dass ich nur die Akten nach Terminkalender morgens zu ziehen hatte und dem Sachbearbeiter vorlegen musste. Diese Tätigkeit kam etwa dem gleich, was ich nach der Abwicklung meiner Dienststelle schon einmal angeboten bekam, dies mir aber damals einfach zu weit unter meinen Fähigkeiten lag, die ich mir in meinen elf Berufsjahren bei der Kriminalpolizei angeeignet hatte. Ich fand damals einen solchen Abstieg von einer Arbeitsgruppenleiterin zur einfachen Mitarbeiterin in der Aktenbearbeitung schlichtweg nicht akzeptabel und auch ungerecht.

Inzwischen spielte dies für mich aber keine Rolle mehr, denn ich wollte endlich auch wieder nützlich sein und auch einer Arbeit nachgehen können. Die Arbeit fehlte mir als Motor meines Selbstbewusstseins einer Frau, die unabhängig sein wollte, die es gewohnt war, stets Anerkennung der eigenen Leistungen zu bekommen, die einfach nur unter Menschen und nicht als Hausfrau zu Hause sein wollte. Mein bisheriges Arbeitsleben war zu bewegt, zu organisiert durch die Dienststelle und die Partei und viel zu sehr nur auf das gesellschaftliche Miteinander ausgerichtet, sodass ich es mir so sehr wünschte, meine Arbeitskraft wieder aktiv einsetzen zu können. Ich bekam wieder Selbstbewusstsein und bewarb mich um sehr viele Stellenangebote der nächst höheren Gehaltsstufe. Ich wünschte mir eine Tätigkeit als Sachbearbeiterin mit einem eigenen Entscheidungsspielraum, wie ich ihn als Aktenmaus nie gehabt hatte. Nur für eine Zeit von knapp drei Jahren übertrug man mir die gewünschte Tätigkeit als Sachbearbeiterin mit einer höheren Gehaltsstufe und nach Ablauf dieser Zeit musste ich wieder zurück in die Aktenbearbeitung als sogenannte Aktenmaus. Ich wollte nicht aufgeben und bewarb mich immer und immer wieder, um eine entsprechende Stelle, die mich mehr fordern und meinen Fähigkeiten besser entsprechen würde. Aber es gelang mir nicht. Ich blieb nur die *kleine Aktenmaus*. Dies befriedigte mich nicht und ich versauerte mehr und mehr in der Aktenbearbeitung. Wie schon früher versuchte ich mir eine entsprechende Motivationshaltung aufzubauen, wie wichtig meine Arbeit sei, um irgendwie mit der Tätigkeit zufrieden sein zu können. Dass die Betroffenen ein besonderes Interesse daran hatten, die Unfallakten möglichst schnell einsehen zu können, spornte meinen Arbeitseifer an. Ich versuchte stets das Chaos zu verwalten, das durch den ständigen Anstieg der Arbeitsaufgaben und durch den enorm hohen Stellenabbau im Öffentlichen Dienst entstand. Ich arbeitete häufig ohne Pausen. Kam ich nach Hause, konnte ich einfach nicht abschalten und es erregten mich die lockeren Arbeitshaltungen meiner Kollegen bei so viel unerledigter Arbeit. Aber mein Arbeitseifer trieb mich voran und ich verstand nicht, dass ich dafür nur anstößige Bemerkungen von meinen Arbeitskollegen bekam. Ich verstand die Welt nicht mehr und wurde immer unzufriedener, weil mein Streben nach Bewältigung des Chaos niemand anerkennen wollte und es vermutlich dazu führte, dass man mir immer mehr an Arbeit zu schanzte.

Ich zog mich wieder zurück. Auch fühlte ich mich im Job unterfordert und begann mir Gedanken zu machen, wie man bestimmte Arbeitsvorgänge optimieren könne. Statt darüber nachzudenken und meine Vorschläge zu prüfen, eckte ich bei Vorgesetzten an. Es hieß immer, ich solle mich nicht um Arbeiten kümmern, die mich nichts angingen. Ich verstand es nicht, denn eigentlich sollte man doch froh darüber sein, wenn man sich mit der Arbeit so sehr identifiziert. Schließlich war dies meine Stärke, die ich mir in der DDR angeeignet hatte und von den Vorgesetzten gewürdigt wurden.

Der Stellenabbau und die zunehmenden Erkrankungen der Angestellten hinterließen deutliche Spuren in der Arbeitshaltung der Kollegen. Ich fühlte mich mehr und mehr ausgenutzt, weil ich versuchte, die Arbeit, die die anderen Kollegen ohne Skrupel einfach liegen ließen, bei Vertretungssituationen mit abzuarbeiten. Ich kam nicht mehr zu Recht damit, dass auf meiner Arbeitsstelle nur noch die Anwesenheit der Kollegen von Bedeutung war, nicht aber, wie stark das Bemühen der Einzelnen war, das Chaos noch irgendwie zu beherrschen. Ich verstand es nicht, warum viele Kollegen gleichgültig über die hohen Berge wurden. Irgendetwas verlief anders in dieser Gesellschaft, als ich es in der DDR gelernt hatte. Ich bekam mehr und mehr Probleme mit der eigenen Arbeitseinstellung und der meiner Kolleginnen. So kam es, dass ich ebenfalls immer häufiger erkrankte und so sehr ich mich auch bemühte, meine Arbeitsfähigkeit zu erhalten, umso länger dauerte meine Genesung.

Zunächst litt ich unter starken Rückenschmerzen, die ich noch auf die schweren Aktenschränke zurückführte. Dann kamen Schlafstörungen und Migräne hinzu. Diese führten zu immer häufigeren Arbeitsausfällen, die mir wiederum psychisch sehr zu schaffen machten. Ich hörte schon die Stimmen meiner Kollegen, wie sie über die Kranken herzogen. Ich konnte mit solchen Gedanken nicht gut umgehen. Die Depressionsspirale wuchs und wuchs und wuchs.

Ich erinnerte mich plötzlich wieder an meine früheren erfolgreichen und anerkannten Arbeitsaufgaben bei der Kriminalpolizei. An den kollegialen Umgang der Kollegen miteinander, der Anerkennung unserer Einsatzbereitschaft und der gesellschaftlichen Leistungen. Ich vermisste diese Art der Motivation für meine Arbeit, aber vor allem für mein Selbstvertrauen.

Ich vermisste das kollektive Miteinander und auch den Austausch zu politischen Fragen im Kollegenkreis.

Somit verlor ich etwa um diese Zeit ein Interesse an Politik, ich las keine Zeitung und hörte keine Nachrichten mehr. Zu sehr litt ich unter dem Vertrauensmissbrauch der SED an ihren Mitgliedern und verspürte immer wieder die große Enttäuschung und Traurigkeit. Die Ausweglosigkeit, eine geeignete Arbeitsstelle zu finden, die wenigstens annähernd meinen Fähigkeiten entsprach, ließ eine innere Leere in mir entstehen, die mich nicht nur mutlos machte, sondern mich irgendwie in die Einsamkeit führte, die ich aus meiner frühen Kindheit bereits kannte.

Mein Selbstvertrauen sank zunehmend. Zu diesem Zeitpunkt konnte ich die friedliche Revolution in der DDR nicht als Gewinn ansehen, ich fühlte mich ebenso als Verlierer im Kampf gegen die entgegenstehende Gesellschaftsordnung, die nun zu meiner Heimat werden sollte. Ich spürte nur noch Leere in mir. Ich wurde immer unzufriedener und vor allem psychisch zunehmend ausgelaugter.

Ich versuchte einen geeigneten Psychotherapeuten zu bekommen, telefonierte 2001 mit mehreren Praxen und keine hatte einen Termin für mich. Ich sagte dann verärgert zu einer Psychotherapeutin, die zu mir meinte, dass ich mich in sechs Monaten noch einmal melden soll. Ich meinte: „Na in einem halben Jahr weile ich vielleicht nicht mehr unter den Lebenden", und warf den Hörer wütend auf die Gabel. Ich war mit meinem Latein am Ende und so war ich noch sehr lange krankgeschrieben und fühlte in mir eine Leere, die mich in ein tiefes schwarzes Loch zog. Nichts und niemand konnte mir helfen. Ich lag viel auf der Couch und so kam uns der Gedanke, einen Hund ins Haus zu holen. Diesen Vorschlag machte mir mein Mann. Meine Tochter und ich waren sofort begeistert davon. Ich selbst erinnerte mich sofort an früher, als ich etwa 11 Jahre alt war und mich mehr und mehr an einer Einsamkeit litt, wo unser Hund Endo in unsere Familie einzog und so zu meinem treuen Gefährten wurde. Er nahm mir damals auch die Einsamkeit und ich war sicher, dass dies auch für mein neues Problem eine Lösung sein könnte. Wir suchten uns ein paar Züchter aus und es sollte eine kleine Hunderasse sein, denn wenn ich wieder arbeiten gehen würde, müsste unsere Tochter, die damals erst elf Jahre alt war, mittags mit dem Hund Gassi gehen. Also mussten wir unsere Traumrasse Golden Retriever gegen eine kleine Rasse tauschen, damit auch Sandra unseren Familienhund gefahrlos ausführen konnte, wenn sie als erster von der Schule nach Hause kam.

Wir entschieden uns gemeinsam für eine Cavalier King Charles Spaniel Hündin. Ich kümmerte mich sehr um dieses kleine liebebedürftige Wesen, das so anhänglich war und sich immer freute, wenn ein Familienmitglied von der Arbeit bzw. aus der Schule kam. So verließ ich schlagartig die Couch und war abgelenkt von meinen Alltagssorgen. Auch gelang es mir durch Sissy, so hieß unsere erste Hündin, sofort nach Feierabend abzuschalten, als ich wieder arbeiten ging. Ich grübelte nicht mehr und es interessierten mich auch nicht mehr die Arbeitsberge, die ich zum Feierabend immer noch auf dem Tisch liegen lassen musste. Wenige Monate später fragte mich mein Mann, ob ich mir vorstellen könne, als Schulsekretärin zu arbeiten. Ich zweifelte mittlerweile so stark an meinen Fähigkeiten, dass ich sagte, da würden mir die entsprechenden Kenntnisse fehlen. Ich traute es mir einfach nicht zu. Ich hatte ungeheure Angst, zu versagen. Mein Mann meinte aber, dass er sicher sei, dass ich das leisten könne und dass ich doch auch eine entsprechende Umschulung erfolgreich abgeschlossen habe, die viele andere Schulsekretärinnen nicht vorweisen konnten. Was hätte ich drum gegeben, wenn ich so einen Zuspruch von meinen Eltern für meine Berufswünsche bekommen hätte. Vielleicht wäre mir dann so manches erspart geblieben. 2002 bewarb ich mich um eine Umsetzung aus gesundheitlichen Gründen auf eine Stelle als Schulsekretärin. Dazu riet mir damals auch der Amtsarzt, als er meine häufigen Arbeitsausfälle zu untersuchen hatte. Ich musste mein Einverständnis erklären, mich vom Amtsarzt untersuchen zu lassen. Ich hatte keine Probleme damit und der Amtsarzt stellte mir seine ersten Fragen. Bei mir zitterten alle Glieder, als ich ihm meine Krankengeschichte erzählte und von meinen Gefühlen, dass mich meine Kollegen mobben würden. Aber ich bin nicht sicher, ob es wirklich so war oder ob es sich für mich nur so anfühlte. Der Arzt erkannte sofort, dass ich mich in einer depressiven Phase befand und riet mir dringend zu einer Umsetzung innerhalb der Behörde.

Es gelang mir, diese Stelle beim Bezirksamt Reinickendorf als Schulsekretärin zu bekommen. Ich war sehr glücklich darüber. Die Tätigkeit machte mir große Freude und ich war sehr motiviert, denn die Lehrer, Schüler und Eltern, waren immer sehr dankbar für meine Arbeit und ich bekam täglich ein sofortiges Feedback für meine Arbeit. Dies tat gut, weil ich endlich wieder ein Gefühl des Gebrauchtseins bekam. Meine Arbeit schien wichtig zu sein und ich legte mich wieder richtig ins Zeug. Immer wieder trieb ich mich selbst an meine Grenzen. Ich versuchte allen alles Recht zu machen, ich wollte keine Fehler machen und auch keine Kritik einfahren. Es war mir ungeheuer wichtig, alles zu geben, um so allen eine große Hilfe sein zu können. Leistung war für mich das Einzige, was zählte. Ich war zu lange mit Tätigkeiten beschäftigt gewesen, die mich nicht genügend forderten. Deshalb war ich stets von einem Arbeitseifer getrieben, der mir auch in dieser Tätigkeit bald meine gesundheitlichen Grenzen aufzeigte. Hinzu kam aber auch der sehr weite Arbeitsweg und die Tatsache, dass ich in Reinickendorf für zwei Schulen zuständig war. Ich hatte an drei Tagen in der Woche an der einen Schule 21 Stunden und an der anderen Schule an zwei Tagen 9 Stunden Sekretariatsarbeiten zu übernehmen. So gab es an beiden Schulen eine permanente Unterbesetzung, die ich durch Fleiß zu kompensieren versuchte. Das bedeutete für mich immer wieder Überstunden, die ich nie abbummeln konnte. Eine Bezahlung war ebenfalls nicht möglich. Also suchte ich wiederum nach neuen Wegen, meine Arbeitskräfte zu bündeln. Weil mir das auch auf Grund des langen Anfahrtsweges von Marzahn nach Reinickendorf nicht möglich war, kümmerte ich mich um eine Schule in Wohnnähe. Klaus erfuhr von der freiwerdenden Stelle in einem Oberstufenzentrum ganz in unserer Wohnnähe und ich bewarb mich ohne Stellenausschreibung bei der Senatsverwaltung Berlin vorab. Es gelang mir, eine erneute Umsetzung vom Bezirksamt Berlin Reinickendorf zur Senatsverwaltung Bildung, Wissenschaft und Forschung zu bekommen. Ich übernahm als dritte Sekretärin in dieser großen berufsbildenden Schule eine Vollzeitstelle. Auch hier hatte man lange auf die Besetzung dieser Stelle gewartet und empfing mich mit offenen Armen und viel Arbeit. Dies tat mir sehr gut und wieder erwachte mein fast zwanghafter Arbeitseifer. Ich kam aus dieser Schleife einfach nie wirklich raus. Ich arbeitete ohne Pausen, weil ich sie einfach vergaß. Ich hatte keine Zeit und keinen Hunger, so vertieft war ich in der Arbeit. Als wäre ich vom Teufel besessen, wenn ich mein Büro betrat, stürzte ich mich sofort in die Arbeit. Ich versuchte mehrfach Tee aufzugießen, doch immer wieder verpasste ich das Ende des Kochvorganges des Wassers und aß immer erst, wenn mein Kreislauf mir sagte, dass mir etwas mulmig wurde. So vollzog sich mein Arbeitsprozess in allen Stellen, die ich nach der Abwicklung meiner DDR-Dienststelle angenommen hatte.

Ich weiß nicht was mich dazu trieb, kann mich aber noch erinnern, dass ich auch zu DDR-Zeiten schon so versessen an die Arbeit gegangen bin und auch dort öfters auf Unverständnis meiner Kollegen stieß, was ich einfach nie verstand hatte. Manchmal frage ich mich, ob es was mit der gleichen Arbeitshaltung meines Vaters zu tun hatte und ich diese so vorgelebt bekam und sie so auch zum Maßstab für mich wurde. Mein Vater hatte schließlich seinen Spitznamen „Henneke" schon sehr lange. Sowohl seine Zwillingsschwester, die ja bereits seit 1961 nicht mehr in der DDR lebte, als auch seine Kollegen im Betrieb nannten ihn oft so. Henneke war ein Bergmann in der DDR und gab auf Grund seines großen Arbeitseifers der DDR-Aktivistenbewegung seinen Namen. Es ging immer darum, die Normen zu brechen, um so zur höheren Arbeitsproduktivität zu gelangen. Das prägte meinen Vater in seiner Arbeitshaltung und ich habe es vermutlich von ihn übernommen.

Meine neue Tätigkeit an diesem Oberstufenzentrum für Elektrotechnik, die ich seit 2005 übernahm, machte mir Spaß und ich spürte wieder Anerkennung der vielen Kollegen. Mit übergroßem Fleiß ging ich täglich an meine Arbeit und solange ich ein eigenes Büro hatte, ging auch alles gut. Dann gab es einen Schulleiterwechsel und der neue Schulleiter wollte ein Großraumsekretariat, in dem alle drei Sekretärinnen zusammenarbeiten sollten. Ich bekam Angst davor und ahnte schon vorher, was kommen musste. Ich konnte meinen Arbeitseifer nie ausbremsen, war ansonsten sehr verschlossen und wollte halt nur arbeiten. Denn dafür wurde ich bezahlt. Aber die Kolleginnen sahen es anders und fanden es eben nicht gut, wenn ich zur Arbeit kam und sofort anfing, draufloszuarbeiten ohne auch nur ein Wort zu wechseln. Mir war dies damals gar nicht so bewusst und da ich immer sehr konzentriert arbeitete, bekam ich es oft nicht mit, wenn man mir was erzählte oder ein Schüler ins Sekretariat eintrat. Dies führte immer wieder zu Problemen mit meinem unmittelbaren Kollegenkreis. Ich fühlte mich ständig gegängelt und musste mich wieder einmal für sie verbiegen. Ich wollte doch keinen Stress mit ihnen. Irgendwann nach einem Zeitraum von etwa einem Jahr nach der Zusammenlegung bekam ich einen Bandscheibenvorfall, der sofort operativ beseitigt werden musste. Er kündigte sich schon sehr zeitig an. Ständige Rückenschmerzen, Nackenbeschwerden und immer häufiger

auftretende Migräneanfälle waren die Vorbo-
ten. Nach der Operation konnte ich wieder
mein linkes Bein benutzen, was durch den Vor-
fall ausgefallen war. Eine Restlähmung ist bis
heute leider geblieben. Die Schmerzen im Rücken waren etwa für ein halbes Jahr verschwun-
den und kamen umso heftiger wieder. Die Di-
agnose lautete „chronisches Schmerzsyndrom"
und so begab ich mich in eine Schmerztherapie
im Schmerzzentrum Berlin. Man empfahl mir
unbedingt, auch eine psychotherapeutische
Behandlung parallel aufzunehmen. Ich sah es
nicht so richtig ein, aber ich wollte um jeden
Preis meine volle Arbeitsfähigkeit wiedererlan-
gen und so begab ich mich zunächst in eine
Verhaltenstherapie. Hier entwickelte mein
Therapeut die Idee, ich sei psychisch belastet,
was ich da so gar nicht glauben wollte. Ich
hatte Schmerztabellen zu führen und musste all
meine sportlichen Aktivitäten eintragen. Es war
sehr belastend für mich, nicht mehr arbeitsfä-
hig zu sein. Ich versuchte immer wieder, die
volle Arbeitsleistung zu erbringen. Aber die
ewigen Arzttermine, die lang gezogene Diag-
nostik und dreimal wöchentlich Sport zu machen, wann sollte ich da noch arbeiten. Die
Sorge um meine körperlichen Befindlichkeiten
und die anhaltenden Schmerzen begannen mir

Angst zu machen. Ich tat einfach alles dafür, um meinen Körper irgendwie wieder fit zu bekommen. Ich war nur noch auf das eine Ziel fixiert, wieder arbeiten gehen zu können. Es gelang mir nicht. Stattdessen stellten sich nun auch noch psychische Ausfälle ein. Diese machten mir sehr viel mehr Angst, weil diese meine geistigen Fähigkeiten lahmlegten und ich mich mit einer extrem eingeschränkten Arbeitsfähigkeit abfinden musste. Mein seelisches Befinden baute mehr und mehr ab. Kritisierte man mich, fühlte ich mich sofort auch persönlich angegriffen. Ich nahm mir jede Kritik sehr zu Herzen und bemühte mich darum, es meinen Kollegen entsprechend ihren Vorstellungen recht zu machen. Immer wieder bestimmte die Anpassung mein Leben. Die deutlichen Körpersignale nahm ich nicht mehr wahr. Ich wollte sie ignorieren und nicht hinnehmen, dass ich jetzt dringend eine Pause nötig hatte. Ruhe, Abstand und Erholung vom Anpassungsstress wäre die Lösung gewesen. Es kam wieder und immer wieder zu neuen Arbeitsausfällen, die dann immer länger andauerten. Ich fühlte mich ausgelaugt und niedergeschlagen. Meine Vergesslichkeit nahm ein Ausmaß an, dass mir riesige Angst machte und ich es neurologisch untersuchen ließ. 2010 ließ ich mich sogar auf Alzheimer testen. Doch davon war ich weit entfernt. Die Neurologin meinte, dass ich eine mittelschwere Depression hätte. Daran zu glauben, weigerte ich mich. Wieso sollte ich depressiv sein? Wo ich doch für meine Arbeit immer alles gegeben hatte. Nein, ich war nicht psychisch krank, sondern hatte nur einen kaputten Rücken, den es endlich zu heilen galt.

So führte mein Weg bis 2011 von einem Facharzt zum anderen und es kamen immer mehr kränkelnde Symptome hinzu. Ich kam völlig erschöpft von meiner Arbeit nach Hause und legte mich immer wieder auf die Couch und schlief sofort ein. Ich war sehr gereizt und hatte ein Nervenkostüm aus Seide. Konzentrationsschwäche, zunehmende Vergesslichkeit, extreme Müdigkeit und Abgeschlagenheit, Desinteresse an sozialen Kontakten, Schlafstörungen und die Dauerschmerzen im Rücken und in den Beinen kamen hinzu. Die Zeit wurde immer länger, die ich für meine Genesung benötigte und so kam es, dass ich gar nicht mehr arbeiten gehen konnte und schließlich auch nicht mehr durfte.

Hilflos und abgeschlagen, nahm ich im Juni 2011 endlich den Rat meiner Neurologin an, mich in eine Psychotherapie zu begeben. Ehrlich gesagt, hielt ich nichts von so einer Therapie und ich bin nur wegen meines Ziels, irgendwie wieder zu genesen dorthin gegangen und nahm sie schließlich als einen letzten Strohhalm für mich an.

Ich wollte doch nur eines: Wieder zurück in den Arbeitsprozess, um wieder etwas leisten zu können. Das war immer noch mein Ziel. Im August 2011 begab ich mich in die Rehabilitationsklinik für Psychosomatik und ich fragte mich, was ich dort denn solle. Ich bildete mir meine Schmerzen doch nicht ein, ich hatte doch wirkliche Schäden am Rücken und die gesamte Muskulatur spielte nun auch noch verrückt. Ich glaubte, dass es einfach der andauernde Prozess der chronischen Schmerzen war, der so auch meine geistigen Fähigkeiten lahmlegte. Ich begriff nur sehr langsam, dass ein Leben mit den Schmerzen durch gute psychische Gesundheit besser zu ertragen ist. Ich musste einen langen Erkenntnisprozess durchlaufen und viele Tränen flossen immer öfters, weil mich niemand verstehen konnte. Die vielen Gespräche in der Klinik konnte ich nicht aushalten, immer wieder rannte ich aus den Gruppen, weil ich immer wieder weinen musste. Ich konnte den Leiden anderer nicht mehr folgen, weil ich oft getriggert wurde und mich gegen die eigenen aufkommenden Emotionen zu wehren suchte.

Was mir nach und nach gut tat, waren die Aufenthalte in der Natur. Ich genoss es in der Klinik in Wandlitz, durch die Natur zu walken. Häufig auch ganz allein und ich bemerkte wie sehr mir diese Spaziergänge und Aufenthalte gut taten. Zahlreiche Einzelgespräche mit dem Psychologen waren noch nötig bis ich begriff, dass meine Psyche dringende Behandlung nötig hatte.

Hier wurden die Weichen gestellt und ich kam zu der Einsicht, dass eine tiefenpsychologische Behandlung unabdingbar für meine Genesung ist. Meine ersten drei bis vier Termine hatte ich ja schon bei meinem langjährigen Psychotherapeuten Herrn Scherdin-Wendlandt gehabt. Da hier auch die Chemie zwischen uns auf Anhieb stimmte, sagte ich mir zunächst, dass es auf keinen Fall schaden könne, mich auf einen Versuch einzulassen. So sagte ich der tiefenpsychologischen Behandlung dann auch zu.

Wege des Reflektierens und Begreifens
Bis zu diesem Zeitpunkt hatte ich drei Rehabilitationskuren, wovon die letzte in der Psychosomatik war, hinter mir. Immer nur mit sehr

kurzzeitigem Erfolg und man riet mir 2011 zu einem Rentenantrag auf Erwerbsunfähigkeit. Ich habe insgesamt zwei Jahre gebraucht, bis ich es endlich akzeptieren und einsehen konnte, dass es wirklich richtig war, diesen Antrag zu stellen, der ohne mein Dazutun im Mai 2012 rückwirkend zum November 2011 bewilligt wurde. Nun sollte ich voll erwerbsunfähig sein? Das war schon hart für mich, die doch so viel zu leisten im Stande war. Aber es war richtig und heute bin ich Herrn Scherdin-Wendlandt sehr dankbar, dass er sehr schnell erkannte, dass ich aus dem Arbeitsprozess heraus musste, wenn ich genesen wollte.

Ohne diesen Arbeitsstress, den ich mir meist selbst auferlegte, ging es nun langsam besser und ich konnte mich voll auf diese begonnene Langzeittherapie einlassen. Aber ab dem Zeitpunkt, wo ich meine Erwerbsunfähigkeit akzeptiert hatte, spürte ich wie ein großer Ballast von meiner Seele fiel. Ich benötigte keine Krankschreibungen, musste diese vor niemanden mehr rechtfertigen und meine vielen Arzttermine niemanden mehr erklären.

In meiner Therapie wurde mein ganzes Leben stückweise analysiert und ich wollte einfach nicht glauben, was meine körperlichen Befindlichkeiten mit meiner Kindheit zu tun haben sollten. Meine Kindheit verlief doch *normal*, wie ich damals glaubte. Erinnern konnte ich mich nur an diese ständige Einsamkeit und Traurigkeit, weil ich eben auch keine Freundinnen hatte. Aber deshalb bekommt man doch keine Rückenschmerzen. Ich verstand nicht, dass mir das Herumstochern in der Kindheit helfen soll, mir meine Schmerzen zu nehmen. Mein ganzes Leben wurde in der Therapie auf den Kopf gestellt. Zaghaft schauten wir uns gemeinsam einen Lebensbereich nach dem anderen an. Anfangs graute es mir vor jeder Therapiesitzung. Ich fragte mich, was er wohl heute wieder wissen wolle. Ich nahm eine ganze Zeit eine sehr passive Rolle ein und antwortete brav auf die Fragen des Therapeuten, unsicher zwar, aber immer offen und ehrlich. Ich wich nie einer Frage aus und er regte mich dazu an, genau über das, was ich erzählte, nachzudenken. So konnte sich mein Therapeut sehr schnell ein rundes Bild von meinen doch sehr komplexen Problemen machen. Ich jedoch hatte noch keine Ahnung, wohin mich diese Reise führen würde, auf die ich mich aus lauter Hilflosigkeit eingelassen hatte. Aber ich spürte, wie sehr ich doch unter einer inneren Leere litt und war völlig ahnungslos, wo die Ursache dafür war.

Mein erstes Problem war mein übermäßig starkes Anpassungsverhalten, welches wir gemeinsam analysierten. Ich wollte wissen, was daran so falsch sei. Nun ist es vom Grund her nichts Schlechtes, wenn man sich auch anpasst und sich bestimmten Regeln unterordnet. Das gehört irgendwo zum Leben dazu.

Aber wenn die Anpassung ein Maß annimmt, wo es nur noch darum geht, alles zu tun, was andere von einem erwarten oder erhoffen und dabei immer wieder die eigenen Interessen in den Hintergrund geschoben und ignoriert werden, dann ist es ganz und gar nicht mehr gesund.

So verlor ich über die vielen Jahre hinweg nach und nach das Gefühl für mich selbst. Ich glaubte sogar, dass es mir guttun würde. Ich fühlte mich sogar glücklich und geliebt, weil ich den Zuspruch und die Anerkennung der Eltern und der Gesellschaft bekam. Es war lange Zeit unvorstellbar, dass mich dieses Anpassungsverhalten, dessen ich mir nie bewusst war, in eine Depression drängte und meine Seele schwer erkranken ließ.

Zu Beginn der Therapie war ich noch sicher, dass es nur ein Problem auf bzw. mit der Arbeit war, dass ich mich einfach nicht abgrenzen konnte und immer nur die Arbeit sah. Auch meine körperlichen Befindlichkeiten sah ich begründet in meinem übergroßen Arbeitseifer.

Familiär schien alles bestens zu laufen. Ich hatte eine erwachsen gewordene Tochter und war 2012 schon 30 Jahre verheiratet. So wurde das Thema Ehe und Familie lange ausgeklammert. Aber in den vielen Sitzungen, musste ich erst einmal lernen, meine eigenen Bedürfnisse wieder zu finden. Jeder gesunde Mensch kann sich auf sein Bauchgefühl verlassen. Ich wusste gar nicht, was das ist. Viele Übungen der Körperwahrnehmung waren nötig, bis ich dies erkannte. Ich hatte weder Selbstvertrauen, noch gab es ein „Bauchgefühl".

Die tiefe Traurigkeit, die schon von klein auf immer in mir wohnte, konnte ich endlich auch mal zulassen und sie bewusst fühlen. So wuchs ein großes Vertrauen zum Therapeuten, dass es letztlich möglich machte, auch an die vielen anderen Probleme, die vom Unterbewusstsein auf meine Seele wirkten, heranzukommen. Sie mussten durch Bewusstmachen meines Lebens, wie ich lebte und lebe, an die Oberfläche des eigenen Bewusstseins gebracht werden.

Dies war eine enorme Herausforderung an Kraft, Mut und Durchhaltevermögen. Vor allem war es für mich immer sehr wichtig, zu verstehen, wie Psychotherapie erfolgreich funktionieren kann. Es gab keine Antwort darauf und ich musste Geduld zeigen, um sie zu finden. Erst am Ende der Therapie, als sich Verhaltensveränderungen bei mir einstellten, begriff ich. Reden ist Therapie. Neu zu lernen, die eigenen Gefühle zu verstehen und so sich selbst wieder zu vertrauen.

Ich erkannte nach und nach, dass ich in allen anderen Lebensbereichen, so auch in der eigenen Ehe, genauso angepasst gelebt hatte. Vermutlich funktionierte unsere Ehe gerade deshalb so gut, weil ich mich generell Auseinandersetzungen durch Anpassung entzog. Ich glaubte mich glücklich, wenn meine Familie zufrieden war. Aus Angst verlassen zu werden, gab ich in vielen Auseinandersetzungen nach und tat alles, damit sich mein Mann auch gut fühlt. Jeder noch so kleinen Meinungsverschiedenheit, die ich zu Beginn unserer Ehe noch versuchte auszudiskutieren, ging ich mehr und mehr aus dem Weg. Ich gab letztlich immer nach oder beendete sie arg enttäuscht und oft auch weinend.

Ich konnte auch deshalb keine Auseinandersetzung führen, weil mein Mann ebenfalls ein Problem damit hat, über seine Gefühle und

Empfindungen zu reden. Er hat auf Grund seiner schwierigen Kindheit – er ist vaterlos überwiegend bei der Großmutter mit den Geschwistern seiner Mutter aufgewachsen – eine dicke Mauer um sich selbst herum gebaut. Diese zu durchdringen, war mir einfach unmöglich. Wie sollte ich anders dagegen bestehen können, als mit Überanpassung zu reagieren?

Doch etwas Entscheidendes vergaß ich dabei. Mich.

Meine Bedürfnisse rückte ich einfach in den Hintergrund, ohne mir dessen bewusst zu sein. Ich glaubte bis zuletzt daran, dass ich eine glückliche Ehe führen würde. Ja ich erlebte viele Ehejahre im Bewusstsein sehr glücklich. Aber im Unterbewusstsein baute sich unbemerkt innere eine Unzufriedenheit auf. Sie kam leise schleichend. Dies begann etwa zum Zeitpunkt als meine Tochter ungefähr 15 Jahre alt war und bereits ihren eigenen Weg ging. Bis dahin war ich voll und ganz damit beschäftigt, ihr zur Seite zu stehen und versuchte, ihr stets eine gute Mama zu sein. Dann kam der Alltag, der immer eintöniger wurde und dadurch, dass wir die Dienstwohnung in der Schule meines Mannes beziehen mussten, waren wir fast immer zusammen und ich beeilte mich, von der Arbeit nach Hause zu kommen. Ich kam nicht auf die Idee, vielleicht mal mit einer Kollegin einen Bummel zu machen oder irgendetwas allein zu unternehmen. Auch wenn ich von Kolleginnen eingeladen wurde, am Nachmittag noch irgendwo hinzugehen, lehnte ich ab, weil ich doch nach Hause zu meiner Familie wollte.

Mein eigenes „Ich" ging jedoch mehr und mehr verloren. Ich fühlte ständig eine Leere in mir und hätte es damals nie formulieren können, was ich da fühlte.

Ich hatte keine Interessen, keine Zeit für eigene Hobbys und verlor das Gefühl für die eigenen Wünsche. Wieso war ich nicht in der Lage, auch mal nur etwas *für mich* zu tun? Was waren meine Bedürfnisse überhaupt? Alles war nur auf das Leben innerhalb der Familie gerichtet. Meine eigenen Bedürfnisse waren längst verschüttet. Dabei sind Menschen sehr unterschiedlich. Auch in der Ehe gibt es gemeinsame Interessen des Zusammenlebens, aber auch die eigenen Interessen und Bedürfnisse sind wichtig. Freundschaften machen das Leben erst richtig schön. Doch wir hatten nur uns und den Alltag innerhalb der Familie. Beim näheren Hinsehen, musste ich mir eingestehen, dass vieles von früher verlorengegangen war. Als wir uns damals kennenlernten, hatten wir viele gemeinsame Interessen, an denen wir uns gemeinsam erfreuten.

Als mich mein Therapeut sehr unverhofft fragte, was ich früher als Kind gern getan hatte, fand ich lange keine einzige Antwort. Ich wollte es nicht wahrhaben, dass mir dazu nichts einfiel. Immer wieder versuchte ich mich zu erinnern. Ich wollte es einfach nicht glauben, dass es *nichts* gab, was ich als Kind gern getan habe. Immer nur lernen für die guten Leistungen, sonst erfüllte mich nichts in meiner Kindheit? Es war tatsächlich so, dass mein einziger Lebenssinn, die Arbeit und meine vielen gesellschaftlichen Aktivitäten waren, die mich zufrieden machten. Später als ich endlich meine Tochter geboren hatte, war sie mein ganzes Glück. Ich legte großen Wert darauf, dass sie glücklich aufwuchs, dass sie niemals von einer Traurigkeit begleitet wird und dass sie mit Freundinnen aufwachsen und niemals meine Einsamkeit fühlen sollte. Ich versuchte alles zu unternehmen, um sie von diesen zwei Gefühlsebenen möglichst niemals erfahren sollte. Dennoch glaube ich heute, dass ich sie in einer DDR-Kinderkrippe schon mit einem Jahr genau diesen Trennungsängsten ausgesetzt hatte. Sie litt sehr unter dem morgendlichen Abschied von mir und klammerte sich an mich. Es dauerte sehr lange bis sie sich an die Krippe gewöhnte. Sogar das Essen verweigerte sie oder würgte es wieder heraus. Unendlich leid tut es mir, dass ich mich nicht durchgesetzt hatte, mit meinem Kind noch ein Jahr länger zu Hause zu bleiben. Aber es war in der DDR nicht erwünscht, dass Mütter vorübergehend ihre Kinder über das Babyjahr hinaus zu Hause bei ihren Kindern blieben.

Als ich mir kürzlich das neu erschienene Buch (2022) „ Die beschädigte Kindheit – Das Krippensystem der DDR und seine Folgen" *von Florian von Rosenberg* kaufte, war ich derart erschüttert und bitter erinnert an meine eigene Kindheit und an mich als Mama, die keine Chance für sich sah, etwas an dem frühen Krippenbesuch meiner Tochter zu ändern.

Warum war es notwendig, die kleinsten Kinder von den Familien zu trennen? Warum war die Arbeit auch für Mütter verpflichtend?

All diese Antworten hat der Autor wissenschaftlich fundiert, recherchiert und herausgearbeitet. Darin wird eingeleitet:

„Der staatliche Krippenausbau begann in den 50er Jahren und sollte die Bedingungen schaffen, damit die Frauen von ihrer unterdrückten

Stellung befreit, schöpferisch arbeiten gehen können..."

Ich selbst als Wochenkrippenkind kann viele Aussagen im Rückblick bestätigen und bedaure sehr, dass ich mich nicht durchsetzen konnte, um meinem Kind einen zu frühen Krippenbesuch zu ersparen.

Im guten Willen alles für mein Kind zu tun, dass es nicht zu lange dort verbleiben musste, ließ ich sie von ihrer Oma Erika abholen und wusste, dass sie wenigstens mit Liebe umsorgt war, wenn ich als Frau und Mama *schöpferisch an die Arbeit* gehen musste. Von Kindesbeinen an, wurde ich sozialistisch erzogen und mit den Werten einer sozialistischen Persönlichkeit ausgestattet. Ich lernte in diesem Sinne zu funktionieren, war eine Frau nach sozialistischem Vorbild. Heute bin ich wütend darauf, wie man bis heute die Kinderkrippen in der DDR als Errungenschaft verherrlicht. Die wirklichen Wahrheiten und fundierten Aussagen in diesem Buch sind unbedingt lesenswert und für junge Familien können diese Tatsachen auch als Entscheidungshilfen für eine wohlüberlegte Fremdbetreuung wichtig sein.

Doch zurück zu meinem Kind. Auch später als meine Tochter schon in die Schule ging, suchte ich das Gespräch mit ihrer Klassenlehrerin. Ich

befürchtete, dass sie wegen ihrer eigenen Zurückhaltung von ihren Lehrern und Erziehern
übersehen werden könnte.

Mein Vertrauen zum Therapeuten wuchs immer
mehr, denn nach und nach spürte ich, dass es
sich gut anfühlte. Da gab es endlich einen Menschen, dem es wichtig erschien, wie und was
ich wirklich fühlte. Der sich für mein Leben in
der eigenen Familie interessierte und in wie-
weit mich meine frühkindlichen Traumata heute
als erwachsene Frau noch bestimmen.

Das Reden mit meinem Therapeuten begann
mir gut zu tun. Endlich gab es einen Gesprächspartner, der sich für mich und meine Bedürfnisse interessierte. Es ging von nun an, nur um
mich und um das, was *ich fühle*. Egal, was ich
zu berichten hatte, immer wieder kam die
Frage: „und *was fühlen Sie gerade?*"

Es tat gut, gefragt zu werden, wie ich mich
fühle. Dies war für mich völlig neu und ich
musste lernen, mein verloren gegangenes
Bauchgefühl, wieder neu zu entdecken. Ich erzählte erstmals über die verschiedenen sexuellen Missbräuche, die ich schon als kleines Mädchen erfahren musste. Nie zuvor in meinem Leben erzählte ich irgendjemandem davon.

Als ich es nach fast 45 Jahren erstmals meinem
Therapeuten erzählte, tat ich mich damals sehr

schwer, die richtige Bezeichnung des sexuellen Missbrauches zu benutzen. Es wurde mir klargemacht, dass es für mich wichtig sei, auch meiner Familie davon zu erzählen. Ich sträubte mich noch eine ganze Zeit dagegen, denn ich hielt es für zu spät, weil meine Eltern zu alt waren, um mit solchen Wahrheiten jetzt noch umgehen zu können. Also nahm ich es mir vor und redete erst mit Klaus (mein 2. Ehemann) darüber. Er war fassungslos und verstand die Welt nicht mehr. Es war auch unverständlich, dass ich bis zu diesem Tag schwieg, nichts erzählte und mit meinen Halbbrüdern, wenn auch nicht innig, aber dennoch Kontakte pflegte und für sie immer da war, wenn sie meine Hilfe benötigten. Zunächst zeigte Klaus sich nach dem ersten Schock ruhig und versprach mir seine Unterstützung. Doch ich hätte mir von ihm viel mehr Verständnis für meine Gesamtsituation gewünscht. Ihm ging es nur darum, dass es ab sofort keine Kontakte mehr mit meinen Halbbrüdern geben würde und sie nicht mehr in unsere Wohnung kommen dürfen. Damit hatte ich kein Problem. Aber warum hat Klaus mich nicht zu Gesprächen bezüglich meiner seelischen Verfassung begleitet? Warum konnte er mich nicht fragen, wie es sich alles für mich gerade jetzt, da alles wieder aufgebrochen war, anfühlt? Nein, er hat mich nur ein einziges Mal in die Therapiestunde begleitet, wo es darum ging, meinen Eltern davon zu erzählen. Hier hatte Klaus ein starkes Interesse daran, denn *er* wollte, dass es meine Eltern wissen sollten, hingegen ich sehr unsicher war, ob ich es überhaupt tun sollte. Das Angebot, mich dann öfter zur Therapie zu begleiten, um zu erfahren, wie ich heute damit umgehen kann, lehnte er immer wieder ab. Auch seine Begründung, dass er doch keine Probleme mit meinen Eltern habe, machte deutlich, wie wenig er überhaupt verstanden hat, worum es in dieser Therapie ging und dass ich mit aufgebrochenen Traumafolgestörungen zu kämpfen hatte.

Es ist nicht ungewöhnlich, sondern oft müssen Depressive allein mit ihrer Erkrankung fertig werden und stoßen dabei immer wieder auf Unverständnis für langjährige Therapien mit Psychologen, obwohl ersichtlich sein musste, wie hilfreich solche Gespräche sind. Ich kann nur sagen, dass diese Therapien für mich hilfreich waren und es hätte vielleicht anders ausgehen können, wenn sich Familie auch als Familie gezeigt und mit mir Gespräche geführt hätte. So blieb mir nur noch meinen Weg aus der Depression ohne Familie zu gehen.

Weshalb aber verschwieg ich die sexuellen Missbräuche über vier Jahrzehnte und verbarg meine Gefühle?

So kam das nächste Problem an die Oberfläche. Ich suchte nach Antworten auf diese Frage und meinte, dass es auch nur deshalb geschah, weil meine Mutter in einer Scheinwelt lebte und auch sehr unglücklich war. War ihr nicht bewusst, wie unfähig sie war, ihren Kindern mit Liebe zu begegnen? Wir hatten als Kinder immer zu funktionieren, damit sie ihrer Rolle als arbeitende Frau nachgehen konnte.

So sind wir aufgewachsen und selbst als wir alle auf eigenen Füßen standen, hielt unsere Mutter immer noch die Fäden fest in der Hand. Sie bestimmte zunehmend, wie wir zu leben haben und dass wir als Geschwister stets zusammenhalten müssen. Dadurch, dass mein Mann sich eben nicht bestimmen lassen wollte und dass zu Recht, gab es damals immer große Streitigkeiten zwischen ihm und mir wegen meiner Mutter. Dass mein Verhältnis zu den Halbbrüdern eben sehr oberflächlich war, schien meine Mutter immer schon sehr bewusst wahrgenommen zu haben.

Aber gerade deshalb versuchte sie uns später immer wieder als Familie zusammenzuhalten. Besonders ausgeprägt war dieses Verhalten nach ihrer Scheidung unmittelbar nach der Silberhochzeit meiner Eltern. Sie vertrat die Auffassung, dass wir für sie zu sorgen hätten und immer verfügbar sein sollten. All das geschah auch so, nur eben nicht so ganz freiwillig, sondern aus dem bekannten Gefühl heraus, funktionieren zu müssen. Lange Zeit analysierten wir, mein Therapeut und ich, gemeinsam Stück für Stück mein Leben als Kind, Jugendliche, junge Erwachsene und letztlich als erwachsene Frau. Wir entdeckten festgefahrene Denk- und Verhaltensstrukturen, die mich daran hinderten, mich meinen eigenen Gefühlen anzunähern. Sie fühlten sich noch lange falsch an, bis ich in der Therapie lernte, sie zuzulassen. Es ging jetzt darum, diese Denkstrukturen zu erkennen und sie neu zu hinterfragen. Mir wurden keine neuen Denkweisen aufgedrückt, sondern ich wurde einfach nur gefragt, was es heute mit mir macht und ich schaute selbst in einen Spiegel.

Nur so lernte ich, den eigenen Gefühlen in mir endlich Raum zu geben und ihnen zu vertrauen. Ich begann mich auf die eigene Veränderung, der Umkehr zum eigenen ICH, einzulassen. Dazu war es notwendig, auch meiner Familie gegenüber anders zu begegnen. Am allerschwierigsten war dabei, mit der ganzen

Wahrheit über meine Erlebnisse an alle Beteiligten heranzutreten. Nach dem ich meinem Mann von den sexuellen Missbräuchen erzählte und auch mit den Gründen meines so langen anhaltenden Schweigens konfrontierte, stieß ich eine riesige Lawine los, die das bisherige Leben der Herkunftsfamilie völlig in Frage stellte. Mir wurde klar, dass ich nun auch meinen Eltern davon erzählen musste, denn Klaus konnte und wollte zu dieser ganzen Sache nicht mehr schweigen. Er ließ mir noch etwas Zeit und ich suchte nun selbst nach Antworten, warum ich so lange geschwiegen hatte, weil ich sicher war, dass meine Eltern mir meine Frage an mich zurückgeben würden. Dies geschah dann ja auch.

Immer wieder fragte ich mich, ob ich meinen über 70-jährigen Eltern, diese Wahrheiten noch zumuten könne. Ich machte mir Sorgen, um deren Gesundheit und bekam vom Therapeuten prompt die Frage gestellt: „Und was ist mit Ihrer Gesundheit?" Mir war klar, dass ich die Antworten von meinen Eltern nicht bekommen würde, weil sie bis zum Tag, an dem ich erstmals über meine Erlebnisse und Gefühle mit ihnen redete, überhaupt nicht ahnten, wie sehr ich tatsächlich gelitten hatte.

Die schulischen Leistungen waren doch gut, also musste doch auch alles in bester Ordnung sein. Die Frage, warum ich solange geschwiegen hatte, sollte ich ihnen beantworten. Warum hatte ich kein ausreichendes Vertrauen zu meinen Eltern und erzählte ihnen nichts davon? Ich stellte eine lange Liste zusammen mit möglichen Antworten auf all die Fragen zu den vielen Warums. Ich wollte wissen, woher meine Ängste, Schuldgefühle und die vielen Beziehungsstörungen kamen. Ich trug alle gesammelten Erkenntnisse, die ich inzwischen gemacht hatte, in einer Liste zusammen. An erster Stelle stand da meine Unterbringung in der Wochenkrippe bzw. in dem Wochenkindergarten. In den entscheidenden ersten Lebensjahren war ich die ganze Woche in dieser Kinderheimeinrichtung, die weder ein Urvertrauen, noch elterliche Bindungen entstehen ließen. Für die Bezugspersonen (Erzieherinnen) war ich immer ein unauffälliges, braves und gehorsames Mädchen. Aber auch das Erleben von Gewalt und Nötigungen innerhalb der Familie sorgten für das Entstehen einer diagnostizierten Angststörung. Bei mir reichte es aus, zuhören zu müssen, wie mein Halbbruder wegen seiner gewalttätigen Übergriffe in der Schule, verprügelt wurde. Wenn ich selbst der Anlass für diese Prügel war, weckte dies Schuldgefühle in mir, ohne eine tatsächliche Schuld dafür zu haben.

Weitere Punkte meiner langen Antwortliste waren tiefe Schamgefühle über die sexuellen Missbräuche durch verschiedene Personen und mein jahrelanges Schweigen aus Angst und mangelndem Vertrauen zu den Eltern, mein auffälliges, extrem schüchternes Verhalten in der Schule, keine Freundinnen zu haben und einem Gefühl mangelnder Zuwendung der Eltern wegen der Überforderung durch die Arbeit und den parteilichen Pflichten. Der Umgangston in der Familie glich einem Befehlston beim Militär, in dem es meist nur klare Ansagen gab, statt einem freundlichen Bitten der Mutter an uns.

Ich fühlte eine eisige Kälte in den Beziehungen zu uns Kindern, aber auch zwischen unseren Eltern, erlebten wir im Alltag wenig Liebe. Ich fühlte Einsamkeit und Traurigkeit über den nicht verarbeiteten Tod meines Bruders Mario. All diese Erlebnisse trug ich zusammen, um damit meine Eltern zu konfrontieren.

Dies geschah einzeln mit ihnen, weil sie geschieden waren und mein Vater bereits in zweiter Ehe lebte. Dann kam der Tag, an dem ich zuerst meiner Mutter von den sexuellen Missbräuchen erzählte und wie von mir erwartet, weigerte sie sich, dies zu glauben. Sie rang nach Fassung und wurde sehr verletzend, so dass ich unser Gespräch sehr bald beenden musste. Ich ließ ihr die Liste da, und meinte, sie solle sich Zeit nehmen dafür. Ich hatte keine Erwartungen an sie, außer die eine. Ich könne ab sofort mit meinen Halbbrüdern nicht mehr gemütlich am Kaffeetisch sitzen und ihren Geburtstag feiern. Dies war die einzige Bitte an sie.

Sie meinte, dass dies alles nicht passiert sein könne. Ich hätte doch damals in jedem Fall etwas erzählt. Als sie dann noch meinte: „und außerdem hast du doch nie etwas mit Peter unternommen. Ihr habt doch nie zusammen gespielt und du wärst doch mit ihm nie in diesen Gang hinuntergestiegen." Das kam so überzeugend rüber, dass ich sprachlos war, woher sie das denn wusste. Aber woher nahm sie dieses Wissen? Sie sagte mir ins Gesicht, dass sie mir dies alles nicht glauben kann. Zum ersten Mal spürte ich diese Wut, die ich nie leben durfte. Verzweiflung, Wut und Mitleid wechselten in mir, während ich verbal gegen ihre Behauptungen ankämpfen musste. Dann rang ich um die eigene Fassung. Ich wurde wieder ruhig, weil ich ihre Fassungslosigkeit spürte. Ich versuchte trotz der Verletzungen, die sie mir nun auch als Frau zumutete, in ihre Gefühlslage hinein zu versetzen. Sie war hilflos, weil ich ihren Traum einer „heilen Familie" mit Wahrheiten zerbrach und sie sich vor den Trümmern ihrer eigenen Scheinwelt sah.

Am 11.03.13 nach langem Schweigen und nicht Meldens meiner Mutter schrieb ich ihr einen Brief und hoffte, dass ich mit ihr inzwischen reden könne. Ich wusste, dass meine Eltern inzwischen mit den Jungen geredet hatten. Nachdem ich ihr den Brief geschrieben hatte, hoffte ich darauf, dass sie sich alles noch mal in Ruhe durch den Kopf gehen lassen und das Gespräch mit mir suchen würde. So herrschte Funkstille seit der ersten Aussprache im Januar 2013 und dieser Brief sollte mein erneuter Versuch sein, mit meiner Mutter in ein Gespräch zu kommen, dass auf Augenhöhe laufen sollte.

Dennoch war ich immer noch sehr verständnisvoll für ihre Situation, weil mir sehr bewusst war, dass ich mit all dem, ihre Scheinwelt zum Einstürzen gebracht habe. Drei Wochen dauerte es, bis sie sich dann tatsächlich telefonisch bei mir meldete. Ich rief sie zurück und sagte:

„Hier bin ich, du hattest mich sprechen wollen?" und sie erwiderte in einem sehr kaltherzigen Ton: „Ja, wir müssen reden, so kann es doch nicht weitergehen. Kannst du am Mittwoch vorbeikommen?" Ich willigte ein, obwohl ich ein „Bitte" sehr vermisste. Tausend Fragen schossen durch meinen Kopf: Was ist plötzlich passiert? Wie wird sie mit mir reden? Auf Augenhöhe oder wird sie mich wieder verletzen? Hat sie endlich verstanden, was ich mir wünsche? Was ich mir für unsere Beziehung wünsche? Oder war es ein erneuter Versuch, mich zum Schweigen zu bringen?

Meine Mutter kannte mich zu gut, um zu wissen, dass ich immer wieder einlenken würde und die mir aufgetragene Schuld annehmen würde. Doch diesmal würde ich nicht mehr mitspielen. Dafür hatte ich meinen erfahrenen Therapeuten an meiner Seite, der mich immer wieder aufbaute. Seinen Zuspruch hatte ich jetzt bitter nötig. Wäre er nicht so hartnäckig mit mir umgegangen, würde ich heute kein Stück weiter sein, als vor der Therapie.

Das zweite Gespräch mit meiner Mutter war sehr verletzend, kränkend, kühl und ohne jegliches Mitgefühl für mich. Immer und immer wieder wehrte sie den Gedanken ab, dass ich so etwas erlebt und schon gar nicht darunter gelitten habe. Es muss für sie unerträglich gewesen sein, diese Wahrheiten ihres Versagens als Mutter hinzunehmen. Sie hatte keine Worte des Trostes und konnte mir nicht einmal sagen: „Es tut mir leid, dass ich dich nicht gesehen habe. Es tut mir leid, dass ich dir nicht helfen konnte." Ich war geneigt, hinzunehmen, dass sie keine Worte fand, aber wenigstens einfach in den Arm nehmen, hätte doch wohl jede Mutter fertiggebracht.

Dass sie mir noch vorwarf, darüber mit „allen" zu reden und dass ich Klaus und vor allem Sandra, meine Tochter nicht mit reinzuziehen hätte. Sie fragte mich, weshalb ich meine Tochter damit belasten würde und dass das doch nur die Familie etwas angehen würde. In meiner tiefen Verzweiflung im Kampf um ein Anerkenntnis meiner Wahrheiten erwiderte ich ihr lautstark und inzwischen auch sehr wütend: „Wer sind dann bitte Klaus und Sandra? Gehören mein Mann und meine Tochter für dich nicht zur Familie?"

Dabei hätte mir doch nur ein einziger Satz aus ihrem Mund gut getan: ein paar tröstende Worte nur. Ist das zu viel verlangt für all die Jahre meines Stillschweigens? Es tut mir leid – mehr wollte ich nicht von ihr.

Heute glaube ich, dass meinen Eltern gar nicht bewusst war, dass sie nur meinen starken Leistungswillen und meine Lernbereitschaft als das Liebenswerte an mir sahen. Und das zerredete ich ihnen? War das ungezogen von mir? Ja, für meine Mutter war es ungezogen und unverzeihlich.

Sie nahm nicht wahr, dass ich inzwischen erwachsen bin und nicht mehr wie ein Kind behandelt werden möchte. Ich wollte von ihr ernst genommen werden, wollte ihr Verständnis für meine Gefühlswelt, die ich als Kind erleben musste. Ich hoffte noch eine ganze Zeit darauf, dass sie irgendwann auf mich zukommen würde und wir in Ruhe darüber reden könnten. Es war sicher eine harte Wahrheit für sie, mit der sie sich erst mal auseinandersetzen musste. So glaubte ich, dass sie sich bei mir melden würde. Der letzte Kontakt war dieses Gespräch im März 2013. Ich hoffte bis zuletzt, dass sie sich irgendwann besinnen würde und sich dann bei mir meldet. Sie hatte auch alle Kontaktdaten, meine Handynummer ist ihr bis zu ihrem Tod bekannt gewesen und auch meine neue Adresse hätte sie erfahren können, wenn sie nur gewollt hätte. Immer war ich mir sicher, dass sie mich *nicht auf ewig* verdammen könne, sie war doch immer noch meine Mutter.

Sie musste doch fühlen, wie es in meinem Inneren aussah. In meiner Verletztheit sah ich jedoch nicht, wie sehr auch ich ihr gegenüber – wenn auch ungewollt - verletzend war. Ich wollte ihr ein Thema aufdrängen, für das sie nicht stark genug war, um damit umgehen zu können.

Die Aussprachen mit meinem Vater und seiner Frau verliefen dagegen viel verständnisvoller. Ich spürte tiefe Emotionen bei meinem Vater. Die Reaktion von ihm war aufrichtig und er zeigte sich sehr betroffen. Einige Wochen nach unserem Gespräch sagte er noch zu mir, „Wenn du das alles so empfunden hast, wie du es heute erzählst, dann kann ich dich nur um Verzeihung bitten und versichere dir, dass ich keine Ahnung von alldem hatte. Es tut mir so leid. ... Da glaubte ich, dass ich alles immer richtiggemacht habe und die Kleene musste alles ausbaden." Dass er dies zu mir sagte, war tröstlich und er sprach diese Sätze unter Tränen zu mir. Es wurde mir bewusst, wie schwer ihn diese Wahrheiten betroffen gemacht hatten und dies tat mir dann auch leid. Ich wollte doch nur in meiner Traurigkeit verstanden werden und erfahren, welchen Blick meine Eltern auf unser Familienleben hatten. Was sie glaubten, warum ich nicht zu ihnen kam und mich ihnen nicht anvertraute? Keineswegs hätte ich gewollt, Ihnen vorwurfsvoll zu begegnen. Gespräche wären so von Nöten gewesen, doch diese wurden gemieden und so blieben Verletzungen im Raum stehen, die nie ausgeräumt werden konnten.

Leider starb mein Vater schon am 29.4.2013. Er starb also wenige Monate nach dem ich ihm über meine Kindheitserfahrungen erzählte und in mir waren sofort die von meiner Mutter und meiner Schwägerin aktivierten Schuldgefühle präsent. Ich glaubte tatsächlich, dass er meine Anschuldigungen nicht mehr verkraftet hatte. Diese Schuld ist aber keine tatsächliche Schuld, sondern sind meine Schuldgefühle, nicht schon viel früher mit ihm geredet zu haben. Wenn hier jemand Schuld trägt, sind es meine Halbbrüder, die nicht einmal heute zu ihren Taten standen und mich bei meinen Eltern nicht rehabilitierten, in dem sie nicht eingestanden haben, was sie mir angetan haben.

Hatte ich gerade erst begonnen, das Thema Schuldgefühle abzulegen, war es mit seinem plötzlichen Tod sofort wieder auf der Tagesordnung. Dies bestärkte mich, dass ich mit meinen Zweifeln, ihn mit der ganzen Wahrheit so spät zu konfrontieren, richtig gelegen hatte. Erneut waren viele Sitzungen mit meinem Therapeuten nötig, um diesen Rückschlag zu bearbeiten.

Die Beerdigung meines Vaters nutzte ich für mich, um all den Trauernden deutlich zu zeigen, dass ich nichts, aber auch gar nichts mit dem Tod meines Vaters zu tun habe. Ich wollte nicht, dass sie glauben, mich mundtot gemacht zu haben und ihre Versuche, mich einzuschüchtern und mir Schuldgefühle aufzuladen, gescheitert sind. Vor allem aber wollte ich meinem Vater ein paar liebende Worte auf seine letzte Reise mitgeben. Ich entschloss mich, zu seiner Beerdigung ein paar Worte zu sagen und weihte meine Tochter Sandra ein. Wir redeten beide ein paar Worte anstelle eines Redners, den er ohnehin nicht wollte. Ich nahm mir als Tochter das Recht heraus, mit meiner Tochter im Namen aller Anwesenden Worte des Abschiedes von meinem Vater und Sandra von ihrem Opa zu sprechen.

Meine Mutter starb ohne Einsicht

Die Therapie lief weiter und ich machte Fortschritte. Ich merkte, dass ich selbstsicherer wurde und die eigenen Gefühle endlich spüren konnte. Ja ich konnte sie sogar meinen Eltern gegenüber mutig und konsequent vertreten. Das erstaunte mich selbst und ich entwickelte nach und nach ein immer stärker werdendes Selbstvertrauen und wusste, dass diese Therapie *für mich* die Chance war, zu einem freien, selbstbewussten Leben zu finden. Die Kraft und den Mut fand ich jedoch erst, nachdem ich mich von dem Gedanken, dass meine Mutter mir noch in irgendeiner Art entgegenkommen oder sogar vielleicht meine Fragen beantworten würde, verabschiedet hatte.

Es vergingen 2 Jahre ohne jeglichen Kontakt. Mehr und mehr dachte ich nach, zweifelte, ob es richtig sei, auf ein Melden ihrerseits zu warten. Aber ich hatte Angst. Angst, dass wenn ich mich bei ihr melden würde, sie wieder alle Fäden in der Hand hätte und sie sich in ihrem ganzen Handeln bestätigt fühlen würde. Kinder haben so zu funktionieren, wie es Eltern von ihnen erwarten.

NEIN, dies wollte ich nie mehr.

Schließlich wurde mir auch klar, dass sie mich nie wirklich lieben konnte und dass sie mir nie verzeihen würde. Aber was sollte sie mir zu verzeihen haben? Ist es nicht umgekehrt? Hätte sie als Mutter nicht auf mich zu kommen und immer wieder das Gespräch mit mir suchen müssen? Ich wünschte es mir so sehr, wusste aber irgendwann, dass es dieses Gespräch nie mehr geben würde. Zu meiner Mutter ist der Kontakt abgebrochen, weil sie nicht bereit war, sich mit mir auszusprechen und ich damals noch nicht imstande war, ihr Verhalten in irgendeiner Weise zu vergeben. Ich verstand sie nicht mehr, es war doch immer ihr Wunsch, dass wir als Familie zusammenhalten sollten? Aber hätte ich alles weiterhin für mich behalten und diese Last weiterhin allein tragen sollen? Es ist schade, dass auch sie sich nie wieder bei mir gemeldet hat.

Inzwischen bin ich nach Niedersachsen gezogen und habe Berlin mit all den Enttäuschungen meinen Rücken gekehrt. Ich habe bitter gekämpft für mein „Ich sein", viele Verletzungen hinnehmen müssen, die ich loslassen konnte. Vor allem, weil ich wahre Freunde gefunden habe. Menschen, die mir zuhören und mich verstehen können. Die mir beigestanden haben und vor allem mich so angenommen haben, wie ich bin. Hier fühle ich mich zu Hause. Hier fand ich Trost und Zuspruch, Verständnis und Hilfe. Heute als bekennende Christin kann ich mit einem versöhnenden Blick auf alles zurückblicken und alles Schmerzende loslassen und mit all dem abschließen.

Träume, in denen mich meine Mutter aus dem Grab mit langen Fingern zu ergreifen versuchte, sind weniger geworden und irgendwann verblassten sie ganz.

„Vielleicht gelingt es mir noch, dir Mutter all dies zu verzeihen, was du mir an Leid zugemutet und an Verletzungen angetan hast. Aber froh bin ich, dass ich aus Unwissenheit, weshalb du so warst, wie du warst, dir vergeben konnte. Gott allein entscheidet darüber, ob wir uns in der Ewigkeit wiedersehen werden. Ich vertraue auf Gott, dass er die richtige Entscheidung für uns beide treffen wird. „Denn sein Reich komme und sein Wille geschehe…"

Meine Neuorientierung

Für mich brachte die Tiefenpsychologie unheimlich viele Erkenntnisse über mich und mein Leben. Ich empfand wieder Leben in mir und die Leere, die ich vorher in mir spürte, ging mehr und mehr verloren. Ich begann langsam auch mein Leben in der Gegenwart zu verändern. Ich fühlte anders und es traten Bedürfnisse wieder in mein Bewusstsein zurück, die schon längst verloren waren. Dies brachte aber plötzlich neue Probleme in der Partnerschaft mit sich. Während ich früher mein Leben an den Wünschen meiner Familie ausrichtete und nach der Arbeit nur nach Hause wollte, um für die Familie da zu sein, veränderten sich meine Bedürfnisse jetzt. Ich bin wachsamer und aufmerksamer meinem Verhalten gegenüber. Immer wieder frage ich mich selbst, ob ich dies gerade wirklich möchte, was ich tue oder tue ich es wieder ausschließlich für Andere. Ich bin im Umgang mit meinen Gefühlen wieder sicherer geworden und bestimme mein Leben mehr und mehr selbst.

Da ich mit einem Mal für 3 Jahre berentet wurde, hatte ich Angst nun auch nicht mehr gebraucht zu werden. Das wollte ich auf keinen Fall. So suchte ich mir ehrenamtliche Aufgaben, die ich mit Freude ausüben würde und bei denen ich Dankbarkeit erfahre. Ich hatte lange genug mit der Müdigkeit und Niedergeschlagenheit gekämpft. Jetzt wollte ich endlich wiederbeginnen, zu leben. Ich veränderte auch mein Wesen und fühlte nicht mehr wie früher. Ich wollte immer an meiner Ehe festhalten und Klaus in meine neue Veränderung mit hineinnehmen. Ich spürte mich, fühlte anders als früher und sehnte mich danach, endlich auch von meinem Mann als Frau wahrgenommen zu werden. Ich wollte unser sehr eintöniges Eheleben verändern und er sollte mich dabei begleiten. Im Sommer 2013 sprachen wir darüber und er bestätigte meine Wahrnehmung und versprach mir, dass er an unserer Ehe festhalten möchte. Es gab immer mal kurze Momente, wo er sich wirklich bemühte, aber es kostete ihn Kraft, dies auf Dauer durchzuhalten. Zärtlichkeiten jedoch gab es dennoch immer nicht, obwohl ich ihm auch dies inzwischen sehr offen sagen konnte. Immer wieder kämpfte ich um sein Verständnis für meine Veränderung. Mir war sehr schnell klargeworden, dass er mit mir eine andere Frau an seiner Seite hatte. Die Frage war nur, ob er mit dieser Frau, die mehr für sich selbst eintritt und künftig an der Entfaltung ihrer eigenen Persönlichkeit arbeitet, noch zusammenleben möchte. Ich spürte mehr und mehr, dass wir uns durch meine Veränderungen, die mir gesundheitlich und vor allem psychisch sehr gutgetan haben, voneinander entfernten. Ich versuchte immer wieder auf ihn einzuwirken, die Therapie gemeinsam fortzuführen oder miteinander wenigstens darüber zu reden. Alle Versuche scheiterten daran, dass er keine Notwendigkeit sah, irgendetwas an unserem gemeinsamen Leben zu ändern. Mein Mann wollte keine neue Frau, er wollte offensichtlich nur die „kleine" Manuela, die sich immer den Wünschen der anderen anpasst und sich sehr bescheiden im Einfordern *eigener* Bedürfnisse verhielt. Sehr oft dachte ich nach, ob es mir dieser Weg wert sei, meine Ehe aufs Spiel zu setzen. Lange Zeit kämpfte ich und hoffte, dass wir dies gemeinsam irgendwie schaffen würden. Es gab immer mal kurze Ansätze aufrichtigen Bemühens. Doch wurde mir bewusst, dass ich gerade im Begriff war, ihm meine Wünsche aufzudrängen und ihn für mich verändern wollte. Irgendwann wurde mir bewusst, dass uns viel zu wenig bis gar nichts mehr verband. Keine gemeinsame Interessen, keine Hobbys, keine Freiheiten für eigene Interessen und in dem letzten Jahr gab es kaum noch Gesprächsthemen. Also eine Ehe ohne Kommunikation. Das wollte ich nicht mehr aushalten müssen.

Jeder, der mich kannte, sah wie gut mir diese Therapie tat und wie gut ich es verstand, mein Leben zu verändern. Jeder sah, wie sehr ich aufblühte, weil ich mich endlich auch um meine Bedürfnisse kümmerte, die ich über Jahrzehnte vernachlässigt hatte. Klaus musste doch gesehen haben, wie mir diese Therapie dazu verhalf, meine Schmerzen und seelischen Befindlichkeiten in den Griff zu bekommen. Ich war inzwischen sehr aufmerksam gegenüber meinen Befindlichkeiten geworden. Ich konnte mich so aus der Depression heraus holen und meinem Leben eine Neuorientierung geben, die nahezu alle Lebensbereiche berührte.

Ich begann nun völlig frei, mich um meine verlorengegangenen Bedürfnisse zu kümmern. Ich lebte auf und befreite mich aus meiner Antriebslosigkeit. Wie durch ein Wunder verschwand die innere Leere, das Grübeln um die vielen Sorgen, die sich während der Therapie zunächst erstmal auftürmten. Allein ohne jegliche Unterstützung im Umfeld ist es mir gelungen, meinen tiefen Verletzungen ein neues Leben entgegen zu setzen.

Ich lag nicht mehr Stunden auf der Couch herum und meine Schmerzen besserten sich Zusehens. Wir mussten beide lernen, dass man nicht jede Sekunde im Alltag alles gemeinsam unternehmen muss und man seinem Partner auch Freiheiten zugestehen sollte, damit er seinen Interessen auch folgen kann. So gab es natürlich auch viele Auseinandersetzungen, die es früher nur nicht gegeben hat, weil ich ihnen stets ausgewichen bin, statt mich selbst durchzusetzen. Auseinandersetzungen und Konflikte aus dem Weg zu gehen, gehörten nun nicht mehr zu meinen Stärken. Stärken? Nein, es fühlte sich nicht mehr wirklich gut an, alles mit mir selbst auszumachen und Konflikten stets aus dem Weg zu gehen. Ich lernte, mich ihnen zu stellen und mich für meine Wünsche stark zu machen.

2013 fuhr ich erstmals allein zu einer Freundin nach Sangerhausen und im September 2013 zu Trude nach Thüringen. Beide Male tat ich mich sehr schwer damit, Klaus um Erlaubnis zu fragen. Ich wollte, dass er mir sein okay gibt. Schließlich war es für ihn auch neu, dass ich mich überhaupt allein wagte, irgendwo hinzufahren. Mein Therapeut erklärte mir, dass ich zwar eine verheiratete Frau sei, dennoch nicht meinen Mann um Erlaubnis fragen müsse, wenn ich einen Kurzurlaub allein machen möchte. Zumal ich ja berentet war, um mich meiner Genesung besser widmen zu können. Außerdem war Klaus voll berufstätig, worauf ich Rücksicht nehmen wollte und deshalb den Termin innerhalb der Woche wählte. Ich tat mich sehr schwer daran, genau diesen Urlaub von 3 Tagen anzutreten. Klaus zeigte keine Begeisterung, aber sagte zu. Ich fühlte mich so gut, wie lange nicht mehr. Ich hatte es geschafft, für meinen Wunsch, fahren zu wollen, einzutreten, obwohl ich diesen Widerstand befürchtete, was einmal eine gute Erfahrung bei mir auslöste. Es ermutigte mich, etwas für mich erreicht zu haben. Ich hoffte wieder, dass wir nun vielleicht doch etwas retten könnten.

Das unvermeidbare Ende

Schließlich musste ich unsere Ehe auf den Prüfstand stellen. Dies war für mich das Schwierigste während meiner ganzen Therapiezeit. Zum einen war schon klar, dass sich eingefahrene Gewohnheiten in einer über dreißigjährigen Ehe, nicht von heute auf morgen verändern lassen. Zum anderen spürte ich, dass ich mehr eigenen Freiraum für mich und meine Bedürfnisse brauchte, die leider nicht die seinen waren. Kochen, Backen und Essen gehörten zu seinen einzigen Hobbys. Viele Jahre fand ich es toll, für seine Koch- und Backkünste bewundert und beneidet zu werden. Doch irgendwann konnte ich es nicht mehr hören, weil sich bei ihm nur noch alles darum drehte. Wenn es überhaupt noch Gesprächsstoff zwischen uns gab, dann ging es nur noch ums Essen oder dem Kaffeetrinken vorm laufenden Fernseher.
Ich wollte endlich wieder was erleben, wollte raus in die Natur und vor allem wollte ich Gemeinsamkeit erfahren und Liebe spüren, die zwischen uns über die Jahre verloren gegangen war. Anfang 2014 wurde mir klar, dass ich anders fühlte und mir Zärtlichkeit und liebe

Worte in unserer Ehe fehlten. Eingefroren und nicht mehr abrufbar.

Jetzt, wo ich lernte meine Gefühle zuzulassen und zu entdecken, fehlten sie mir mehr denn je. Ich begann wieder meinem Körper dafür die Schuld zu geben, weil ich mir nicht vorstellen konnte, dass er mich nicht als Frau wahrnehmen wollte. Ich fühlte, dass ich nicht als Frau begehrt, sondern eher mich als Kind behandelt fühlte, dass er nur noch die Sicherheit bedurfte, die er in seiner Kindheit vermisste. Ich begann mehr und mehr unsere Beziehung in Frage zu stellen. Mir fiel auf, dass wir ja nicht mal mehr einen Begrüßungskuss austauschten und die Erinnerungen an frühere Umarmungen nur mal so, gab es auch lange nicht mehr. Selten kam noch irgendetwas über unsere Lippen und unsere Beziehung zueinander ist kalt und nur noch funktional geworden. Die Kommunikation an einem Tag belief sich nur noch auf das Nötigste. Meine Gefühlswelt spielte keine Rolle mehr. Ob es möglicherweise mit meiner Erkrankung und dem Weg meines Aufarbeitens zu tun hatte, kann ich heute nicht mehr sagen. Ich sprach dies an und oft bestritt er es nicht einmal.

Ich bin für ihn eine *andere* und *Frau* geworden, die ihren eigenen Weg gehen wollte. Ich sei ein

Egoist geworden, bekam ich immer wieder von Verwandten und Bekannten zu hören. Ich eine Egoistin, die sich zeitlebens um andere kümmerte und eigene Bedürfnisse vernachlässigte? Diesen Vorwurf wollte ich nicht mehr annehmen. Denn weil ich mich *„egoistisch"* um *meine Gesundheit* kümmerte und mich nur so aus der Depression heraus winden konnte, sah ich dies für mich als unerlässlich und notwendig an. Da mich Menschen, denen ich mal etwas bedeutete, die mich liebten, außer Stande waren, mir zu helfen, blieb mir nur dieser Ausweg. Ich musste den Weg künftig allein gehen. Doch war ich nicht geschaffen für den Alleingang. Denn da war der Gedanke an früher und die tiefe Traurigkeit, die nicht lange hätte auf sich warten lassen. Lange genug lebte ich ohne Freunde und ohne Gesprächspartner, mit denen ich Freud und Leid hätte teilen können.

Ich suchte nun nach Menschen, die mir zuhören und mich verstehen können. Zu sehr schmerzte der lange Kampf um Aufmerksamkeit und Zuwendung. Bereits im Juni 2013 fragte Klaus mich, nicht etwa umgekehrt, ob ich uns noch eine Chance geben würde. Ohne sich selbst zu bewegen und zu verändern, fragte er immer wieder mal danach. Laut Tagebucheintrag zuletzt im Frühjahr 2014. Ich ging darauf ein und meinte immer wieder: „Wieso fragst du mich das? Soweit bin ich noch nicht, dass ich unsere Ehe in Frage stelle. Ich hoffe doch, dass du mir entgegenkommst und mir zeigst, dass du mich noch willst." Warum er mich dies immer wieder fragte, ohne mir zu sagen, weshalb er unsere Ehe in Frage stellte, aber sich nicht wirklich für mein Seelenbefinden interessierte. Es gab während meiner Therapie kaum gemeinsame Gespräche, was mich so aus der Bahn geworfen hat.

Irgendwann war die Zeit zu lang geworden, wo mein Gefühlskarussell immer mehr runter als rauf ging. Zunehmend spürte ich, dass auch bei mir kein Fünkchen mehr war, was sich nach Liebe anfühlte. Ich merkte, wie gut ich *allein* zurechtkam und meinen Bedürfnissen frei von jedem Anpassungsdruck folgen konnte. Ich nutzte die durch meine Berentung freigewordene Zeit und fuhr im Sommer 2013 mit den Hunden in den Garten. Mein Mann kam freitags nach Dienstende bis Sonntag in den Garten und ich blieb viele Wochen allein mit unseren Hunden draußen in Finowfurt. Ich schrieb in meinem Tagebuch über meine Gefühle und Erlebnisse ausführlich und bemerkte immer öfter, dass ich so unsagbar vieles unternahm und mich sehr gut damit fühlte. Ich begann den Tagesablauf selbst zu planen und dass allzu oft strapazierte Thema Essen stand nicht mehr im Vordergrund. Es war eine Notwendigkeit, die ich selbst bestimmte, was und wann ich etwas esse und was ich unternehmen möchte. Als mich am Wochenende wieder der Alltag mit einer unerträglichen Zweisamkeit einholte, fühlte ich eine schmerzende Einsamkeit. Im Gegensatz dazu fühlte ich mich im Garten ohne ihn, gar nicht einsam, obwohl ich allein war. Was war das nur?

Ich musste mich mit dieser Tatsache abfinden.

„Meine Ehe hatte keine Basis mehr!"

Im November 2014 erklärte ich Klaus: „Ich sehe in unserer langjährigen Ehe keine Basis mehr. Ich kann und will diese Ehe nicht mehr fortsetzen, in der es keine Gemeinsamkeiten gibt. Wir wissen ja nicht einmal mehr, was wir uns unterhalten sollen." Es war einfach nichts mehr übrig von Wärme, Liebe und Geborgenheit. Und nur, dass sich ein Zusammenleben zu zweit besser rechnet, reichte mir nicht aus.

Ich bin nicht mehr die Frau, die er einst geliebt und geheiratet hat. Die Therapie hatte mich verändert und wir haben uns nur voneinander entfernt, weil wir nicht miteinander geredet haben.

Nun war ich beim nächsten Problem. Ich fühlte mich nicht verstanden. Alle Welt um mich herum erklärte mich für „durchgedreht". Niemand konnte verstehen, weshalb ich mich von meinem Mann trennte. Ich sei eine herzlose und kalte Frau geworden. Am schlimmsten waren da noch die Vorwürfe, dass ich nicht besser sei, als meine Mutter. Nein, ich war „*Ich*" geworden. Dennoch trug ich als Tochter meiner Mutter natürlich auch Anteile von ihr in mir. Wissentlich dessen, schmerzte mich dieser Vergleich dennoch. Ich denke heute inzwischen anders und glaube, dass meine Eltern es nicht besser wussten, wie es in diesen Wocheneinrichtungen aussah und wie sehr diese staatliche Kinderfremdbetreuung vielen Wochenkindern geschadet hat.

Ich liebe meine Tochter mehr als alles andere auf dieser Welt. Keine einzige Stunde, die ich mit ihr verbrachte, habe ich bereut. Ich erinnere mich auch gern an unsere kleine Familie, die unser Leben durch ihr Dasein erhellt hat. Für mich war sie nie eine Last, sondern sie war in meinem Herzen und immer eine Freude. Ich erlebe sie heute selbst als Mama von zwei Kindern in ihrer Familie so liebevoll. Ich erfreue mich daran, wie sie sich gemeinsam als Eltern um das Wohlsein ihrer Kinder kümmern, aber sich gegenseitig auch Freiräume gestatten, in denen sie eigenen Hobbys nachgehen und noch viel wichtiger, wie ich finde, auch Freundschaften pflegen. Freunde erhellen das Leben, eigene aber auch gemeinsame Freundschaften. Eine wichtige Erfahrung, die ich in all meinen gescheiterten Ehen nicht machen konnte. Wie schön, dass Sandra und ihre Familie ihren eigenen Weg gefunden hat und sich loslösen konnte aus so manchen vorgelebten Verhaltensweisen ihrer Eltern.

Als ich in ein tiefes schwarzes Loch fiel und weder ein noch aus wusste, hatte ich keine Ahnung, wie ich wieder Licht ins Dunkle bringen konnte. Viele Monate und Jahre mühevoller Arbeit in der Therapie waren nötig, um meinen Weg der Genesung zu finden. Den Weg, den ich **allein** gegangen bin.

Ich begriff, dass ich mein Leben von nun an selbst in die Hand nehmen musste, wenn ich gesunden will. Ich kann nur mich selbst verändern, aber nicht den Mann, mit dem ich verheiratet war. Jeder ist für sich selbst verantwortlich. Ich hatte keine Angst mehr, allein weiterleben zu müssen, keine Angst mehr, anderen nicht entsprechen zu können.

● ● ●

Aber eine riesengroße Angst hatte ich doch. Die Angst, dass ich meine Tochter verlieren würde. Ist sie doch immer mein allerwichtigster Mensch in meinem Leben und ich wollte doch alles tun, damit es ihr immer gut geht und sie sich niemals einsam und alleingelassen fühlen sollte. Vieles habe ich als Mama versäumt. Aber eben auch, weil ich es selbst auch nie kennengelernt hatte. Auch, dass man über Gefühle reden muss, dass man sie nicht wegdrücken darf und sie eben nicht immer nur mit sich ausmachen sollte. Ich hatte meine Gefühle immer unter Kontrolle und tief in meinem Innern verborgen gehalten. Tränen verbarg ich, weil ich eben keine „Heulsuse" sein wollte.

Wie konnte meine Tochter da erkennen, wie schlecht es mir in den letzten Jahren wirklich ging. Nun aus heiterem Himmel erkläre ich ihr, dass ich mich schon lange unglücklich fühlte?

Ich glaube, sie hatte nicht wahrgenommen, dass ich stark depressiv geworden war, dass ich absolut keinen Lebensmut mehr hatte. Es tut mir leid, dass ich ihr weh getan habe, als ich mein Leben plötzlich derart in Frage gestellt habe. Aber meine Angst schien dann doch unbegründet. Sandra stand zu meiner Entscheidung. Nicht, dass sie sie bejubelte, sie meinte, sie sei traurig, aber sie könne mich auch verstehen. Wir sagten es ihr gemeinsam und auch Klaus ging es dabei nicht gerade gut. Immer wieder bedauerte er, dass er es einfach nicht gesehen hat, wie wichtig es für mich gewesen wäre, gerade von ihm Beistand zu bekommen. Dass die Ehe ihr Ende nahm, dafür tragen *wir beide* die Verantwortung.

Zurück ins Leben

Aus meiner extremen Müdigkeit, Abgeschlagenheit und Lustlosigkeit am Leben teilzunehmen, wurde plötzlich eine Unruhe und ein enormer Tatendrang, endlich etwas bewegen zu wollen. Es machten sich Gefühle breit, die ich jahrzehntelang unterdrückt hatte. Emotionen schossen mit einem Mal ins Bewusstsein zurück, Gefühle, die endlich Raum in mir bekamen, die ich zuzulassen gelernt hatte.

Ich durchbrach das Gefühl der Einsamkeit, indem ich begann, soziale Kontakte aufzubauen. Ich lernte mehr und mehr Freunde kennen, die mich verstanden, die gleiche Gefühle mit mir teilten und sich für meine Themen interessierten. Die Erwerbsunfähigkeitsrente machte es mir möglich, mich voll auf meine Genesung zu konzentrieren und herauszufinden, was mir guttut und welchen Hobbys ich vielleicht nachgehen könnte. Ich fand die Liebe zum Schreiben und begann 2012 Tagebuchaufzeichnungen zu fertigen. Ich wurde immer besser im Schreiben und so erinnerte ich mich, dass ich in meiner Jugend auch Freude am Dichten hatte. Ich schrieb bald meine ersten, wenn auch sehr laienhaften Gedichte. Diese befassten sich natürlich vor allem mit meiner ganzen Gefühlswelt aus der Kindheit und mit den Erkenntnissen, die ich während der Therapie gesammelt hatte.

Die Liebe zu Kindern kann ich heute mehr ausleben. Es war mein erster Berufswunsch, Kinder zu erziehen oder als Kinderkrankenschwester zu arbeiten. Ich wollte einfach nur einen Beruf ergreifen, in dem ich mit Kindern arbeiten darf. Ich kann dies schon viele Jahre, in Berlin begonnen, als ehrenamtliche Lernpatin für Grundschüler mit und ohne Migrationshintergrund. Nun lese ich mit Grundschülern in Wienhausen gemeinsam in Büchern. Dass ich 2021 auch eine Gruppe ukrainischer Kinder anvertraut bekam, um mit ihnen etwas Zeit mit Sprachförderung zu verbringen, erfüllt mich heute mit Freude. Aber auch andere ehrenamtliche Tätigkeiten habe ich nach entsprechender Ausbildung unter dem Dach der Kirche übernommen. Somit verfüge ich über Fähigkeiten, mit denen ich anderen älteren Menschen helfen und begleiten kann. Sie erfüllen mich, beleben mein Herz und geben meiner Seele so viel zurück.

Ich fühlte wie mein Tatendrang wuchs und mein Lebenssinn wieder durch meinen Körper floss. Ich spürte wieder, wie sich Leben anfühlen kann. Ich begann, immer mehr Bücher zu lesen und interessierte mich zunehmend für Zeitzeugenberichte und Geschichtslektüre. Dann kam das Interesse, wieder Zeitungen zu lesen und ich begann mir mein Bild von der Welt zu machen. Ohne dass ich von irgendjemandem beeinflusst wurde, ohne dass mir jemand mein Denken verbot oder mir vorschrieb, wie ich was zu bewerten hatte. Für mich ist es eine völlig neue Erfahrung, alles selbst zu bewerten und nicht irgendwelchen Bewertungen anderer folgen zu müssen. Hier kommt auch wieder das Bauchgefühl ins Spiel. Ich muss lernen, damit umzugehen und meinen eigenen Empfindungen zu vertrauen. Dies war in meinem ganzen Leben durch das anerzogene Anpassungsverhalten unterdrückt. Während ich früher immer eine Bezugsperson brauchte, die mir sagt, was richtig oder falsch, gut oder schlecht ist, fragte ich zunehmend immer weniger andere nach ihrer Meinung, sondern versuchte meinen Gefühlen zu vertrauen.

Mit einem Mal war alles gut und richtig.
Mit dem Kontaktabbruch meiner Mutter zu mir und dem plötzlichen Tod meines Vaters im Frühjahr 2013 spürte ich etwas in mir, dass sich so anfühlte, wie eine Art innere Befreiung. Ich wollte dieses Gefühl nicht zulassen und auch nicht aussprechen, weil ich mich damit nicht wirklich gut fühlte. Aber später verstand ich diesen Gedanken. Denn diese Befreiung bezog sich auf die Veränderung von der erwachsenen Manuela, die lange Jahre im Körper eines kleinen verletzten Mädchens gefangen war. Ich habe mich über 5 Jahre harten Reflektierens und Begreifens meinem inneren Kind zuwenden können und so zu meiner SELBST gefunden.

Endlich konnte ich mich auch meiner politischen Neuausrichtung öffnen und den begonnenen Weg des Aufarbeitens meiner alt eingefahrenen Denk- und Verhaltensstrukturen fortsetzen. Ich fühlte mich befreiter, weil ich nicht mehr an diesen mir implizierten Idealen festhalten und auch nicht mehr funktionieren musste. Lange zuvor beschäftigte mich immer wieder der Gedanke, woher mein Vater seine absolute Linientreue zur Partei- und Staatsführung hatte und warum er bis zuletzt daran festhielt, dass a l l e s richtig war. Woher nahm er die Gewissheit, dass der Mauerfall kein Ereignis von Dauer sein würde? Irgendwie wollte ich mehr wissen über ihn, über meine sozialistische Heimat und wollte verstehen, warum so viele Menschen die DDR einen Unrechtsstaat nannten.

Mein Therapeut, aufgewachsen in Burgdorf/Niedersachsen, der sich aber selbst wegen seiner späteren langjährigen Praxistätigkeit in Berlin Marzahn als „Wossi" bezeichnete, war es, der mir auch in dieser Hinsicht die Augen öffnete. Er hatte damals schon die Vermutung geäußert, dass mein Vater vielleicht auch für den Staatssicherheitsdienst gearbeitet haben könnte. Ich wollte es nicht glauben und meinte, dass ich dies doch gewusst hätte. Doch dann kamen Zweifel und ich wollte Gewissheit haben und alles wissen über die Stasi und deren Repressionen. Ich begann, mich diesem Thema endlich zu öffnen. Ich konnte es einfach nicht glauben, was alles über Medien und Presse über die DDR gesagt wurde. So holte ich mir ein Buch nach dem anderen und begann mich verstärkt den vielen Zeitzeugenberichten zu zuwenden und las im Sommer 2013 das Buch von Ruth Hoffmann "Stasi-Kinder. Aufwachsen im Überwachungsstaat" und die

Autobiografie von Gerd Keil „Verraten, verhaftet und verkauft". Diese beiden Bücher bestimmten mich bei meinen weiteren Nachforschungen. Ich besuchte die Gedenkstätte der ehemaligen zentralen Untersuchungshaftanstalt des Staatssicherheitsdienstes in Berlin Hohenschönhausen, in der Gerd Keil, der heute mein Lebenspartner und Ehemann ist, so unglaubliche und menschenverachtende Dinge erlebte, dass ich es mir vor Ort anschauen wollte. Ich war erschüttert und es zog mir mehr und mehr den Boden unter den Füßen weg. Es wurde mir immer klarer.

Es war die Wahrheit und keine Lügen des Westens als Hetze gegen die DDR.

In den vielen Erzählungen der Stasikinder im Buch von Ruth Hoffmann erkannte ich Parallelen zu meinem Aufwachsen, die mich stutzig machten und in mir wuchs die Frage, *ob meine Eltern vielleicht doch für den Staatssicherheitsdienst gearbeitet haben könnten*. Ich beantragte sehr bald die Akteneinsicht in meine Stasiakte und wollte nach ihrer beider Tod nicht lange warten, um Gewissheit darüber zu haben. Leider gab es doch einige Wahrheiten, mit denen ich nicht gerechnet hatte. Ich begriff mehr denn je, wie blind und verbohrt vor allem mein Vater die Politik der Partei bedingungslos verteidigte und selbst nach dem Mauerfall sicher war, dass dies nicht so bleiben würde. Für ihn war klar, dass die Partei ihre Ziele nicht aufgeben würde und wenn nötig auch aus dem Untergrund heraus, gegen die Bedrohung aus der westlichen Welt agieren würde.

Gorbatschow bezeichnete er als Verbrecher und Putin sei der Mann, der das Blatt zum Wenden bringen wird. Als der Krieg gegen die Ukraine begann, lebte mein Vater schon 9 Jahre nicht mehr.

Was würde er wohl heute dazu sagen?

Ich will nicht glauben, dass er dann immer noch gesagt hätte, alles sei nur die Schuld des Westens, der die Ostblockstaaten bedrohen würde. Die Bundesrepublik hatte seit dem Zerfall des Warschauer Paktes weder den Osten angegriffen, noch ihre Verteidigung ausgebaut. Im Gegenteil. Es wurde abgerüstet, am Rüstungsetat eingespart, weil man keine Bedrohung einer Okkupation durch die Ostblockstaaten zu befürchten hatte.

Ich hoffe und bete, dass mein Vater in Bezug auf Putin, niemals Recht behalten wird. Das die Ukraine weiterhin stark bleibt und für ihre Demokratie und unser aller Frieden in Europa kämpft.

Bis zu seinem Tod im April 2013 redete mein Vater kaum noch über aktuelle Politik, er war in sich gekehrt und schien mit dem revolutionären Umbruch in der DDR und dem Umstand selbst nun Bundesbürger geworden zu sein, nicht mehr klarzukommen. Seine Ideale sind gegen die Wand gefahren und die Schuld dafür trägt allein der Westen. Dies waren seine Wahrheiten, an denen er bis zuletzt festgehalten hat. So lebte er sehr zurückgezogen und war dennoch überzeugt, dass er immer auf der richtigen Seite gestanden hatte.

Ich hatte mich trotzdem mehr und mehr von meiner anerzogenen politischen Gesinnung entfernen können, obwohl ich mich noch längere Zeit schlecht fühlte, weil ich glaubte, ihn und seine Ideale verraten zu haben und begann alles in Frage zu stellen, an das ich einst selbst geglaubt und für das ich mit all meiner Kraft eingetreten bin. War ich auch ein Wendehals oder eine Frau, die nach den Wahrheiten suchte? Inzwischen bin ich so weit, dass ich mich meiner früheren Gesinnung nicht mehr schäme. Ich war ein Produkt des einheitlichen sozialistischen Bildungssystems, welches die staatlichen Kinderwochenkrippen und Tageskrippen schuf, um schon im frühkindlichen Alter darauf hin zu wirken, dass die Kinder des

Sozialismus, so früh wie möglich mit den Normen sozialistischen Arbeiten, Lernen und Leben vertraut gemacht werden. Heute glaube ich fest daran, dass all mein Wachsen und Werden in der DDR, all die Verletzungen und Missbräuche nur möglich wurden, dass ich nie lernte, auch NEIN zu sagen, Nie lernte zu widersprechen. Ich denke, dass dies alles in der wochenweisen Fremdbetreuung in dieser Wochenkrippe/Wochenheim über fast 5 Jahre ihren Ursprung hatte.

Auf der Suche nach Antworten
Ich fühlte einen Tatendrang und wollte alles neu betrachten. Ich hatte den Mut und begann meine früheren Überzeugungen erstmals zu hinterfragen. Endlich war ich in der Lage, meine eigenen Glaubenssätze neu zu prüfen und mich vom alten Gedankengut, welches mir impliziert wurde, abzuwenden. Ich war jetzt auch in der Verfassung, mich neu ausrichten zu können.
So besuchte ich viele Abendveranstaltungen des DDR-Museums und war oft zu Abendveranstaltungen der Stiftung für Aufarbeitung der SED-Diktatur in der Kronenstraße zu Gast, um möglichst authentische Informationen zu bekommen.

So war ich auch am 07. Oktober 2014 trotz des Dauerregens Teilnehmerin jenes nachgestalteten Revolutionszuges, der an die große Berliner Demonstration am 7. Oktober 1989 erinnerte. Sie galt als „Die Entscheidung" für den Ausgang der friedlichen Revolution, die mit dem Mauerfall unblutig zu Ende ging.

Mit Megafon ausgestattet, einem Barkas, der vorweg fuhr und einer ihm folgenden Menschenmenge von damaligen Oppositionellen und Sympathisanten mit Plakaten „NIE WIEDER DIKTATUR" setzte sich dieser Erinnerungszug in Bewegung. Im Barkas saß Stefan Krawczyk mit seiner Technik, um den Revolutionszug mit seinen revolutionären Liedern von damals zu begleiten. Stefan Wolle, ebenso ein Zeitzeuge dieses Revolutionszuges, erinnerte an einigen Haltepunkten über das Megafon an die gewaltsamen Unterbrechungen und Abtransporte unzähliger Demonstranten durch die Berliner Volkspolizei.

Hier fühlte ich durch die vielen Zeitzeugenberichte, die auf der Strecke vom Neptunbrunnen bis zur Gethsemanekirche vorgetragen wurden, erstmals eine echte Verbundenheit mit den damaligen Demonstranten. Manche Berichte waren so erschütternd, dass mir Tränen liefen.

Die Gefühle von Enttäuschung, Wut und Traurigkeit wechselten immer wieder in mir. Aber auch die Scham über mein Gedankengut, welches mir über viele Jahre meines Lebens immer wieder eingeimpft wurde, überkam mich, so dass ich mich nicht dazugehörig fühlte. Jahrzehntelang bin ich einem Feindbild gefolgt, weil ich blind war gegenüber diesen revolutionären Bewegungen. Es hieß immer, dass es Minderheiten seien, die die sozialistische Gesellschaft stören wollen und den Gesetzen des Volkes nicht Folge leisten wollten. Dass ich einst ideologisch hinter diesem Feindbild gestanden hatte, erfüllte mich mit tiefer Scham.

Es tat mir leid, damals mindestens mit meinem Denken auf der falschen Seite gestanden zu haben.

Meine Gedanken kreisten ständig, während des langen Weges bis zur Gethsemane-Kirche und ich erlebte ein ständigen Wechsel der von innen heraus schießenden Gefühle. Ich fühlte mich irgendwie mit schuldig, weil ich als Zivilbeschäftigte der Kriminalpolizei mindestens indirekt diese Machenschaften unterstützte und dachte, ich gehöre hier nicht dazu. Dann wiederum völlig mitgenommen von den Emotionen tanzender Jugendlicher und junger Familien, deren kleine Kinder Plakate fest in ihren kleinen Händen hielten, wandelten sich meine Gefühle. „Ich gehöre dazu und auch ich darf heute hier sein" Niemand fragte mich, wer ich bin, keiner wollte meinen Personalausweis sehen und nie wieder soll mir jemand vorschreiben, was ich zu denken und zu glauben habe. Indem ich mich immer mehr mit den Repressionen der Staatssicherheit beschäftigte, wuchs in mir der Wunsch, eine Selbsthilfegruppe für Stasikinder zu gründen. Ich bin überzeugt, dass es noch viele andere Menschen gibt, die wie ich als Angepasste ihr Überleben in der DDR sicherten oder aus Überzeugung, das Richtige zu tun, den Fußstapfen ihrer Eltern folgten. Bis heute leiden sicherlich auch sie an den Folgen frühkindlicher Traumata oder unter Ängsten, Schuldgefühlen und tiefer Traurigkeit. Ein selbstständiges Denken war in diesen Familien nicht erwünscht und Widerspruch wurde nicht geduldet. Sie wurden in dieses indoktrinierende System hineingeboren. Sie hatten einfach nur zu funktionieren, fühlten sich oft unter einem starken Leistungsdruck und spürten sicher auch die vom System und der Stasi gewollten Ängste ihrer Eltern. Kinder, deren Eltern bei oder auch für die Stasi arbeiteten, standen unter ständiger Beobachtung und hatten in und für die Familie zu funktionieren. Die

Angst vor der Angst war besonders in diesen Familien gegenwärtig und so wurden diese Kinder bestens für das Leben im Sozialismus konditioniert. Den Kindern, deren Eltern oder Großeltern bei oder für die Staatssicherheit arbeiteten, gab es wenig Zuwendung und Liebe. Solche Gefühle hatte es nicht zu geben. Materiell standen diese Familien meist gut da. Sie standen aber unter einem enormen Druck. Diese Kinder waren alles andere als privilegiert. Sie litten alle unter einem starken Kontrollzwang ihrer Eltern und waren ideologisch täglichen Gehirnwäschen unterzogen. Für sie gab es selten eine Kindheit mit eigenen Freiräumen. Sie mussten stets gehorchen, lebten in Ängsten und viele litten unter einem mangelnden Selbstwertgefühl.

Ich wollte diese Selbsthilfegruppe, um mich mit Betroffenen über die Erfahrungen in ihren Familien austauschen zu können. Ich wünschte mir einen Austausch darüber, wie sie heute ihr Erleben in der DDR sehen und mit welchen Problemen sie heute kämpfen müssen. Sind sie auch ständig hin und hergerissen, was richtig und was falsch ist? Wie können sie mit der riesigen Informationsflut über die DDR umgehen?

Es war mir egal, welchen Weg sie letztlich genommen haben. Sie wären mir willkommen, solange sie sich einer ehrlichen, offenen Aufarbeitung der SED-Diktatur stellen. Ich halte es für wichtig, diesen Gedankenaustausch weiter zu führen, gerade weil die Elterngeneration ihr Schweigen nicht brechen will und die Kinder von Stasieltern über ihre Wahrnehmungen aus Kindheit und Jugend nirgendwo einen Raum finden, wo sie sich austauschen können. Eine tiefe Scham und manchmal auch eine Angst der Verachtung ahnungsloser Menschen überkommt sie, wenn sie etwas erzählen würden, wer oder was ihre Eltern waren.

Also meldete ich im Sommer 2014 die Selbsthilfegruppe „Deine (Groß-)Eltern bei der Stasi?" bei SEKIS Berlin mit dem Status in „Gründung" an. Ich hoffte darauf, dass sich Betroffene bald melden würden. Von SEKIS wurde ich beim Bekanntmachen dieser Gruppe aktiv unterstützt und dennoch dauerte es fast ein ganzes Jahr, bis wir im Mai 2015 unser erstes Treffen mit insgesamt 4 Mitgliedern starteten.

Diese Gruppe wuchs auf eine Größe von bis zu 20 Gruppenmitgliedern heran und veränderte sich zahlenmäßig immer wieder mal durch ein Kommen und Gehen von Mitgliedern. Bis 2022 zählte diese Gruppe über 40 Betroffene, die wenn auch immer nur zeitweise, aktiv am Austausch der eigenen Lebensgeschichten und den daraus folgenden Prägungen, die das Ankommen in einer völlig neuen Gesellschaftsform massiv erschweren.

Unsere Gruppe begann sich lange Zeit über das gegenseitige Erzählen der eigenen Lebensgeschichten zu definieren. Bei jedem der neu zu uns kam, bestand ein großer Redebedarf und so manche Lebenserfahrungen deckten sich mit den anderen. Dabei suchten viele von uns nach Erklärungen der eigenen Verhaltensweisen, ihrer Befindlichkeiten und den Ängsten, die sie bis ins Heute begleiten. Inzwischen geht es nun mehr darum, einander zuzuhören und Hilfe zur Selbsthilfe zu geben, wenn wir auf Probleme im Alltag stoßen, die oft mit alten Prägemustern oder dem Umgang mit Vertrauen und zwischenmenschlichen Kontakten zu tun haben. Wir benötigen diesen Austausch, um unsere Wahrnehmungen zu schärfen, wenn uns im Alltag heftige Emotionen übermannen und wir diese allein nicht einzuordnen wissen.

Wir können jedoch keine therapeutischen Hilfen bieten, sondern immer nur über eigene Erfahrungen mit Therapeuten berichten oder wie bereits erwähnt, im Austausch miteinander bleiben und aus den Erfahrungen und Wegen anderer profitieren.

Neues Land, neues Leben

Nachdem ich im November 2014 meine langjährige Ehe für gescheitert erklären musste, war für mich ein Ausdruck meiner Veränderung zu einer Frau, die ihr Leben selbst in die Hand nahm. Eine Frau, die erkannte, dass sie nur sich selbst verändern kann. Ich konnte dies nur aus der Erkenntnis heraus, dass ich mein bisheriges Leben rational begriffen hatte. Wenn ich meine dadurch aufgebrochenen Emotionen frei leben wollte, ging dies nur in einem anderen Umfeld. Mein Leben ohne meine Herkunftsfamilie fortsetzen zu müssen, ohne von meinen Eltern und den Halbbrüdern Antworten auf meine vielen Fragen zu bekommen, machten mich verletzlicher als je zuvor. Ich durfte nicht reden, um der Gesundheit meiner Eltern willen. Doch niemand von ihnen hatte mich je nach meinen Empfindungen gefragt. Ich schreibe niemand die Schuld zu, möchte jedoch zu verstehen geben, weshalb ich letztlich auch Berlin verlassen musste.

Weil ich mich endlich von tief vergrabenen Geheimnissen befreien wollte, von den erlebten Kindheitstraumata meines Aufwachsens als

Kleinstkind in einer Wochenkrippe bzw. Wochenheim und den darauf folgenden sexuellen Missbräuchen an mir von mir nahestehenden und fremden Personen, wurde ich von der Mutter aus dem Familienverbund verstoßen.

Weil ich mich dadurch von meinem ganzen privaten Umfeld unverstanden und alleingelassen fühlte, musste ich Abstand gewinnen, um meinen neuen Weg in ein neues Leben gehen zu können. Berlin verlassen zu müssen und die Menschen, die mir wichtig sind, zurückzulassen, war eine ganz andere Nummer. Es war für mich nicht leicht, erkennen zu müssen, dass mich niemand verstehen will. Weil ich Fragen zu meinem Leben und meiner heutigen Wahrnehmung der eigenen Kindheit und Jugend hatte, die für meine Eltern unbequem und für meinen damaligen Mann schwerlich einzuordnen waren, nahmen sie alle nicht wahr, wie schwer dieser Weg vor allem für mich war. Schwierig und vor allem schmerzhaft nur deshalb, weil ich ihn lange Zeit allein gehen musste und mir niemand zu helfen imstande war. Sie wollten nichts davon hören, dass mir diese Aufarbeitung nicht nur wichtig, sondern für meine dauerhafte Genesung dringend notwendig war.

• • •

Ohne diese Neuorientierung wäre ich immer noch die kleine Manuela ohne jegliches Selbstvertrauen. Ich wäre immer noch die Frau, deren Emotionen im Körper des verletzten Kindes tief vergraben blieben. Ich würde immer noch die eigenen Bedürfnisse und mein eigenes Ich zurückstellen, um die geforderten Erwartungen der anderen zu erfüllen. Ich würde weiterhin teilnahmslos, ausgelaugt und innerlich ausgebrannt vor mich hinleben und die Depression würde in einer dauerhaften schweren psychischen chronischen Erkrankung feststecken und ich hätte nie erfahren, woher und warum. Ich denke, dass dies niemand für mich gewollt hätte. Ich am allerwenigstens.

Ich bekam keine Antworten auf die vielen Fragen von den Menschen in meinem persönlichen Umfeld. Doch da sie mich quälten und ich meinen ständig steigenden Wissensdurst befriedigen musste, forschte ich lange Zeit allein weiter. Ich lernte Ruth Hoffmann und Gerd Keil persönlich kennen. Sie beide wurden mir zu guten Freunden und langjährigen Wegbegleitern in mein Neues Leben. Durch sie lernte ich erstmals wahre Freunde kennen, die mich verstanden, weil auch sie sich mit dem Erlebten in der DDR auseinandersetzten und auf die gleichen Probleme des Schweigens stießen. Ich wollte wissen, wer Gerd heute ist, der damals so Schreckliches in der DDR erleben musste und bis heute seinen Kampf gegen das Verklären dieser Diktatur führt. Trotzdem er schwer und komplex traumatisiert ist, tritt er vor Schülern und Gymnasiasten auf und hält Lesungen aus seinem autobiografischen Buch: „Wertvolle Freiheit".

Als er mich bei unserem ersten Kennenlernen zur Verabschiedung in die Arme nahm, schoss eine wundersame Wärme durch meinen Körper, die ich mir so gar nicht erklären konnte. Es war eine Wärme, die mir sehr angenehm war und vielleicht auch ein wenig mit meiner schwierigen Zeit der eigenen Veränderungen zu tun hatte und mich für diesen einen Moment alles um mich herum vergessen ließ. Auch dass sich in Berlin alles gegen mich verschworen hatte, selbst meine Freundin sich von mir abwandte und mich wie eine „Geisteskranke" behandelte, weckten in mir Gedanken der Flucht aus diesem Teufelskreis.

Schon seit einiger Zeit vor dem Aufkündigen meiner Ehe flüchtete ich immer öfter aus der eigenen Wohnung, in der ich mich nun mehr und mehr erdrückt fühlte. Die Sommer verbrachte ich schon seit 2013 nur noch im Garten, während mein Mann in der Woche arbeiten ging. So fand ich auch mehr Zutrauen zu meinen Fähigkeiten und fühlte mich irgendwie auch selbstbestimmter. Das Gefühl von Fremdbestimmung schwand mehr und mehr aus meinem Denken. So fuhr ich zum ersten Mal ohne meinen Mann für ein paar Tage in den Urlaub zu Trude nach Thüringen und einmal nach Sangerhausen zu Julia, eine Freundin, die ich auf der Suche nach Betroffenen für die Selbsthilfegruppe kennenlernte. Immer wenn ich allein für mich war, fühlte ich mich nicht mehr einsam. Aber am Wochenende als mein Mann in den Garten kam, spürte ich wieder eine Einsamkeit in mir aufsteigen, obwohl ich nicht mehr allein im Garten war. Eine einsame Zweisamkeit, in der es kaum noch Kommunikation gab, die mich Ende 2014 in die Flucht trieb. Wie sollte ich hier in Berlin meinen Weg allein weitergehen können? Ich musste weiter weg, um den Weg unbeeinflusst fortsetzen zu können.

In Niedersachsen, wo Gerd zu Hause ist, gibt es wunderschöne Landschaften, Natur pur mit kleinen Flüsschen, riesigen alten Bäumen und Fachwerkhäusern, wie ich sie aus meiner Kindheit im Zittauer Gebirge kannte, wo ich mich immer sehr wohl gefühlt hatte. Ich war in diese Landschaft vom ersten Augenblick an verliebt, dass ich begann hier nach geeigneten Wohnraum zu suchen. Ich war fest entschlossen alles hinter mir zu lassen und endlich den Neuanfang für mein neues Leben zu beginnen. Ich war mutig genug, diesen Weg der Veränderung zu gehen, ich konnte selbst eine Entscheidung fällen, die sehr schwer, *aber längst fällig war.* Ich wollte Festhalten an diesem eingeschlagenen Weg und befürchtete, ihn nicht zu Ende gehen zu können, wenn ich in Berlin bleiben würde. Es war schon lange mein Wunsch aufs Land zu ziehen und nun ergab sich hier eine vorübergehende Möglichkeit fürs erste bei Gerd zu wohnen. Er war erfreut als ich ihn fragte, ob er sich vorstellen könnte, wenn ich für einige Zeit zu ihm ziehen würde. Bei ihm erholte ich mich von meinen seelischen Belastungen und hatte Gelegenheit in Gerd einen wirklich liebenswerten und sehr einfühlsamen Mann kennenzulernen. Ich verbrachte 2014 den 2. Weihnachtsfeiertag bei ihm und blieb bis Anfang Februar 2015 in seiner kleinen Wohnung. In dieser Zeit lernte ich sehr viele Freunde von ihm kennen und wurde von diesen Menschen herzlich angenommen. Es tat gut, endlich wieder von Menschen umgeben zu sein, die mit meinen Befindlichkeiten umzugehen wussten, Menschen bei denen ich ICH sein

• • •

durfte. Menschen, die keine Erwartungen an mich stellten und mir einfach nur mit Freundlichkeit begegneten. Nach so vielen Verletzungen und Auseinandersetzungen, die ich hinter mir hatte, brauchte ich offene Ohren und wärmende Herzen.

Wir besuchten gemeinsam einige Gottesdienste in der Gemeinde, wo Gerd seit 2011 lebt. Ich spürte ein sehr starkes Gefühl von Wärme, Nächstenliebe und gewann zunehmend wieder Halt unter meinen Füßen. Hier fühlte ich mich angenommen und spürte keine Traurigkeit, keine Einsamkeit. Ich hatte mit einem Mal ganz viele Menschen um mich, die mir zuhörten, die Anteil an meiner Lebensgeschichte nahmen und bei denen ich als mutige und starke Frau wahrgenommen wurde.

Ich begann mich wirklich zu Hause zu fühlen und hatte erstmals einen Mann an meiner Seite, bei dem ich mich auch als Frau begehrenswert fühle. Der Hass, der sich mangels Liebe gegen meinen Körper gerichtet hatte, verblasste Zusehens hier bei Gerd. Er hört mir zu und nach einem relativ kurzen Zusammenleben mit ihm, bekam ich auf viele meiner Fragen endlich auch Antworten, nach denen ich lange gesucht hatte. Gerd konnte sich in meine Gefühlswelt einfühlen und verstand es, mir das bewusst zu machen, was ich längst im Innern fühlte.

So sind wir uns sehr nahegekommen und da sich keine kleine günstige Wohnung finden ließ, zog ich im Frühsommer 2016 zu ihm. Eigentlich war ich gerade dabei, mir ein neues Leben allein irgendwo weit weg von meinem Mann aufzubauen. Ich war stolz, dass ich so weit gekommen bin und diesen Schritt gewagt hatte. Doch jetzt bot sich die Gelegenheit mit einem guten Freund, diesen Neuanfang in einem neuen Land zu wagen. Auch wenn aus unserer Freundschaft keine Liebe geworden wäre, so war ich mir sicher, dass ich irgendwo im Celler Landkreis mein neues Zuhause gesucht hätte.

Ich fühlte mich zunehmend vom christlichen Glauben angezogen. Angezogen seit meinem ersten Besuch eines Gottesdienstes in Berlin wenige Tage nach Aufkündigen meiner Ehe, an Heiligabend 2014.

Noch immer war ich seelisch ausgehungert und fühlte mich verstoßen von so vielen Menschen, die mir viel bedeuten. Menschen, denen bis heute nicht bewusst ist, wie sehr ich gerade ihre Gespräche, ihre Zuwendung gebraucht hätte. Ich wollte diese Verletzungen loslassen und endlich Frieden für meine Seele finden.

• • •

So suchte ich etwas zögerlich den hiesigen Pastor auf. Entgegen meinen Erwartungen war er interessiert an meiner Lebensgeschichte und er spürte sofort was ich brauchte. So nahm er sich viel Zeit für gemeinsame Gespräche, so dass ich auch den Mut fand, Fragen zum christlichen Glauben zu stellen und ohne missionarisch bedrängt zu werden, diese auch beantwortet bekam. So festigte sich mein Entschluss mich taufen zu lassen. Ich fand eine Hingezogenheit und es fühlte sich nach anfänglicher Scheu, die Kirche zu betreten, sehr vertraut an. Ich spürte eine Wärme und begriff immer mehr, wie nah mir Gott wirklich gewesen ist, obwohl ich keine Christin war. Ich ließ mich ein Jahr nach dem ich Gerd zum ersten Mal persönlich kennenlernte, taufen und nahm den christlichen Glauben an.

Gerd hat maßgeblichen Anteil daran, dass ich mich zum Glauben hingezogen fühlte. Er beantwortete mir viele Fragen und lebt seinen Glauben sehr offen. Daher wählte ich Gerd als meinen Taufpaten. Es tut gut, in einer Gemeinschaft leben zu können, die für das Gute im Menschen gemeinsam beten, singen und ihre Hoffnung bewahren, dass die Welt friedlich werden möge und die Menschen die Werte der Nächstenliebe leben.

• • •

Ich wollte mich einbringen in diese Gemeinschaft und ließ mich für verschiedene Ehrenämter ausbilden. Aus eigenem Erleben wusste ich, wie sehr Menschen gebraucht werden, die ihre Zeit und ihr Gehör schenken, für die Sorgen ihrer Mitmenschen, die sich in Krisensituationen befinden. 2016 begann ich eine Ausbildung zur Seniorenbegleiterin und begleite seit dem einsame Senioren, denen ich heute meine Zeit und mein Gehör schenke. Es erfüllt mich mit großer Freude, wenn mir Dank für diese Tätigkeit zu Teil wird. Diese Freude ist mit keinem Geld der Welt aufzuwiegen und ich helfe auch Grundschulkindern, die Leseförderung benötigen und fühle mich dadurch auch selbst bestätigt.

Der gemeinsame Kampf gegen das Vergessen und die Verklärung der SED-Diktatur, den Gerd und ich mit unseren Lesungen aus unseren Biografien führen, verbindet unsere Liebe auf besondere Weise. So enden oft die Lesungen mit dem Satz: „... und so entstand zwischen uns eine Liebe, die es zu Ostzeiten nie gegeben hätte."

Mein Leben mit Gerd
Mit Gerd traten sehr bald seine zwei Kinder, die 2015 erst knapp 16 und 13 Jahre alt waren,

auch in mein Leben, wobei ich sehr überrascht war, dass er noch so junge Kinder hatte. Er meinte damals zu mir, dass er gern schon früher Kinder gehabt hätte, aber wegen seiner psychischen Folgen der Stasihaft war da lange Zeit nach seinem Freikauf nicht daran zu denken.

Dass er nach seinem Wegzug aus Berlin, wo er 1993 der Liebe wegen wieder hingezogen war, nach der Trennung von seiner damaligen Ehefrau, nur noch sehr selten und ihm irgendwann gar keine Kontakte von Seiten der Kindesmutter zu seinen Kindern gewährt wurden, schmerzte ihn nach so vielen Jahren noch immer.

Ich bemerkte seine traurigen Augen als er aus seiner Zeit als Papa sprach. Auch erzählte er mir, wie er um sein Umgangsrecht kämpfen musste. Bis er im Jahr 2011 nach Niedersachsen zog und es ihm finanziell unmöglich schien, diesen Streit beim Berliner Jugendamt und dem Familiengericht fortzuführen.

Seine Liebe zu seinen Kindern, die ihm in den vielen Jahren nie verloren ging, was mir auch die übermäßig vielen Fotos der beiden Kinder in seiner Wohnung zeigten, trug er in sich. Im Frühjahr 2015 gelang es uns gemeinsam, dass er endlich seine Kinder in Rostock wiedersehen konnte. Wir fuhren gemeinsam hin und ich lernte beide Kinder in einer relativ kurzen Zeit kennen und habe sie beide in mein Herz geschlossen. Somit bekam ich zu meiner erwachsenen Tochter, noch zwei Kinder hinzu, denen ich gern mein Herz geschenkt habe. Auch wenn die Beziehung zu seiner Tochter nicht so ganz einfach ist, freut sich Gerd, wenn sie sich kurz meldet. Der Sohn von Gerd hat die Folgen der langen Trennung nicht überwunden und die verlorengegangenen Jahre zwischen ihm und seinem Vater können auch nie mehr nachgeholt werden. Der Abstand zwischen den beiden ist wieder deutlich kleiner geworden und er besuchte uns einige Jahre immer mal wieder. Bis zu seinem 18 Lebensjahr waren die Besuche regelmäßig und wir verspürten den positiven Weg seit er in dieser betreuten Jugendwohngruppe war. Wir drei genossen die gemeinsame Zeit, die irgendwann wieder nur noch auf einige wenige WhatsApp-Chats beschränkt waren. Manchmal fragt er sich, ob er zu wenig für sie getan habe, doch gab es da noch die Mutter der Kinder, die an einer vernünftigen Elternschaft nach der Scheidung bis zum heutigen Tag nicht interessiert ist.

Stattdessen werden selbst auch meine Bemühungen, hier auf eine Verbesserung der verhärteten Parteien im Sinne der Kinder hineinzuwirken, von Seiten der Oma, mütterlicherseits, und der Mutter beider Kinder mit bösen Beschimpfungen gegen mich zunichte gemacht. Seit dem beschloss ich für mich, nie wieder diese Familie so nah an mich rankommen zu lassen. Gerd als Vater seiner Kinder werde ich jedoch immer unterstützen, in dem was er künftig für oder mit seinen Kindern tun oder auch lassen möchte.

Die vielen Reisen nach Rostock führten immer wieder zu Enttäuschungen, weil wir viel Zeit einplanten und dann immer nur kurz willkommen waren. So nahmen wir es als gegeben hin und reisen relativ regelmäßig nur nach Berlin, um meine Tochter, meinen Schwiegersohn und unsere beiden Enkelkinder (2019 u. 2021) für ein bis zwei Tage wiederzusehen.

Diese Familienbesuche sowie unsere ehrenamtlichen Tätigkeiten lassen uns wenig Reserven für längere Urlaubsreisen. So sorgen wir für Entspannung und Freude in mehrfachen Wochenendfahrten nach Berlin. Wir fahren mit dem Auto oder mit Busunternehmen durch Niedersachsen und verweilen ab und an auch mal ein paar Tage an den Orten, wo wir Freunde oder eben die Selbsthilfegruppe in Berlin besuchen. Denn wir beide wohnten einen wichtigen Teil unserer Kindheit und Jugend in Berlin und haben durch unsere Vergangenheit einige gemeinsame Freunde gefunden.

Gut vier Jahre fuhren wir so einmal im Monat nach Berlin zum Gruppentreffen der Stasikinderselbsthilfegruppe, um uns über die vielen Themen, die uns durch das gemeinsame Erleben unter den Nägeln brennen, auszutauschen. Der Kampf gegen die Verklärung der DDR-Diktatur und gegen das Vergessen wird uns auch künftig nicht loslassen. Wir werden mit unseren Biografien und unseren Erfahrungen überall dort, wo man uns zuhören mag, lesen und berichten, wie unterschiedlich doch unsere Wahrnehmungen aus der DDR waren und wie indoktriniert die Menschen in diesem System tatsächlich waren. Gerd und ich freuten sich damals auf den 17. Juni 2018, wo wir erstmals eine gemeinsame Lesung an dem Ort, wo Gerd seine Fahrt in die Freiheit begann, halten durften, zu der man uns eingeladen hatte. Aus der Geschichte zu lernen, heißt doch auch, dafür einzutreten, dass es nie wieder eine Wiederholung dieser zweiten deutschen Diktatur geben darf. Und deshalb treten wir als Zeitzeugen überall dort auf, wohin wir eingeladen werden. Überall dort, wo es interessierte Leser und Zuhörer gibt.

Besonders freute es mich, als mir das Mehrgenerationenhaus (MGH) in Celle im Februar 2021 einen Minijob anbot, um den Seniorenstützpunkt im Büro und am Telefon zu unterstützen. Seit meiner Berentung 2011 hatte ich nicht mehr gearbeitet – abgesehen von Ehrenämtern – und ich hatte schon ein paar Bedenken, ob ich ohne Ängste in ein Arbeitsverhältnis gehen kann. Es gelang mir, dank der vielen Kolleginnen, die meine Arbeit immer wertschätzten und mich als Mensch auch zu mögen schienen. Als dann im Januar 2022 mir das

MGH Celle sogar die Projektleitung des Demo-
kratieprojektes „Erlebte Realität und der
Wunsch nach Demokratie" übertrugen, war ich
ganz außer mir. Ich freute mich, dass man mir
eine solche große und wichtige Arbeit zutraute, obwohl ich schon einige Bauchschmerzen bekam, bei dem Gedanken versagen zu
können. Doch was sollte den passieren? Ich
hatte doch Gerd an meiner Seite und das
Thema ist doch schon lange nicht mehr nur
sein, sondern auch mein Thema geworden.
Also begann ich mich für dieses Projekt zu engagieren. Es machte mich am Ende sehr stolz,
dass ich es erfolgreich nach 12 Monaten abschließen konnte und um ein Vielfaches an Erfahrungen dazu gewonnen habe. Gerd und ich
gestalteten zwei Workshop im MGH und waren
immer am Auswerten der vielen Postkarten mit
den Demokratiewünschen der Celler beschäftigt. Gern baut des MGH auf eine weitere Zu-
sammenarbeit mit uns auf, auch wenn meine
berufliche Tätigkeit in diesem Hause zum
31.12.2022 endete. Aber wo sich eine Tür
schließt, öffnet sich immer auch eine andere.
Ab Januar 2023 hatte ich tatsächlich nahtlos

einen Minijob und die größte Freude war daran, dass ich nicht mehr nach Celle fahren muss, sondern dies in meinem geliebten Wienhausen tun darf. Ein Seniorenehepaar, dass Hilfe im Haushalt und Garten benötigt.

Zurück zu Gerd und mir.

Dass Gerd durch seine Erfahrungen mit der Staatssicherheit bis heute schwertraumatisiert ist und dadurch an einer komplexen posttraumatischen Belastungsstörung erkrankt ist, habe ich schon erwähnt und möchte noch einen kleinen Einblick geben, was dies für unsere gemeinsame Beziehung bedeutet.

Nach dem ich schon viel über Gerds schrecklichen Erlebnisse in den verschiedensten Haftanstalten der DDR-Diktatur gehört und gelesen hatte und mir bereits ein sehr konkretes Bild durch meine zwei Besuche in dieser, seiner ersten Haftanstalt, der zentralen Untersuchungshaftanstalt des MfS in Berlin-Hohenschönhausen, gemacht hatte, sprachen wir immer häufiger, wenn auch sehr dosiert, über diese unmenschlichen und furchtbaren Erlebnisse, die Gerd in dieser sogenannten Untersuchungshaftanstalt erleben musste. Immer wieder kamen wir auch auf seine weiteren Haftanstalten in Cottbus, Schwarze Pumpe ... und letztlich auch über den sogenannten „Vogelkäfig" zu sprechen. Es kostete ihn, aber auch mir viel Kraft, diese Gespräche miteinander zu führen und wir bemerkten anfangs nicht, wie sehr wir uns beide damit gegenseitig halfen. Unsere Gespräche, die bis zum heutigen Tag nicht enden wollen, machen uns sehr deutlich, wie sehr uns dieses System und die heutige Ignoranz der Gesellschaft und der daraus wachsenden Gefahr einer Wiederholung beschäftigt. Es ist uns beiden wichtig geworden, den Kampf gegen das Vergessen und Verklären der SED-Diktatur am Leben zu halten, eben weil noch viel zu wenig darüber bekannt ist und die Gefahr, dass es nicht wieder geschehen kann, von vielen heute verkannt wird. Die komplexe Posttraumatische Belastungsstörung belastete sehr und es bedurfte eines übergroßen Maßes an Geborgenheit und Sicherheit, die er nun mit meinem Dasein an seiner Seite gefunden hat. Diese Dimension und Wichtigkeit meines Daseins für ihn, ist zugegeben auch nicht immer leicht für mich. So begleitete ich ihn viele Monate immer einmal wöchentlich nach Hannover in die Trauma-Ambulanz. Inzwischen fährt er schon allein nach Hannover und fährt nur noch 14tägig dorthin. Zum Glück kennen wir gegenseitig unsere Schwächen und fühlen uns beinahe seelenverwandt, dass uns ein Reden miteinander ermöglicht. Selbst nonverbal wird vieles gesagt, was wir nicht aussprechen können. Das verbindet uns und gibt uns viel Kraft für unser gemeinsames Leben.

Als ich im Frühsommer 2015 einen Post auf Facebook entdeckte, der über einen bevorstehenden Gedenktag zur Aufarbeitung kommunistischer Gewaltherrschaft auf dem Kaßberg in Chemnitz informierte, kam mir sofort der Gedanke, mit Gerd gemeinsam nach Chemnitz zu fahren. Da Gerd schon sehr oft erwähnte, dass er diesen Ort unbedingt noch einmal aufsuchen wolle, um dieses so beeindruckende und freudige Erlebnis, dass er je in einer Haftanstalt der Stasi erleben durfte, noch einmal nachspüren zu können. Bisher hatte er es psychisch einfach nicht geschafft, diesen Weg dorthin zu wagen.

Bisher war er selbst nur in der Untersuchungshaftanstalt Berlin Hohenschönhausen einige
Zeit als Zeitzeuge tätig. Inzwischen haben wir
auch diesen Ort gemeinsam besucht.

Am 8. April 1989, nur wenige Monate vor dem
Fall der Mauer, wurde er nach fast dreijähriger
Haftzeit über Chemnitz aus der Abschiebehaft-
anstalt des Ministeriums für Staatssicherheit
der DDR freigekauft. Aus seiner beeindrucken-
den und sehr bildhaft beschriebenen Fahrt in
die Freiheit hatte ich mich bereits durch seine
vielen Lesungen eingefühlt und war nun gespannt, ob er es mit mir an seiner Seite schaffen würde, wenigstens diesen Ort aufzusuchen,
der heute Lern- und Gedenkort in Chemnitz ist
und von den Opfern der SED-Diktatur und ehemaligen Insassen gepflegt und gestaltet wird.
Also fragte ich ihn danach und ermutigte ihn,
seine anfängliche Distanz zu diesem Gedanken
aufzuheben, in dem ich ihm erzählte, dass er
dort mit den vielen Freunden und Leidensge-
nossen zusammentreffen könnte, die ihn auch
bei diesem schwierigen Weg begleiten würden.
Ich selbst erhoffte mir viel von diesem Besuch
und ehrlich gesagt, war ich gespannt auf die

vielen Freunde, die ich inzwischen über Facebook als ehrliche und sehr verständnisvolle Menschen kennengelernt hatte. Diese Herzlichkeit, mit denen sie Gerd in die Arme nahmen und auch mich sehr freundlich begrüßten, obwohl die meisten von ihnen wussten, dass ich eine damals systemtreue Genossin war, berührte mich auf besondere Weise. Wir besichtigten die Zellentrakte und er zeigte mir und einem guten Freund aus der Stasikinderselbsthilfegruppe genau den Weg, den er zu dem Bus gegangen war. Eine sehr authentische beeindruckende Schilderung, die deutlich machte, wie sehr dieses Ereignis bis heute seine Gedanken und Gefühle fesselt. Bei mir kamen Tränen und Gänsehaut so nahe ist mir diese Beschreibung gegangen, die ich schon aus seinen Lesungen her kannte. Aber all dies an dem Ort zu erfahren, war noch mal etwas ganz anderes für mich.

So verabschiedeten wir uns von vielen Freunden und ich bekam Gänsehaut, als mich dann auch Chris in seine Arme nahm und sagte, dass es ihn gefreut hat, mich persönlich kennengelernt zu haben. Dies gab ich sehr stolz an ihn zurück. Er stand in unmittelbarer Nähe als Hans Dietrich Genscher, die Ausreise aller DDR-Bürger, die in der Bundesdeutschen Botschaft in Prag Zuflucht gesucht hatten, verkündete.

Ich war stolz darauf, dass Chris mit seiner herzlichen Verabschiedung meinen schweren und steinigen Weg von den alten Denkstrukturen, die mir von dieser einzigen Partei eingeimpft wurden, zu meiner Neuorientierung würdigte. Dies gab mir zusätzlich die Sicherheit in meinem weiteren Denken und Tun. Ich war endlich angekommen und hatte wahre Freunde gefunden.

Außer der Gemeinsamkeit in diesem System aufgewachsen zu sein, verbindet Gerd und mich noch ein gemeinsames Schicksal.

Wir beide haben sexuellen Kindesmissbrauch erleben müssen und viele Jahrzehnte musste dies in unseren Seelen verschlossen bleiben. In der DDR gab es diese Straftaten offiziell nicht und sie wurden selbst in den Familien nicht ausgesprochen. Für mich war dies ein absolutes Tabu, denn ich schien damals schon zu ahnen, wie meine Mutter mit meinen Wahrheiten umgegangen wäre. Sexueller Missbrauch ist bis heute ein Tabu, weil eine Aussprache darüber in den Familien, den Zusammenhalt empfindlich gestört hätte. Dass uns dadurch keine Möglichkeit gegeben war, auch nur mit irgendjemand darüber reden zu können, dürfte nachvollziehbar sein. Es interessierte uns, wie das heutige gesellschaftliche Tabu sexueller Kindesmissbrauchs aufgehoben werden könne. Über soziale Netzwerke knüpften wir Kontakte zu Menschen, die gleiches erlebt haben und denen ein öffentliches Reden über den sexuellen Missbrauch in all seinen Formen unmöglich schien.

Dann erfuhren wir von der Arbeit der Unabhängigen Aufarbeitungskommission sexuellen Kindesmissbrauchs und meldeten uns zu einer ersten Anhörung an. (www.aufarbeitungskommission.de) Schnell wurde ein gemeinsamer Termin in Berlin gefunden, da das zweite Öffentliche Hearing im Oktober stattfinden sollte, wo die Missbrauchshandlungen in der DDR und den staatlichen Einrichtungen und Jugendwerkhöfen das Hauptthema war.

Diese Kommission war sehr gut aufgestellt und empfing uns zu unserer ersten Anhörung mit einer großen Herzlichkeit und Empathie. Wir entschieden uns für diese Anhörung, um über unsere Erfahrungen erstmals öffentlich und ohne Druck einer Beweiserbringung erzählen zu können. Auch hofften wir dadurch andere Betroffene zu ermutigen, sich zur Wehr zu setzen, statt die Schuld auf sich selbst zu laden, die doch ganz andere zu tragen hatten. Wir wollten mit dem Aussprechen, dessen was uns passiert ist und uns in einem jahrzehntelangen Schweigen verharren ließ, in dem wir aus tiefer Scham und Pein geraten sind, endlich auch die heutige Gesellschaft wachrütteln. Denn nicht nur in der DDR war sexueller Kindesmissbrauch stark tabuisiert, sondern eben bis heute wird eher weggesehen als hingeschaut.

Erfahren durften wir aber auch etwas, dass wir nicht erwartet haben. Etwas ganz Wichtiges auch für uns selbst. Das einmalig unsagbar gute Gefühl, von uns völlig fremden Personen mit unserer ganzen Verletzlichkeit angenommen worden zu sein.

Ohne den Druck irgendeiner Beweiserbringung, aber mit sehr viel Empathie und Verständnis durften wir frei erzählen, was uns so viele Jahre auf der Seele lag, wofür wir leider bis heute keine Anerkennung und keinen Raum bekamen, um über das Geschehene reden zu können. Wir durften erzählen, ohne mit Schuldzuweisungen, wie „du hast nicht nein gesagt und dich nicht gewehrt", konfrontiert zu werden, wie es so häufig immer wieder zu hören ist. Obwohl es teilweise fast unerträglich war, über die Taten zu berichten, gelang es den anhörenden Frauen der Kommission mit wenigen Worten und sehr guter Gesprächsführung uns diese Schamgefühle, während des Erzählens zu nehmen. So sind wir mit einem angenehmeren Gefühl aus den Gesprächen gegangen, als wir es vorher vermutet hatten. Dies nahm uns auch die Angst vor dem bevorstehenden Öffentlichen Hearing in Leipzig, zu dem wir sehr bald eingeladen wurden. Gerd wurde sogar gebeten, vom Podium aus über seine Geschichte bei der Pioniereisenbahn Berlin zu berichten. Dafür sandten sie uns noch eine Journalistin und anschließend eine Fotografin, die über unsere und noch drei andere Geschichten einen langen Artikel vorbereiteten.

Gerd wurde aufs Podium gebeten, um über seine Missbrauchserfahrungen zu berichten. Problematisch für ihn war es neben der riesigen Überwindung, überhaupt darüber öffentlich zu reden, dass er nun allein ohne mich an seiner Seite als Sicherheit zu haben, über genau die Erfahrungen berichten musste, über die er mir erstmals im Januar 2015, angestoßen durch einen Post auf Facebook, erzählte. Damals wusste er bereits von meinen Missbrauchserfahrungen in meiner Kindheit und dabei war er auf besondere Art und Weise gefühlsmäßig sehr verständnisvoll mit mir und meinen Wahrnehmungen in der Reflektion umgegangen. Doch konnte ich bis zu diesem Post nichts von seinen Erfahrungen erahnen. Er sprach danach auch nur sehr zögerlich und sehr allgemein über die Geschehnisse.

Wir schöpfen immer wieder neue Kraft aus der Musik und besuchen hin und wieder auch Musikveranstaltungen. Vor allem hilft uns beiden immer wieder auch das autobiografische Schreiben, dass uns den Umgang mit den Erlebnissen und Erfahrungen aus unserer Vergangenheit reflektieren und somit auch immer besser umgehen lässt.

Mein Zusammenleben mit Gerd und seiner Erkrankung (KPTBS), forderte all meine Kraft. Im ständigen Bemühen, ihm all das, was ihn - meinem Glauben nach - belasten könnte, begann ich mehr und mehr mit mir selbst auszumachen, nur um ihm seine nötig gewordene Si-

cherheit geben zu können. Irgendwann bemerkte ich, dass auch bei mir die Kräfte
schwanden und ich auf Dauer ohne Hilfe nicht
gut damit umgehen konnte. Oft redeten wir
auch, wenn sich etwas nicht mehr gut anfühlte.
Doch es fiel mir besonders schwer und so redete ich immer mit einer ungeheuren Vorsicht
mit Gerd darüber. Es kamen alte Ängste hoch,
dass ich versagen könnte und wir uns irgendwann wieder trennen würden.

Es folgte eine Zeit, die mir immer öfter in solchen Gesprächen Tränen hervorschießen ließ.
Dies war für mich eine Alarmglocke und ich begann mich erneut um eine psychologische Be-
gleitung zu bemühen. Ich benötigte diese vor
allem während seine Traumatherapie noch lief,
die auch ihn veränderte. Ich möchte ihm zwar
die nötige Sicherheit und Hilfe geben, musste
mich aber auch selbst vor Überlastung schützen. Nur wusste ich nicht mehr, wie ich dies
besser tun könne. Nach einem längeren Kampf
mit der Krankenkasse bekam ich eine medizini-
sche Rehabilitation genehmigt und fuhr für insgesamt 6 Wochen in die Psychosomatik nach
Pfronten Ried ins Allgäu. Hier war allein schon
die Natur heilsam und ich genoss den täglichen
Aufenthalt in dem wunderschönen Ostallgäu.

Es war wie ein langer erholsamer Urlaub und obwohl ich hier viel Zeit allein in meiner Freizeit verbrachte, fühlte ich mich gar nicht so allein.

Die Psychosomatik war nicht so erfüllend, wie ich es mir erhofft hatte. Einmal in der Woche ein Gruppengespräch und ein Einzelgespräch mit meiner psychologischen Therapeutin, in dem ohnehin nur das thematisiert werden konnte, was ich bereits schon erfolgreich bearbeitet hatte. Aber dennoch war diese Reha für mich sehr wohltuend, denn seit langem war es mir wieder möglich, mich mal **nur um mich** zu kümmern und dies tat richtig gut. Keine Einkäufe, kein Essen kochen, nur ein paar Termine und dann ganz viel Freizeit nur für mich. Darüber ärgerte ich mich die erste Woche und ich war der Meinung, dass es alles sehr dürftig sei, doch dann begann ich genau diese freie Zeit aktiv für mich zu nutzen. Ich probierte aus, was mir gefallen könnte und was ich vielleicht auch zu Hause umsetzen kann. Gemeinsam mit anderen Patientinnen walkte ich durch die Natur und genoss es auch mal ganz allein. Nach dem ich einiges Rüstzeug in meiner Rehabilitation gesammelt habe, war es mir möglich bereits im

Januar 2018 eine erneute ambulante Psychotherapie zu beginnen. Aufbauend auf die Er-
folge meiner vorangegangenen Therapie, geht
es jetzt darum, einen gesunden Umgang mit all
dem, was ich aus meinem Leben bisher
schmerzlich reflektieren konnte, zu erlernen.
Ich selbst habe durch den sehr erholsamen
Aufenthalt in dieser Reha feststellen müssen,
wie sehr mir der Aufenthalt in der Natur guttat
und ich war schnell dabei, mir nach und nach
entsprechende soziale Kontakte aufzubauen.
Es ist mir nach längerem Suchen gelungen,
eine Nordic Walking Laufgruppe in der Nach-
bargemeinde ausfindig zu machen. Wir sind
ungefähr 10 bis 12 Walkerinnen, die sich einmal wöchentlich für eine Stunde zum flotten
Walking treffen. Es tut mir unheimlich gut und
obwohl es mir immer noch schwerfällt, mit mir
nicht vertrauten Personen ins Gespräch zu
kommen.

Wir beide engagieren uns gern ehrenamtlich,
und sind weit davon entfernt, unseren Frühren-
tenstatus auf der Couch zu verbringen. Nach
einer langen Arbeitspause im Job entschlossen
wir uns, es mit einem Minijob zu versuchen.
Auch um unsere Finanzen etwas zu verbessern,

nahm ich im Februar 2021eine Tätigkeit im Seniorenstützpunkt des MGH Celle und Gerd im März 2021 beim DRK im Hausnotrufdienst auf. Gerd veränderte nach Auslaufen seines Vertrages den Arbeitgeber und wechselte zum Sonnenscheinbusunternehmen, wo er als Busfahrer tätig ist und Kinder mit Behinderungen in die Kita bzw. Schule fährt.

Unserer gemeinsamen Zukunft sehen wir beide trotz aller Belastungen und gesundheitlicher Probleme optimistisch entgegen. Wir haben gemeinsame Interessen durch eine gemeinsame Vergangenheit und sind immer wieder viel unterwegs und helfen gern dort, wo wir gebraucht werden.

Was noch passierte ...

... **am 8.12.20** völlig unerwartet für mich, wagte Gerd etwas, dass mir buchstäblich die Sprache verschlug.
Gerd hatte Geburtstag und hielt einen Strauß Blumen in seinen Händen und erzählte in Gegenwart von zwei ganz besonderen Freunden über unser 6jähriges Zusammenleben voller Glück und Freuden, aber auch über Hürden, die wir gemeinsam überwunden haben. Von Liebe

und gegenseitigem Verständnis, von Veränderungen und … Bei mir stieg die Spannung, worauf wollte Gerd hinaus? Er selbst blieb ganz ruhig – ja mindestens äußerlich wirkte er so auf mich. Dann löste eine einfache Frage, die nur ein Ja oder Nein gebraucht hatte, totale Verblüffung aus: „Willst du meine Frau werden?" Wie gesagt, ich war sprachlos, war gerührt und doch überaus glücklich, dass ich kaum hörbar „Ja" flüsterte. Dorothea sagte, ich habe es gehört dein „JA" und Guido darauf hin: „Aus der Nummer kommt ihr nicht mehr raus." Dann stand Gerd auf und schenkte mir diesen süßen kleinen Strauß und ich freute mich über seinen Mut, mich zu fragen. Ich wiederholte mein „Ja" und wir küssten uns. Eine Bedingung hatte ich und ich ahnte, dass es auch sein Wunsch war: „Aber wir heiraten nur mit Gottes Segen in unserer St. Marienkirche Wienhausen."
Wenige Tage nach dem Geburtstag fuhren wir nach Celle und kauften uns Ringe, die wir als Zeichen der Verlobung durch ein gegenseitiges Versprechen sehr gern trugen und dann…

… **Am 11.8.21** war es nach vielen Monaten, die wie im Fluge vergingen, endlich soweit, dass wir von einer sehr netten Standesbeamtin im romantischen Trauhaus Wienhausen getraut

wurden. In kleiner Runde mit meiner Trauzeugin Dorothea, sowie ihrem Mann Guido und Gerds Trauzeugen Jürgen und seiner Frau Barbara gaben wir uns unser Ja-Wort. Die vielen schönen Fotos finden Sie auf unserer gemeinsamen Homepage www.manuelaundgerd.de .
Der absolute Höhepunkt war für uns die kirchliche Trauung in unserer St. Marienkirche zu Wienhausen am 21.8.21. Emotionen pur, weil meine allerbeste Freundin Melli aus Munster mit ihrer Tochter Katharina angereist kam, um die Hochzeitskirche und die Location der Feier, sowie heimlich auch unseren Garten zu dekorieren. Superschön und dann die überraschende Gesangsstimme von Katharina mit dem Lied „Du bist das Beste was mir je passiert ist..." Tränen liefen bei uns beiden und Gerd war ebenso emotional wie sein Trauzeuge, der uns nach einer hoch emotionalen Trauung, den Segen zugesprochen hat.
Spektakuläre Überraschungen mit so viel Herzblut von unseren liebsten Freunden vorbereitet, ausgestaltet und eine Fotoserie unzähliger wundervoller Profibilder von all unseren lieben Gästen im Klosterpark, unserem Lieblingsort in Wienhausen und auch von unserer Feier in Bockelskamp. Enorme Freude löste die Anreise unserer Kinder und Enkelkinder aus. Es war mir

besonders wichtig, meine Tochter und ihre ganze Familie an diesem so bedeutsamen Tag in unserer Kirche bei mir zu wissen. Ich fühlte ihre Nähe und Jesus war mitten unter uns. ...
Wer mehr wissen möchte, wie wir zwei mit so konträren Lebenswegen zueinander gefunden haben und nach 7 Jahren Zusammenseins mit Höhen und Tiefen den Weg ins Eheleben gewagt haben und wie es weiterging, finden Sie in meiner Buchreihe „Seelenwärmer", im dritten Buch „Angekommen, alles wird gut" Alle drei Bücher sind Lebensabschnittsvergrößerungen, die mir wichtig geworden sind, an denen ich meine treue Leserschaft teilhaben lassen möchte.
Alle Bücher meiner neuen Buchreihe finden Sie unter www.manuelakeilholz.de

Ein letztes Wort
In diesem Buch habe ich meine Lebensgeschichte erneut mit dem Blick von heute beschrieben. Wer die anderen Versionen kennt, wird erstaunt sein, wie sich mein Rückblick im Laufe von 7 Jahren verändert hat. Mit diesem Buch möchte ich aufzeigen, dass ich meine Vergangenheit angenommen und meinen inneren Frieden durch meinen Glauben an Jesus Chris-

tus gefunden habe. Keinesfalls möchte ich irgendjemanden verurteilen, sondern nur aufzeigen, dass es sich lohnt, andere Wege auszuprobieren, wenn man glaubt, es sei alles zu Ende. Ich möchte meine Autobiografie an keiner Stelle als Schuldzuweisung verstanden wissen. Ich möchte verdeutlichen, wie sich Sichtweisen im Laufe der Zeit immer wieder verändern können.

Ich suchte nach Antworten auf viele Fragen, die in meinem Aufwachsen in der DDR und der Entwicklung meiner psychischen Verfassung nach dem Untergang der DDR zu finden waren. Durch das Schreiben war ich immer wieder gezwungen, bestimmte Dinge, die mit meinem Leben und Erleben in der DDR und in meiner Familie in Verbindung standen, zu hinterfragen.

Auf diese Weise gelang es mir über einen langen Zeitraum zu einer für mich gesunden Neuorientierung zu finden, die weitreichende Folgen für all meine Lebensbereiche hatte. Ich wollte oft aufgeben und die Therapie beenden, weil sie so schmerzhaft und voller Enttäuschungen für mich war. Das Augenmerk meiner Eltern lag eben auf *den vorgeschriebenen Normen der Gesellschaft*, die es *um jeden Preis einzuhalten* galt. Nur wenn wir diese Schleife des Schweigens, der Scham und der Blindheit durchbrechen, in dem wir darüber reden, können wir unser Leben und unsere Zukunft besser gestalten.

Im Gegensatz zu damals haben wir heute die Möglichkeit, uns gegen Missstände in der Politik zu wehren. Es liegt an uns selbst, ob wir die Demokratie aktiv mitgestalten oder passiv im kleinen Kämmerlein frustriert sitzen und herumschimpfen. Demokratie passiert nicht von allein, sie muss jeden Tag aufs Neue erkämpft und verteidigt werden. Eine breite Mitbestimmung der jungen und der älteren Menschen unserer Gesellschaft entscheidet über den Ausgang politischer Entscheidungen.

Oft hörte ich das Argument: "Na da können wir doch auch nichts gegen machen. Wir sind einfach nur eine kleine Minderheit, die nichts ausrichten kann." Wenn diese Menschen ihre Hausaufgaben gemacht und sich mit der jüngsten Geschichte der DDR auseinandergesetzt hätten, wüssten sie, dass durch eine kleine Minderheit Großes vollbracht werden kann. Die deutsche Einheit und die friedliche Revolution waren zwei unvorstellbare historische Ereignisse, wovon die meisten DDR-Bürger und selbst die Alt-Bundesbürger nicht mal zu träumen gewagt hätten. Die Mauer wird 50 und

100 Jahre stehen, so hieß es damals. Und doch gab es Menschen, die sich aufrafften und etwas bewegen und verändern wollten. Anfangs sehr wenige, doch es wurden immer mehr. Ihr Mut machte das Unglaubliche wahr. Die Mauer fiel und nach fast einem Jahr war Deutschland wieder vereint.

Hier möchte ich beispielhaft auf meinen Ehepartner, Gerd Keil, verweisen. Wenn Sie mehr über ihn und seine Bücher wissen möchten, finden Sie mehr auf www.gerdkeil.de . Er war Fluchthelfer und wurde unter anderem von nahen Familienangehörigen verraten, danach verhaftet und nach fast drei Jahren politischer Haft vom Westen freigekauft. Er hat psychische Folterungen überlebt, weil er stark genug war und sich nicht brechen ließ. Es beeindruckt mich seine Stärke und wie er heute trotz seiner seelischen Wunden seiner Überzeugung treu geblieben ist. Er kämpft gegen das Vergessen, hält Vorlesungen in Schulen und tritt als Zeitzeuge vor jungen Menschen auf.

Er will Aufklärung und gemeinsam setzen wir uns dafür ein, dass die junge Generation lernt, dass man Demokratie jeden Tag erkämpfen muss. Inzwischen verbindet uns weit mehr als dieser gemeinsame Kampf gegen das Vergessen und die Verklärung der DDR-Diktatur. Wir haben uns gegenseitig schätzen und auch lieben gelernt und sind *beide* in unserer Zweisamkeit sehr glücklich.

In mir wuchs der Wunsch, dass ich mich mit meiner Lebensgeschichte als eine von vielen DDR-Bürgern der Öffentlichkeit stellen will, um all jenen Menschen Mut zu machen, die sich vielleicht wiedererkennen, Parallelen bei sich feststellen und sich auf den Weg machen, ihr eigenes Leben zu hinterfragen.

Ich möchte alle jungen Menschen ermutigen, sich mit der Vergangenheit ihrer Eltern und Großeltern zu beschäftigen. Habt Mut und bittet sie, euch eure Fragen in Bezug auf ihr bzw. euer Leben in der DDR zu beantworten. Diskutiert darüber, wie sie die DDR erlebten und bleibt wachsam gegenüber Verdrängung und Verklärung eines diktatorischen Systems, das in einem Ein-Parteien-Staat Menschenrechte mit Füßen trat und keinerlei Demokratie zugelassen hat.

Und ich wende mich an meine Tochter, die in der historischen Nacht des Mauerfalls, am 10. November 1989 geboren wurde. Viele Menschen in der DDR kämpften für Freiheit und Demokratie. Viele von ihnen setzten ihre Gesundheit und viele auch ihr Leben aufs Spiel. Sie müssen heute noch um die Anerkennung ihrer

Leiden kämpfen, währenddessen die Täter straffrei ausgingen und ihr Leben frei genießen können.

Es gibt noch viele Ex-DDR-Bürger, die die Wahrheiten leugnen und nicht wirklich wissen wollen, warum es viele Menschen gab, die rebellierten und das System am Ende besiegten. Sie träumen in alten Denkstrukturen weiter und glauben nicht, dass die DDR eine Diktatur war, die die Menschenrechte nur auf dem Papier stehen hatte, sich aber nicht darum scherten. Sie folterten Menschen und machten sie psychisch krank, sie töteten Menschen an der Grenze, nur, weil sie die Welt sehen und mehr Freiheiten wollten. Sie nahmen den Eltern, die Kinder weg und zwangen sie, Adoptionspapiere zu unterschreiben. Mit hässlichen Zersetzungsmaßnahmen und Folterungen traten sie die Menschenrechte mit Füßen und zerschlugen sie auch mit Gummiknüppeln. All diese Menschen haben für euch den Weg bereitet, damit ihr in Freiheit leben und euer Leben selbstbestimmt gestalten könnt. Ihr habt alle Möglichkeiten überall zu studieren und eure Berufe in allen Bereichen zu wählen. Dies war in der DDR nie möglich. Die DDR war eine Diktatur, dass ihre Bürger einsperrte, sie bevormundete und ihre Leben bestimmte.

Die kommenden Generationen haben die Chance aus der Vergangenheit zu lernen, um in der Zukunft nicht dieselben Fehler zu begehen. Es ist heute wichtiger denn je, sich politisch einzubringen, wählen zu gehen und sich mit dem täglichen Geschehen in der Welt zu beschäftigen. Der solidarische Gedanke mit Menschen, die unverschuldet in kriegerische Auseinandersetzungen geraten und um der Kinder wegen, ihre Heimat verlassen müssen, muss wieder neu entstehen.

Deshalb widme ich dieses Buch vor allem dir, meine liebe Sandra, und hoffe, dass du mein aktives Wirken, in der Aufklärungsarbeit über das Leben in der DDR und dem Machtbestreben der Partei- und Staatsführung, sowie des Staatssicherheitsdienstes der DDR und meine persönliche Vergangenheitsbewältigung, verstehen kannst.

Vielleicht kannst du dies heute noch nicht ganz verstehen. Vielleicht fehlt dir noch der zeitliche Abstand oder einfach auch die Zeit, dich damit auseinanderzusetzen. Gern erzähle ich dir über meine Erfahrungen, wenn der Zeitpunkt für dich heran gekommen ist. Den Zeitpunkt jedoch bestimmst du. Ich wünsche mir nur, dass du mich und meinen Weg der Vergangenheitsbewältigung nachvollziehen und bestenfalls

auch verstehen kannst. Du sollst wissen, dass ich immer für dich da sein werde, denn du mit deinem Mann und euren voller Fröhlichkeit steckenden Kindern, ihr seid für mich die wichtigsten Menschen in meinem Leben.
Ich habe euch lieb.

Weitere Informationen über die wochenweise Fremdbetreuung in Wochenkrippen bzw. Wochenheimen in der DDR, finden Sie auf meiner Homepage **www.manuelakeilholz.de**

Bei Interesse an einer Lesung aus diesem oder meinen anderen Büchern kontaktieren Sie mich gern über das Kontaktformular meiner Homepage.

Wenn Sie liebe Leser an Zeitzeugengespräche interessiert sind, kontaktieren Sie uns gern über unsere gemeinsame Homepage **www.manuelaundgerd.de** .

Bildteil:

Frisch verliebt (2015)

Frisch verliebt und frisch verheiratet (11.8.2021)

Im Garten hinter unserem Haus (Frühjahr 2015)

Mit Gottes Segen und dem Trauspruch: „Mit meinem Gott kann
ich über Mauern springen" am 21.8.2021 getraut

Taufe am 08.11.2015

Gerd und ich wohnen zusammen (Juli 2015)

Ich mit meiner Lieblingspuppe im Wochenheim (Sommer 1967)

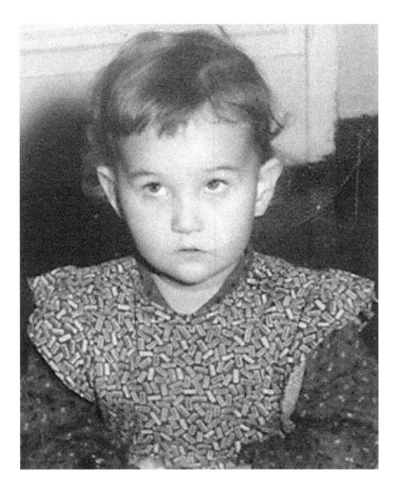

Ich in der Wochenkrippe im Frühjahr 1962

Ich im Herbst 1974

Wir im Sommer 2015 auf dem Maschsee in Hannover

Wir im Winter 2016 in Hamburg

Wir erzählen vor Gymnasiasten in Essen über die „Menschenrechte in der DDR" (November 2019)

Wir halten eine gemeinsame Lesung, Eicklingen November 2017

Der Demokratiewunschbriefkasten ist mein Projekt im
MehrGenerationenHaus in Celle im Jahr 2022

Meine bisherigen Bücher:

Auf Grund der großen Nachfrage habe ich dieses Buch noch einmal veröffentlicht. Ich wurde 1960 geboren und bin in einem sehr linientreuen Elternhaus aufgewachsen. Im Alter von 2 bis 7 Jahren wurde ich in einem Wochenheim in Ostberlin betreut und somit von frühester Kindheit an, sehr sozialistisch erzogen. Ich beendete die 10. Klasse der POS mit sehr gutem Abschluss und erlernte den Beruf: Facharbeiterin für Fernschreibverkehr. Obwohl ich eigentlich Kindererzieherin werden wollte, folgte ich brav den Wünschen meiner Eltern und wechselte in den Staatsdienst der DDR. So wurde ich Zivilbeschäftigte bei der Kriminalpolizei. Nach zwei gescheiterten Ehen, dem Wegfall der innerdeutschen Grenze und der Arbeitsstelle war ich psychisch am Boden. Es begann eine Psychotherapie und mit ihr die Reflektion meines Lebens.

● ● ●

Manuela Keilholz ist im Juni 1960 im Berliner Ostteil geboren und aufgewachsen. Sie wuchs in ihren ersten Lebensjahren nicht in ihrer Familie auf, sondern war bis zum Schuleintritt immer nur ein Wochenend-Zu-Hause-Kind und wurde in einer DDR-Wochenkrippe bzw. Wochenkinderheim im sozialistischen Sinne erzogen. So wurde aus einem eingeschüchterten und Heimweh habenden Mädchen, ein Kind, welches irgendwann überlegte, wo es Zuhause ist. In ihren Ferien erlebte sie all die Dinge, die es in ihrer Familie nicht gab. So fand sie hier Wärme, Liebe und Zuneigung, aber auch Toilettenpapier als Miniausgabe des Neuen Deutschlands, Einkaufen mit dem Handwagen, Bezahlen von Beuteln ohne Kenntnis des Inhaltes, Pilze am Waldboden und Hexenhäusern zwischen hohen Bäumen. Am Ende der Ferien drohte die Heimfahrt nach Berlin und sie freute sich, dass sie zwei Sachen mitnehmen konnte. Die Erinnerung an die Zeit mit Tante Käthe und Onkel Erich und das perfekte Sprechen in dem hier üblichen Dialekt der Oberlausitz. Wenn Sie jetzt schon neugierig geworden sind, dürfen Sie dieses Buch nicht verpassen.

Mario wurde 1964 als 4. von 4 Kindern in Berlin geboren. Ich war zu diesem Zeitpunkt fast 4 Jahre alt und auch er besuchte dasselbe Wochenheim in Berlin Prenzlauer Berg. Ich war nun die große Schwester für ihn und hatte mit ihm einen leiblichen Bruder. Viele schöne Erlebnisse verbanden uns in unserer Kindheit und er genoss es von seiner großen Schwester verwöhnt zu werden. Gefräßige Hühner, Wolkenengel, die Todesbahn und Singsang im Auto sind nur einige Geschichten in diesem Buch. Schon mit 16 Jahre erlitt er einen Verkehrsunfall und überlebte diesen nicht. So soll dieses Buch das Andenken an ihm lebendig halten.

Angekommen.

Ein authentisches Buch. Randvoll mit eigenen Eindrücken und Gefühlen, Irritationen und Fragen. Vielleicht gerade deshalb ein Buch über Wagnisse, Mut, Neuanfänge. Und das ermutigt, Zweifel zuzulassen. Manuela bricht auf aus einem geprägten Lebensmodell mit scheinbar unerschütterlicher Lebensphilosophie, die fast unbemerkt mehr und mehr zur Gefangenschaft der Gefühle wurde. Manuela wagt es, zunächst zaghaft und voller Skepsis auf neue Freunde zuzugehen. Vor allem auf einen, Gerd, der vom fernen Unbekannten zum zuhörenden, verständnisvollen Freund und schließlich zum liebevollen Lebenspartner wird. Jürgen Paschke Freund von Manuela und Gerd

Zwei Bücher meines Ehemanns Gerd Keil möchte ich Ihnen auch vorstellen.

Der Autor wurde 1963 in Ostberlin geboren. Bis zu seinem 17. Lebensjahr wuchs er in einem systemtreuen Elternhaus auf. Mehr und mehr begann er Fragen zu stellen. Seine Eltern warfen ihn aus der Wohnung und er hörte nicht auf, dieses heuchlerische System zu hinterfragen. Als er auch noch beginnt, Fluchtwillige zu unterstützen, gerät er ins Visier der Stasi. Er wird verraten, verhaftet und im April 1989 durch die Bundesrepublik freigekauft. 1994 folgen Hochzeit, 1999 und 2002 die Geburten seiner Kinder. Die Ehe zerbricht und nach einer weiteren kurzen Beziehung will er keine Partnerschaft mehr.

Jetzt findet die Liebe ihn und mit seiner Manuela lernt er, was wirkliche und wahre Liebe ist. Sie ist die Frau, mit der er glücklich werden wird.

Die standesamtliche Hochzeit und die kirchliche Trauung bilden den schönsten Abschluss dieses Buches.

Es reicht eine Bezugsperson, die dem kleinen Menschen Leben einhaucht, damit er seinen, oder sie ihren Weg gehen kann. Ich hatte gleich zwei, meine lieben Großeltern.

Gehen wir zum Anfang meines Lebens zurück an die ersten Momente, an die ich mich heute noch erinnere. Kleine Kinder sind keine kleinen Dummchen, wie meine Mutter meinte. Wenn sie nicht schon frühzeitig gebrochen werden, was im sogenannten real existierenden Sozialismus allzu häufig der Fall war, können sie sich entwickeln, entdecken, suchen, finden, Fragen stellen.

Irgendwann kommt die erste Freundin, der ersten Freund, Liebeskummer, Heimweh, Fernweh und noch mehr. Und irgendwann kommt der Tag des Abschiedes, ein Abschied für lange Zeit. Tod und Trauer, die Gewissheit auf das ewige Leben in Gottes Reich.

Durch all diese Momente haben mich, meine Omi und mein Opi, begleitet. Mein Opi ist gestorben, als ich elf Jahre alt war. Diesen Tag habe ich bis heute nicht vergessen und so soll dieses Buch eine Erinnerung an die Zeit mit euch beiden sein. Es war eine schöne Zeit und ich habe von euch beiden so viel mehr bekommen, als von irgendjemand anderem.

· · ·

CPSIA information can be obtained
at www.ICGtesting.com
Printed in the USA
LVHW100721070223
738796LV00004B/73